ライフコース選択のゆくえ

日本とドイツの仕事・家族・住まい

田中洋美
マーレン・ゴツィック
クリスティーナ・岩田ワイケナント［編］

Beyond a Standardized Life Course:

Biographical Choices about Work, Family and Housing in Japan and Germany

Edited by
Hiromi Tanaka
Maren Godzik
Kristina Iwata-Weickgenannt

新曜社

ライフコース選択のゆくえ

目　次

編集協力　杉本栄子
装幀　鈴木敬子（pagnigh-magnigh）

Content

編者まえがき

新しい世紀に入ってから早いもので一〇年が経った。振り返ってみれば、第二次世界大戦後から半世紀もの間、日本社会はいくつもの社会変動を経験してきた。戦後復興、それに続く高度経済成長、八〇年代のバブル景気、その終焉と長引く不況。景気回復の徴候が全くなかったわけではないが、雇用や経済、政治といった領域で見られる新自由主義的な流れにあって、経済的・社会的格差や幸福についての議論が活発化している。そんな社会に実際に暮らす人々の生き方はどのように変わりつつあるのだろうか。あるいはどのように変わることを余儀なくされているのか、または変わらないまま続いていくのだろうか。

本書は、ライフコースを通して後期近代における個人の生き方の変容を俯瞰的に捉え、こうした問いに応えようとしたものである。

今日、ライフコース（life course）という語は、学術書から一般書、政府文書からメディア記事に至るまで、幅広く用いられている。学術的なライフコース研究ないしライフコース論でしばしば引用されるエルダーの定義によれば、ライフコースとは「年齢ごとに異なる役割と出来事（ライフイベント）を通して個人がたどる道筋」（Elder 1977, 森岡 1987 : 2）である。

本書では、欧米で生まれ、日本でも紹介され、研究されてきた社会科学的なライフコース研究を踏まえつつ、家族社会学の一領域というイメージの強かったライフコース研究の射程を広げることを試みている。具体的には、これまでバラバラに論じられることの多かった①仕事（職業キャリア）、②家族（家族キャリア）、③住まい（居住キャリア）の三つに焦点を当て、これら三つに関わる論考を収めている。これらの人生領域はキャリア（career）ないし道筋（pathway）とも呼ばれている。日本ではこれまで、働き方は労働社会学、仕事の社会学、家族は家族社会学、住まいは住宅・居住研究といったように、それぞれの領域で個別に論じる傾向が見られた。本書ではあえて諸領域を併せて取り上げ、包括的に近年のライフコース変化について捉えることができるよう心がけた。

本書ではこの三領域それぞれにおいて「個人の生き方（個人化とバイオグラフィー）」「ジェンダー」「国際比較」の三点を分析軸に設定した。順に説明していこう。

欧米では後期近代における人々の生き方の変化について「個人化」との関連で論じられてきた。ドイツの社会学者ベックによれば、個人化とは後期近代において、社会変化により進行している社会過程であり、個人が自らの人生を「自分で」つくりあげていくことへの要請が高まっていることを指す（Beck & Beck -Gernsheim 2002）。後期近代において生き方の脱伝統化が起きており、人生の選択肢が増え、生き方を自由に選ぶ余地が拡大している。ただしこの「自由」は、リスクの個人化という側面を孕んでいる。つまりかつてであれば血縁や地縁に基づく関係性のなかでセイフティーネットが形成されていたが、現代社会では、自分で自分の生き方を決め、またそこで生じうるリスクに対して個人がそれぞれ責任を取ることへの要請も高まっているというのである（Beck 1986＝1998）。欧米生まれの個人化理論が日本にそのまま当てはまるのかどうかは検討する必要があるが、本書に収められた論考の多くが直接的ないし間接的に個人化の概念を取り入れている。

そしてこの個人化に関する議論では、しばしば「バイオグラフィー」という語が用いられている。バイオグラフィー研究とは、個人に焦点を当てて人々の人生のあり方とパターン、そのパターンの変化を探ることを指すが、ドイツ語圏で方法論的・概念的に活発な展開を見せてきた。本書はバイオグラフィー研究に関する論考を収めており、このテーマに関する数少ない日本語文献のひとつとなっている。ライフコース研究とバイオグラフィー研究の間の重要な違いのひとつに、前者が計量分析に基づく考察を多く生み出しているのに対し、後者は質的調査法との親和性が非常に強いということである。本書には、仕事、家族、住まいの質的調査に基づく論考が複数収められているが、本書もバイオグラフィー研究と同じ関心を共有している。

「ジェンダー」という分析軸は、戦後日本型ライフコースが高度にジェンダー化されたものであったからにほかならない。成人後は、結婚し、子どもを持ち、男性は一家の稼ぎ主として、女性は主婦として家事育児に従事するというように、男女別に異なる人生の道筋が標準的な生き方として用意されたのである。本書でジェンダーを強く意識したのは、人々の生き方について考えるとき、日本において（そしてドイツや他の社会でも）そのジェンダー化がきわめて大きな問題として今もたち現れるからである。

「国際比較」の分析軸は、日本のライフコースの変化について考える上で、欧米の、とりわけポスト工業化社会との比較を通して新しい知見が得られるのではないかと考えたからである。本書では数ある欧米諸国の中からドイツを取り上げ、日本とドイツの「ソフトな比較」を試みた。つまり比較する対象をあらかじめ具体的に設定し、システマティックに比べるという「ハード」な比較ではなく、それぞれの社会の事例研究を通して個人の生き方の変容を相互参照することを目指した。また国際比較においては、異なるケース同士を比較する場合と、似たケース同士を比較する場合があるが、本書では後者のアプローチに則った。

しばしば取り上げられるフランスやスウェーデンではなくドイツを選んだのは、ドイツ社会には日本社会との類似点があるためである。特に、遅れた近代化、戦後の経済発展、伝統的な性別役割分業の影響を受けた社会福祉制度を指摘することができる（日独ともに福祉国家論のジェンダーレジーム論では男性稼ぎ主モデルに位置づけられている）。

本書には以上の三点と別に、方法論という視点からもう一つ特徴がある。ライフコース論としては珍しい、メディアや作品分析の手法を取り入れていることである。5章、8章、9章は、マンガ、テレビドラマ、小説といったメディアテクストを題材としている。従来のライフコース研究にはない新しい試みである。

個人化とバイオグラフィー、ジェンダー、国際比較の三つの分析軸を重視したことで、その他の分析軸（たとえば階層ないし階級）を分析枠組みの柱に据えることはできなかった。ジェンダー研究において近年指摘されているように、ジェンダーはその他のさまざまな社会的差異と交差している。個人の生き方においてジェンダーが階層、セクシュアリティ、エスニシティなどとどのように関連し合いながら社会的差異と不平等を再生産しているのか、その複合的な様相についての考察は今後の課題である。

本書の出版にあたっては、多くの方々にお世話になった。

まず本書はドイツ日本研究所の出版助成を受けた。この出版プロジェクトへの協力を惜しまなかった同所のフロリアン・クルマス所長に厚く御礼申し上げる。

本書は二〇一〇年十月二二〜二三日に明治大学で開催された国際会議「ライフコース選択の臨界点 Life Courses in Flux」(ドイツ日本研究所・明治大学情報コミュニケーション学部ジェンダーセンター共催)を基にしている。この会議の多くの話し合いや議論から生まれたアイデアが本書の萌芽となった。同会議の企画に携わってくださった宮本真也さん、出口剛司さんを始め、関係者の皆さんにもこの場を借りて御礼申し上げたい。

本書にはいくつもの翻訳原稿が収められている。英語ないしドイツ語から日本語への翻訳に際して、次の方々にお世話になった。6章(アピチュ論文)は、石黒久仁子さん、不和麻紀子さん、11章(モイザー論文)および14章(ベッカー論文)は、桑折千恵子さん、15章(マシューズ論文)は、豊福実紀さんが翻訳してくださった。2章(ダウジーン論文)の翻訳は編者の田中が担当し、すべての翻訳原稿の監訳作業は編者三名が共同で行った。訳文は、すべて編者の責任である。

出版では新曜社の小田亜佐子さん、元ドイツ日本研究所スタッフであり日独両国の昔ばなしの研究家である杉本栄子さんにご尽力をいただいた。編集者としての小田さんの力量と日独両方の文化に通じ、出版経験も抱負な杉本さんのきめ細やかな対応に、我々編者は大いに助けられた。記して感謝する。

最後に、一点述べたいことがある。ドイツにおけるライフコース研究の発展において、ベルリンの壁崩壊とその後の東西ドイツ統一という歴史的な出来事を経験した世代の生き方が重要な研究テーマとなっていることである。たとえば、この出来事を二十歳のときに体験した世代とそれ以前の世代の生き方にどのような違いが見られるのか、ライフコース視点により考察した研究がある（Mayer & Schulze 2009）。一九九五年の阪神淡路大震災、そして二〇一一年の東北地方太平洋沖地震とそれに続く福島第一原子力発電所事故による原子力災害は、それに匹敵するような歴史的出来事ではないだろうか。そのような出来事を経験した人々の生き方を捉え、より深い理解を目指す上で、ライフコースやバイオグラフィーといったアプローチは有効であろう。本書が今後そうした研究が生まれるきっかけのひとつになれば幸いである。

編者を代表して　田中　洋美

文献

Beck, U., 1986, *Risikogesellschaft. Auf dem Weg in eine andere Moderne*, Frankfurt am Main: Suhrkamp.（＝1998 東廉・伊藤美登里訳『危険社会――新しい近代への道』法政大学出版局.）

Beck, U. & Beck-Gernsheim, E., 2002, *Individualization: Institutionalized Individualism and its Social and Political Consequences*, London: Sage.

Elder, G. H. Jr., 1977, "Family History and the Life Course," *Journal of Family History* 2(3), 279-304.

Mayer, K. U. & Schulze, E., 2009, *Die Wendegeneration: Lebensläufe des Jahrgangs 1971*, Frankfurt am Main: Campus.

森岡清美 1987「ライフコース接近の意義」森岡清美・青井和夫編『現代日本人のライフコース』日本学術振興会 1-14.

Ⅰ　ライフコースへのアプローチ

1 「人生の多様化」とライフコース——日本における制度化・標準化・個人化

嶋﨑　尚子

はじめに

「人生の多様化」とりわけ「女性の人生が多様化した」という言説を耳にしない日はない。現代日本において「人生の多様化」は、ライフコースに関する集合的な文化表象として成立している。しかし、この言説を真に受けて社会へ出ていくと、しばしば大きな壁にぶつかる。たとえばフルタイムで働きながら子どもを育てることを考えてみよう。育児介護休業法などの法的整備はある程度進んだものの、実際の運用面ではきわめて多くの課題を抱えている。また見本とすべきロールモデルにも乏しく、職場の理解も十分とはいえない。とはいえ、相当数の女性が「人生の多様化」のイメージに合致する人生経験として「働くお母さん」を続けているのも事実である。彼女たちは、自分自身の能力やたぐいまれな努力、そして家族の理解や、親族によるサポート、運をフル活用することで、なんとかそれを実現しているのだ。

近年、「どのような人生を歩むかは自己責任」とする個人主義の志向が強調されている。そうしたなかで、「人生の多様化」という言説は、具体的なコースとして制度化されることなく、言説だけが巨大化している。前述のように、とりわけ女性の多くが種々の環境的要因と折り合いをつけながら、自らの生き方の選択に悪戦苦闘する状況が再生産されつづけている。本論では、ライフコース・アプローチを用いて、こうした状況のメカニズムを整理し、本書のテーマである「生き方はどこまで選べるのか」の手がかりを考える。

1 戦後日本におけるライフコースの制度化

さて、日本では「ライフコース」という用語は、一般的には「人生」として理解され、使用されている。しかし、いうまでもなくライフコース（life course）は、個々人の人生（life）にとどまる概念ではない。社会現象として出現し、把握できる人生パターンを示す概念である。ライフコース研究の先駆者であるエルダーは、ライフコースを「年齢によって区分された生涯期間を通じての道筋であり、人生上の出来事についてのタイミング、移行期間、間隔、および順序にみられる社会的パターン」（Elder 1978: 21）と定義し、「社会制度によって具象化され、また歴史的変動の影響を受ける」（Elder 1992）としている。このように、ライフコースは個人の人生や個人の生き方の過程と同義ではない。ライフコースは社会構造のひとつの要素である。

表1.1　ライフコース研究における分析的特徴と概念

分析水準	分析射程	
	マクロ社会学的射程	ミクロ社会学的射程
構造的水準	役割セットからなるライフコースの制度化; 制度化された地位／役割の配置	実際の地位／役割の配置としてのライフコース
文化的水準	伝記における集合表象とイデオロギー;「稼ぎ手1人の標準家族世帯」「人生の時刻表」「人生の多様化」	伝記における個人表象; 伝記的パースペクティブと戦略;「持続する自己イメージ」

（出典）Buchmann（1989: 16）に追記

ライフコースの諸現象を考察するにあたっては、バックマン（Buchmann 1989）による分析的特徴と概念の整理（表1・1）が有用である。冒頭でみた「人生の多様化」言説は、一九八〇年代からマクロ・文化的水準で出現した伝記《バイオグラフィー》における集合表象（collective representation）と位置づけられる。他方で、現実のライフコースに関する諸制度（マクロ・構造的水準）は、必ずしも「人生の多様化」と合致したものではない。とはいえ、相当数の女性たちが、ミクロ・構造的水準でそれを実現している。そこでは、ミクロ・文化的水準での自らの人生・伝記における戦略が機能しているからにほかならない。このようにこの4象限を用いて整理すると、現代日本ではライフコースをめぐる諸現象において水準間の整合性がきわめて低い状況にあることがわかる。以下ではこの点を、まず戦後日本におけるライフコースの制度化と標準化の現象から確認しておこう。

戦後日本社会は、人びとの人生経験に関する制度化を積極的に進め、「皆が同じような人生を歩める社会」をある程度実現した（嶋﨑 2008）。ライフコースの制度化（institutionalization）とは、「規範的規則、法的規則、組織体の規則が人生の社会的・時間的組織化を定義する過程」（Bruckner & Mayer 2005）と定義できる。個人の生き方の過程に関して、社会からの規制が強まる傾向を指す概念である。日本におけるライフコースに関する制度として、社会保障体系、企業中心主義、標準家族世帯モデル、教育と労働市場の連結の四点をあげたい。

敗戦以降日本は、個人の進学機会や就業状態、家庭生活が個人の生得的な社会経済的属性（たとえば地域社会や定位家族の状況）に条件づけられるという社会的貧困状態からの脱却を進めた。戦後復興を達成した後、「皆が同じような人生を歩める社会」を実現するため、多くの社会制度（主要には社会保障制度体系）が整備されていった。たとえば、一九五七～六一年には国民皆保険体制が、一九五九年には国民年金法によって国民皆年金体制が整った。

これらの社会保険料は、個人のみならず企業がその半分を担うというしくみがとられた。社会保障体系の維持には、企業による負担が不可欠であった。おりしも高度経済成長期には、企業のシステムが家族などほかの社会システムに多大な影響をもたらすという企業中心主義が高まりをみせた。その背景には、日本型雇用慣行における終身雇用制、企業内訓練体制、年功序列賃金体系があり、さらに産業別労働組合運動等によって獲得された生活保障給的賃金体系（電産型賃金体系）や退職金制度、社宅制度の確立へとつづき、人びとの生活基盤を構築した。

他方で、サラリーマンと専業主婦、子ども二人の四人からなる「稼ぎ手一人の家族世帯」が「標準家族」世帯として、社会保障体系ばかりでなく税制等の単位となり、唯一のモデルとなった。一九六一年に給与所得者の配偶者控除が導入され、その後一九八〇年代には一九八五年基礎年金の第3号被保険者制度、一九八七年には配偶者特別控除へと専業主婦への手当てがいっそう拡充していった。

また学校制度は、六・三・三制の新学制が導入され、そこでは「飛び級」はみとめられない厳格な学齢段階が整えられた。子どもたちは、足並みを揃えて一段一段大人への階段を上っていくことが求められた（嶋﨑 2008）。さらに学校から仕事への移行に関しては、一九五二年の就職協定によって、新卒者の就職は在学中の見込み採用制が導入され、一般労働市場とは別個の採用原理が確立された。こうして学校から仕事への移行は連動した制度として整備された。子どもたちには小学校入学から高校、短大、大学へと進級し、その後社会へ出て行くという単一のコースが用意された。

2　公的ライフコースの標準化

このように戦後日本で進められたライフコースの制度化は、人びとに望ましい二つの「公的ライフコース」を制度として用意したといえる。サラリーマン男性のライフコース・モデルと、専業主婦のライフコース・モデルである。

実際、男性就業者に占める雇用者（役員を含む）の比率を確認しておくと、図1・1のとおり、一九五三年には48・8％を占めていた「自営業・家族従業者」の比率がその後低下し、代わって「雇用者」比率が上昇する。雇用者率が70％を超えるのは一九六八年（70・1％）であり、一九七五年74・6％、一九八〇年75・8％、一九八五年78・6％と着実に上昇し、就業者の4分の3以上が雇用者となった。その後も上昇し二〇〇七年には86・0％に達している。この比率を年齢階級別にみると、二〇〇〇年では若年層（15～19歳から25～29歳）で90％を超え、中年層（30～34歳から40～44歳）では80％水準と、

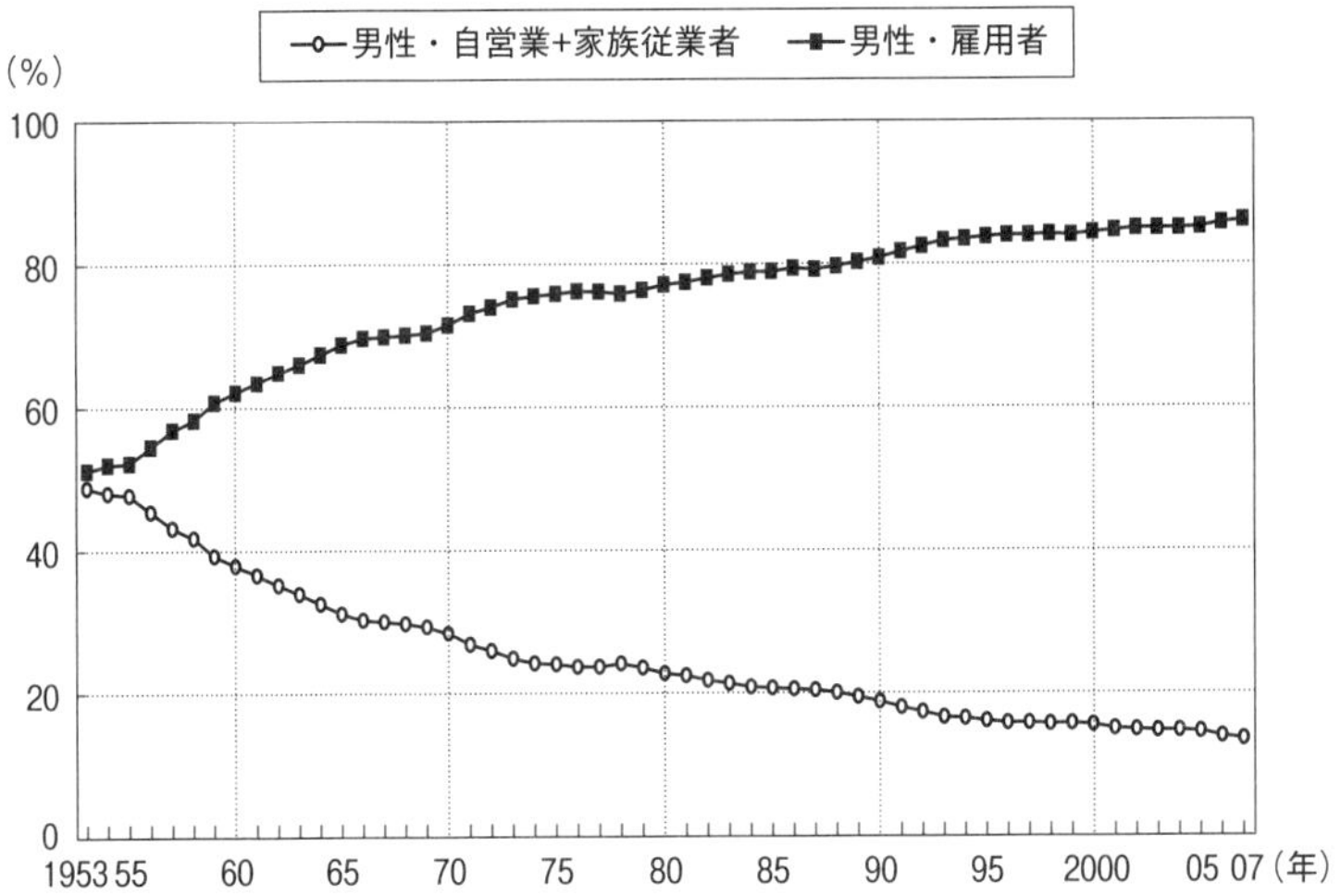

図1.1 男性就業者に占める雇用者・自営業者比率の推移（1953～2007年）（自営業からサラリーマンへ）

（出典）総務省統計局『労働力調査』各年平均値より作成

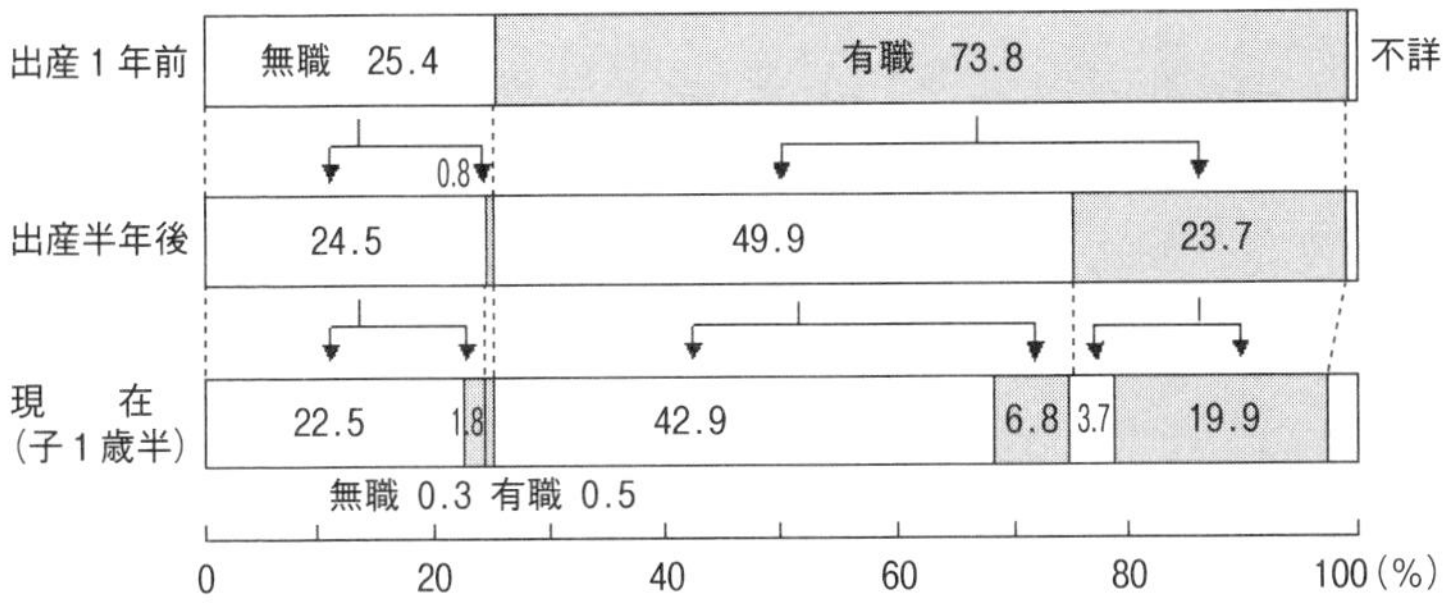

図1.2 第一子出産前後の母親の就業状況

（出典）厚生労働省「第2回21世紀出生児縦断調査」(2003) 図2を転載

（注）2001年に第一子を出産した母親の前後2年半の有職・無職の割合の変化。注1参照。

いずれの年齢層でも男性就業者の大多数が雇用者である。

また専業主婦について確認しておくと、一九七〇年代に急速に拡大する。サラリーマン世帯の専業主婦数は、一九五五年に517万人であったのが徐々に増加し、一九八〇年に1093万人を数えるまでに拡大する。この拡大期に担い手となったのは、いわゆる「団塊の世代」（一九四七～四九年出生）であった。この値はその後減少に転じ、二〇〇五年国勢調査（総務省統計局）では、サラリーマン世帯1857万世帯のうち、専業主婦数は842万人（45・4％）であった。

サラリーマン世帯における専業主婦世帯率は、一九八〇年をピークに減少傾向にあるものの、第一子出生前後の母親の就業率は、二一世紀においてもきわめて低調である。図1・2は、「二一世紀出生児縦断調査」(1)による第一子出産前後の母親の就業状況をみたものである。二〇〇一年に第一子を産んだ女性では、出産一年前には74％が有業であったが、出産半年後にはこの比率は24・5％にまで減少している。育児休業中の女性も含めた値である。この値は、その一年後でもわずかに上昇しているにすぎない。母親になった直後に仕事をしている女性は、二一世紀においても4分の1にすぎないのである。4分の3の母親が専業で子育てにあたっている。

このように、二つの公的ライフコースを人びとが実際にたどっていくことがライフコースの標準化（standardization）である。「特定の地位やイベント、それらの連鎖が、所与の母集団において普遍的になること、あるいはそのタイミングがより均一になること」（Bruckner & Mayer 2005）と定義できる。

3 「人生の多様化」言説の登場と背景

このように、戦後日本は二つの公的ライフコースが制度として確立し、さらに実際に人びとがたどる人生経験もそれに準じた標準的なパターンが主流となってきた。この二つのライフコースが「ごく普通の人生をたどる」「人並みな人生を送りたい」を象徴するものとなった。それは「人生の時刻表」としても機能していた。

そうしたなかで、一九八〇年代から「人生の多様化」というライフコースに関する新たな集合表象が登場した。とりわけ女性を対象とした「女性の人生は多様化した」、「女性の社会進出や職場進出が進んだ」という言説からは、「自由に自分の人生を選択し、歩んでいる」という像が浮かび上がる。たとえば、日本経済新聞の「女は変わった。男はどうだ」という宣伝文句(2)は、女性の生き方が変化したことを事実としたうえで、男性にその変化を迫るものである。また、「女性の人生が多様化したことによって、少子化が進行した」のように、特定の社会現象に関する有意な説明変数として用いられることもある。

「多様化」言説の登場背景を確認しておこう。『国民生活白書』(内閣府)は、戦後日本における人びとの暮らし方や生活のあり方、社会意識の趨勢がどのように表現されてきたのかを知る手がかりとして有効である。「多様化」は、一九八〇(昭和五五)年に「より多様かつ個性的な生涯設計」という記述で登場し(3)、以降、「個性化」とともに頻用される。一九八五(昭和六〇)年には「国民生活の多くの面で個性化や多様化の動き」といった表現がみられる。この時期には、「中流意識」も新たな局面を迎え、「人並み中流」から「違いがわかる中流」へと「中流意識の成熟」（昭和六〇年）が指摘されている。人びとの間に、均質性から異質性すなわち、差異化の志向性が強まった時期であった。その背景には「人生八〇年」（昭和五九年）、「生きがい欲求」（昭和五六年）のように、経済的豊かさ、すなわち平準化や均質化がある程度達成され、一定水準以上の生活が保障されたことがある。そのなかで個々の差異化を求める志向が社会意識として成立し、「個性化」とならんで「多様化」が登場したと解釈できる。その流れは、その後の「格差」（昭和六二年）の再登場へとつながっていく。

「個性化」と「多様化」に関する記述内容をみると、男性サラリーマンのライフコース・モデルに基準が据えられている。このモデルからの一定程度の分散が「個性化」と「多様化」として許容されている。言い換えれば、中流を前提にした「個性化」と「多様化」である。つまりライフコースにおける集合表象において「標準家族世帯」モデルや「人生の時刻表」は温存されたまま、「多様化」が追加された。そして、この文脈から判断するかぎり、「多様化」は選択肢の増加、すなわち価値の分散を指示するのではなく、むしろ主たるライフコース・モデルは固定したまま、その周辺の代替的選択肢が多様になったことを指示すると考えてよい。それゆえ、女性を対象に頻用され、具体的な制度変更は最小限にとどまっているのである。

女性を対象とした多様化言説について、いま少しみておきたい。図1・3は、読売新聞(4)の記事検索データベース「ヨミダス文書館」(5)を用いた記事検索の結果である。「女性の人生の多様化」（図1・3【検索1】）を含む記事数は、一九八七〜二〇〇六年まで多少の浮沈はあるものの増加傾向を示して

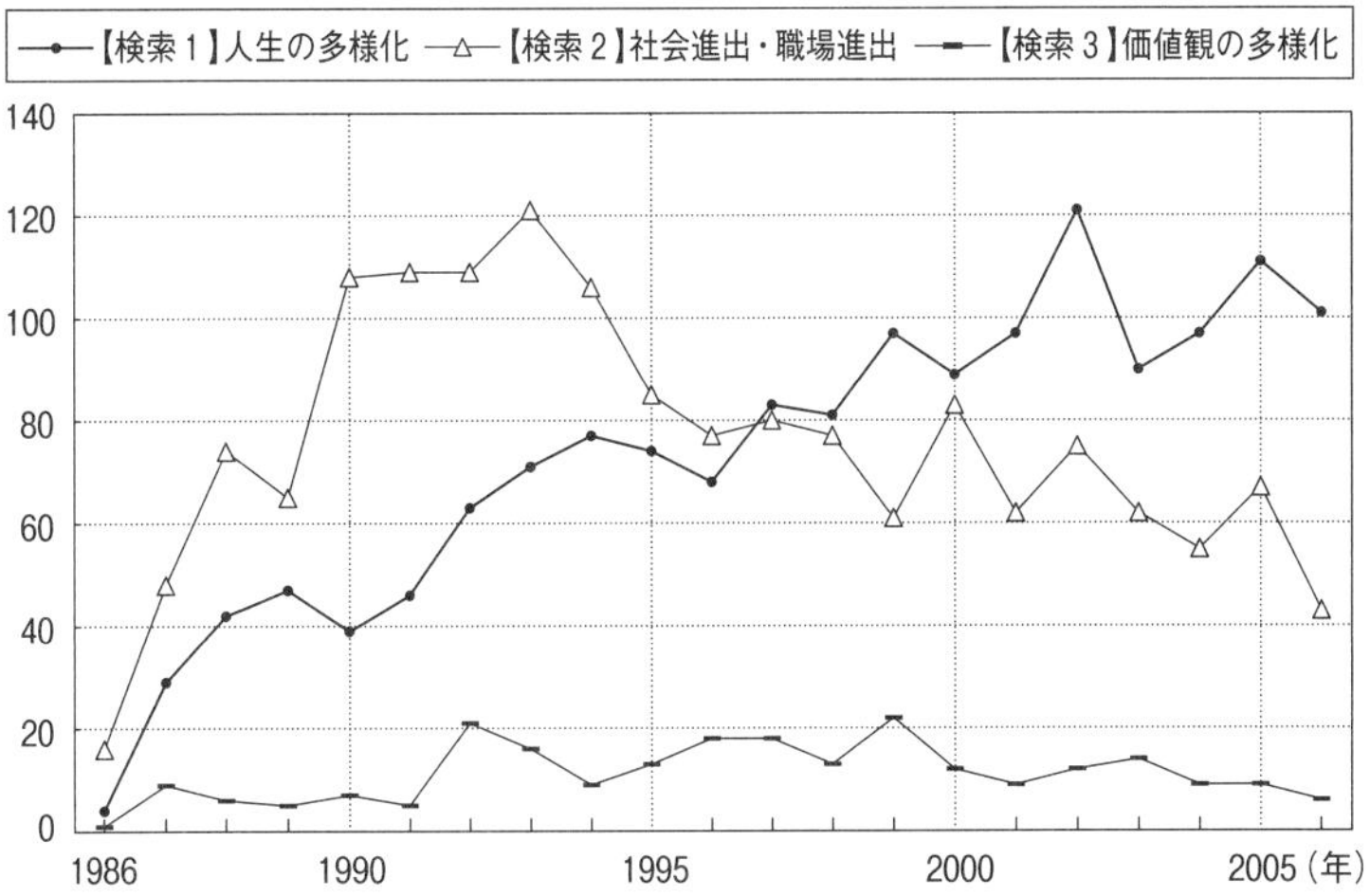

図1.3 「女性の人生の多様化」記事数の推移（読売新聞，1986〜2006年）
【検索1】:「女性」かつ「人生／生き方／働き方／仕事」かつ「多様化／多様」
【検索2】:「女性」かつ「社会進出／職場進出」
【検索3】:「価値観の多様化」
（注1）ヨミダス文書館を用いて各年の「すべての分野」において「見出し」ではなく「全文」を対象に検索した。
（注2）1986年は9月以降のみのデータであるため，参考値である

いる。

これは、大きく3つの時期に分けられる。第一期は、男女雇用機会均等法が施行され、労働市場における女性雇用が制度上保障された一九八六年直後の増加である。均等法施行後の最初のピークは一九八九年である。第二期は、一九九二〜九九年にかけての増加時期である。一九九二年の『国民生活白書』（平成四年版）の副題は、「少子社会の到来、その影響と対応」であり、「少子化」が一般語として初めて登場した(6)。その後一九九五〜九七年にかけて夫婦別姓の賛否をめぐる議論が重ねられ、一九九六年に選択的夫婦別姓制度が国会へ提出されたが成立しなかった。ちなみにこの時期には、後述のように「価値観の多様化」に関

する記事が増加している。そして、二〇〇〇年以降の第三期では、記事数は、増減はあるものの100件前後となる。記事数が最多となるのは二〇〇二年であり、この年には、男女共同参画会議が配偶者控除の見直しを初めて提言し、専業主婦の社会保障をめぐる議論が盛んであった。

「女性の社会進出」（図1・3【検索2】）に関する記事数は、「女性の人生の多様化」とは対照的な推移を示している。すなわち、一九八〇年代後半から一九九〇年代前半にかけて急増し、この間の記事数は、「人生の多様化」のほぼ2倍である。その後減少し、一九九六年を境に「女性の人生の多様化」を下回り、低下をつづけている。ピークの一九九三年には121件を数え、三日に一回の頻度でこの言説が紙上で用いられた。「価値観の多様化」（図1・3【検索3】）は、全体に記事数は少ないが、一九九〇年代に山を描いている。

さて「女性の人生の多様化」検索に該当した記事内容（一九八九年と一九九九年分）をみると、選択肢の豊かさを指示する記事は、消費の高度化と関連して用いられるのみで、全体としてはわずかである。記事内容は四点に集約できる。(1) 未婚女性の就業率の上昇と晩婚化を指示する記述、(2) 結婚退職の減少、出産後のフルタイム就業継続者の増加、育児休業取得の普及、保育所問題の深刻化を指示する記述(7)、(3) 既婚女性の就業率の上昇、とくにパートでの勤務形態にバリエーションが出てきたことを多様化と表現する記述、(4) 男性サラリーマンの働き方への疑義の高まりを指示する記述(8)であった。新たなライフコースの出現につながる内容は、(2) 就業継続者の増加のみである。「女性の人生の多様化」言説は、年齢横断的にみた母集団内の女性のライフスタイルにみられる多様性の指摘にとどまっている。つまり、若年層で働いている未婚女性と中年期にさまざまな形態で就業・社会活動をしている女性との対比が「多様性」として強調されているのである。この点は、「価値観が多様になっている現代では、年齢が違い、ライフステージが異なると、関心のありかもずれる」（1989.10.21）という記述に端的であろう。

4 個人の生き方の過程とライフコースの個人化

さて、ライフコースの制度化が進展することによって、ライフコースの予測可能性は高まり、そのことが個人の生き方の過程に対する期待や野心、主張自体をも構造化することになる。すなわち安全な枠組みを得ることで、公的ライフコースへと個人が同定される程度が高まる。社会的に用意された地位／役割の配置が、「個人自身、自身の伝記《バイオグラフィー》、そして社会的世界に関する安全で安定した表象を構築するための枠組み」を提供するのである。さらに高度に制度化されたライフコースは、相互に明確な境界化がなされ、個人のもつ社会的属性、資源、スキル、力量・能力と親和性をもっており、ライフコースの階層化と分化を深める（Buchmann 1989）。戦後日本における男性のライフコースはこうした状態に合致するといってよい。

他方で女性の場合には、一九八六年に男女雇用機会均等法が施行されたが、職業領域でのキャリア形成に関する制度化は進んでいない。いわば職業領域への参入だけが整えられている状態であり、結果的に上述のような男性にみられる高い予測可能性は女性にはみられない。現実には、個人の生き方の選択と環境的要因との関係が緊張状態にある。

「人生は多様化した」とされる一方で、公的ライフコースとして「専業主婦」に加えて、「働くお母さん」や「キャリア・ウーマン」といったコースが用意されることはなかった。文化的水準と構造的水準とが矛盾する状況で、女性各人は自己の生き方のアイデンティティ（たとえば「働くお母さん」）と合致したライフコースを組織化するために、資源、スキル、力量・能力（ヒューマン・エージェンシー）をフル活用しているのである。さらに注目すべき点は、たとえそれを実現しても、彼女たちのなかには忸怩たる思いが残るという事実である。「社会に取り残されて、自分の人生を歩んでいない」、「子どもにはいつも悪いなぁと思っている」、「女としての幸せを得ていない」という内的な葛藤である。こうした葛藤こそが、個人のライフコース経験と生き方のアイデンティティとの緊張関係である。「専業主婦」、「働くお母さん」、「キャリア・ウーマン」というコースは、安全で安定した選択にはなっていない。いずれの道を選んでも安心感を得られないのだ。

さらに、「どのような人生を歩むかは自己責任」とする個人主義の志向が、こうした状況に拍車をかけている。つまり「自分で選んだのだから仕方がない」という思いをもたらしている。こうした個人主義の強化を、ライフコースの個人化（individualization）として整理しておこう。ライフコースの個人化とは、「個人の自らの人生に対する統制力が増大する過程」である。「伝統的拘束から解放されること」（Beck 1992）と結び合わされて理解されることが多い。その場合二つの含意がある。一つは、ライフコースを組織化する際に、家族や共同体の状況や選好が優先される状態から、個人の選好が優先される状態へと移行するという動態（自由度が増す傾向）である。二つは、伝統的な拘束から解放されることによって、個人に対する社会の統制が直接的になり、個人が国家から統制される傾向が強まるという動態（自由度の増減とは直接的には関連しない）である。現状は、後者があてはまる。つまり日本では、個人が直接的に社会や国家の統制にさらされており、かつライフコースにおける外部からの統制が自制へと変化する段階を迎えている。

具体的には、「男女雇用機会均等法世代」と呼ばれる一九六〇年代出生コーホート女性は、個人のライフコース経験と生き方のアイデンティティとの緊張関係を強く抱いている。このコーホートは「家族生活と職業生活を個人の責任のもとで組織化することを要請された最初のコーホート」と位置づけられる。

中沢けいによる小説『豆畑の昼』（講談社 1999）は、このコーホートの女性たちを描いているが、そのなかで、一九八〇年代半ば以降の社会をつぎのように表現している。「女性が無邪気に平等と公平というロマンチシズムを語る最初の幸福な時代が終わろうとしていた」（中沢 1999: 120）。そうした時代に、このコーホートは成人への第一歩を踏み出した。「職業人としての人生も家庭の主婦としての人生も、それぞれ個人の意思で選択できることが望ましいと、言われ出していた。選択肢の多い社会ほど豊かな社会だと言うことになる」（中沢 1999: 123）。そのうえで、このコーホートは「表面は、主婦という生活か職業人としての生活かという二者択一にみえながら、本当のところはいったい何を二者択一したいのか解らない、不可解な光景」（中沢 1999: 122）に直面し、さらに「社会一般の理念と個人の生き方の感覚が混同されることに悩」（中沢 1999: 122）んでいるのである。

小括と展望

本論では、ライフコース・アプローチを用いて、戦後日本のライフコースをめぐる現象を整理した。ライフコースの制度化、標準化、個人化の流れを確認したところ、一九八〇年代に「人生の多様化」という集合表象が登場して以降、現在にいたるまで女性を中心に、個人のライフコース組織化において葛藤が生じていることが明らかになった。本論の最後に、今後のライフコースの再構築にむけた展望を、ヨーロッパを中心とした福祉国家での変化を参考に、検討したい。

個人の生き方の選択と環境的要因の関係を産業社会の進展過程にあてはめると、ヨーロッパ社会の場合には図1・4のように図式化できる（Mayer & Schoepflin 1989）。すなわち、産業化初期までは、家族・世帯の戦略が優先された時期であった。その後家族・世帯戦略が弱化し、個人の生き方の選択においては脱伝統・個人化が、それをひきついで標準化が進行した。そして福祉国家体制の成立にともなっては、新たなライフコースの制度化を生じるという「家族戦略→脱伝統→個人化→標準化→制度化」という経路である。福祉国家におけるライフコース政策によって、ライフコースの標準的規則がある程度の範囲まで置き換えられつつある（Heinz, Huinink, Swnder & Weymann 2009）(9)。新たな制度化についての実証的な研究はまだ十分ではない。しかし、国家がライフコースに介入することで、「個人がライフコースを組織化する際に、個々のニーズやもともとの人生設計とは矛盾しうるような意思決定を強いる場合がある」点は指摘されている（Mayer & Muller 1986）(10)。

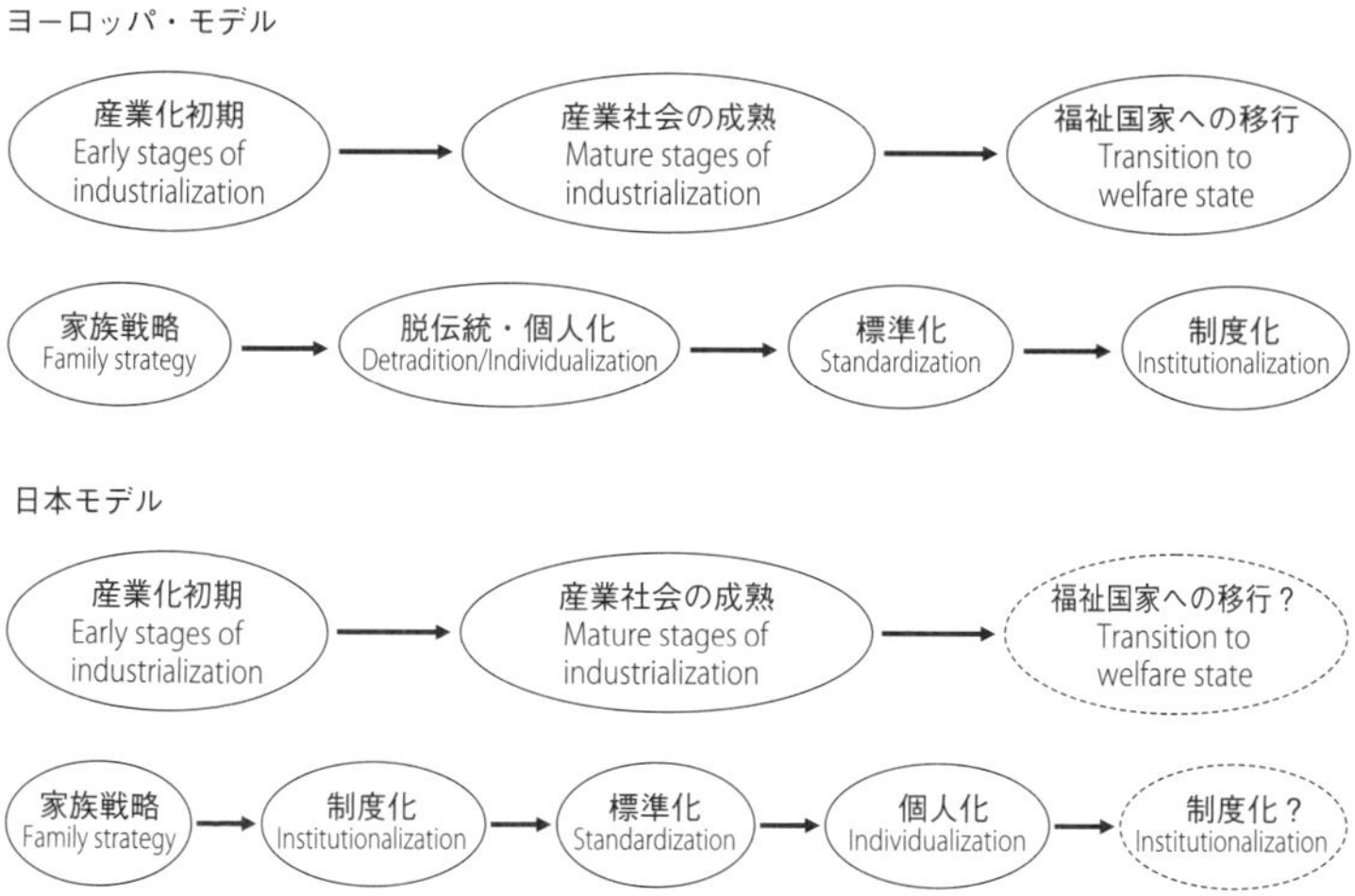

図1.4　産業社会の進展と個人の生き方の過程の形成要因（ヨーロッパ・モデルと日本モデル）

（注）ヨーロッパ・モデルは Mayer & Schoepflin（1989）より作成

日本の場合には、本論でみてきたように高度経済成長期に、ほかの社会とは比べものにならないほどのライフコースの制度化が進展し、その結果としてライフコースの標準化が浸透した。そして現在、個人化が進んでいると整理できる。ヨーロッパの経路はあてはまらない。まず、家族戦略ののちに、企業中心主義という家族主義や性別役割分業ときわめて親和性の強い社会原理にもとづくライフコースの制度化が進行したという点では、「脱伝統」という局面が、未到もしくは現在進行しているのかもしれない。経路としては「家族戦略→制度化→標準化→個人化」をたどっている。

　現在、「人生の多様化」言説の浸透とともに、個人の生き方の選択と環境的要因の関係は困難な状況に直面している。さらにこの葛藤は、個人化によって、制度化を求めずとも正当化される傾向がある。この状況からの脱却、すなわち

「生き方はどこまで選べるのか」を高めるためには、それぞれのコースを社会的選択肢とするための制度的措置（制度化）が必要である。その際、女性ばかりでなく、高齢者のようにそもそもライフコースの制度化の対象として想定されていなかったライフステージを考慮することも喫緊の課題である。企業がカバーしきれない部分に対する統制をどのようにするのか。セイフティネットとしての制度化である。この点はヨーロッパ社会と共通している。ただし、上記のとおりヨーロッパと日本は、二〇世紀を通して異なる経路をたどってきた。新たなライフコースの制度化を検討する際には、経路の特性を踏まえる（経路依存性）ことが強く求められる。

最後に、本論ではもっぱら女性の人生の多様化をとりあげてきたが、逆説的に考えると、男性には「人生の多様化」言説すら成立していない。まずは固定的な働き方の見直しから議論を始めねばならない。

注

（1）「二一世紀出生児縦断調査」は、厚生労働省が実施している二一世紀ベイビー（2001.1.10〜17.7.10〜17に出生した子全員）への大規模追跡パネル調査である。二〇一一年までに7回の調査が実施されている。

（2）この宣伝は、二〇〇三年春から一年間、交通広告を中心に展開したものである。ターゲットを絞った広告ではなく、「頑張る女性への応援メッセージの一方で、男性に対してさまざまな『気づき』を喚起させる」ことがねらいであった。「女は変わった。男はどうだ」というメインコピーにつづいて、サブコピー「経済を変えていくのはきっと彼女たちだ」からなっている（日本経済新聞社販売局企画宣伝部による説明2007）。

(3)『国民生活白書』を入手可能な一九五八(昭和三三)年から時系列にみると、一九八〇年以前には、一九六六(昭和四一)年に「消費生活の多様化」として一度登場したが、その後一九八〇年までは出現しない。

(4)読売新聞は国内販売部数が最多であり、世帯普及率20%に達する一般紙であることから同紙を選択した。二〇〇六年上半期の全国版朝刊販売部数は以下のとおりである。一位読売新聞(1004万部)、二位朝日新聞(809万部)、三位毎日新聞(397万部)、四位日本経済新聞(305万部)(日本ABC協会HPより転載)。

(5)ヨミダス文書館での検索対象となる記事は、読売新聞本版のうち一九八六年九月からは東京本社ニュース面(1~3面、外電面、経済面、スポーツ面、社会面)の全記事、一九八六年一一月からは生活・解説・気流面(東京本社)、一九八七年一月からは地域版以外のすべての全国版ページに掲載された全記事である。よって、新聞記事検索にあたっては、量的把握という点では一九八六年は参考値にとどめる。

(6)それ以前には、「〝少子化〟時代」(一九八九年)というようにカッコで括って用いられていた。

(7)たとえば「女性の働き方は多様になり保育所が様々な要求に応じきれないのが実情」(1989.2.27)、「働く母親は増え続け、しかも均等法以後、男性並みの働き方が求められて、保育の要求はいっそう多様に」(1989.10.19)といった記事がある。その後一九九一年に育児休業法が成立したが、興味深いことに十年後の一九九九年にも「子どもを産んでも仕事を続けたいという女性が増えているが、問題は保育所探しとその高額な保育料」(1999.2.12)という、十年前と同内容の記事がある。

(8)つまり中年女性の多様な就業形態は、成人期を通してライフスタイルに変化がとぼしい男性との対照性の強調でもある。

(9)近年ヨーロッパを中心とした福祉国家では、三種の変化が生じたと指摘されている(Heinz, Huinink, Swnder & Weymann 2009)。第一には、社会的役割や人生移行に関する伝統的な年齢定義やジェンダー定義がゆるやかになることによって個人化が加速するという変化（たとえば、Beck 1992）、第二には、福祉国家におけるライフコース政策が、ある程度の範囲までライフコースの標準的規則を置き換えるという変化、すなわち新たなライフコースの制度化、第三には、少子化と長寿化によって人口成長と年齢構造に生じている変化、である。

（10）たとえば、Mayer & Schoepflin（1989）は、未婚の妊婦の子育てを支援するための期間限定（四年間）の経済的支援プログラムの問題を例示として引用している。このプログラムでは、母親が子どもとともに家庭にとどまることを条件とし、かつパートナーとの同棲を禁止している。このように、このプログラムは、女性を受動的にさせ、彼女たちの長期的な展望を消滅させ、教育への投資を低減させるものであって、女性たちのその後のライフチャンスにとって破滅的な結果をもたらすものである。

文献

Beck, U., 1992, *Risk Society: Towards a New Modernity*, London: Sage.（訳書 1998 東廉・伊藤美登里訳『危険社会——新しい近代への道』法政大学出版局.）

Beck, U., 2009, *World at Risk*, translated by C. Cronin, Cambridge: Cambridge University Press.

Bruckner, H. & K. U. Mayer, 2005, "De-standardization of the Life Course: What It Might Mean? And If It Means Anything, Where It Actually Took Place?," *The Structure of the Life Course: Standardized? Individualized? Differentiated?*, Advances in Life Course Research, Volume 9: 27-53.

Buchmann, M., 1989, *The Script of Life in Modern Society: Entry into Adulthood in a Changing World*, Chicago: University of Chicago Press.

Elder, G. H. Jr., 1978, "Family History and the Life Course," Hareven, T. K. (ed.), *Transitions: The Family and the Life Course in Historical Perspective*, New York: Academic Press, 17–64.

———, 1992, "The Life Course," Borgatta, E. F. & M. L. Borgatta (eds.), *The Encyclopedia of Sociology*, Hampshire: Macmillan.

Heinz, W. R., J. Huinink, C. S. Swnder & A. Weymann, 2009, "General Introduction," Heinz, W. R., J. Huinink & A. Weymann (eds.), *The Life Course Reader: Individuals and Societies Across Time*, Frankfurt a. M.: Campus Verlag, 15–30.

厚生労働省 2003『第2回21世紀出生児縦断調査』.

Mayer, K. U. & W. Muller, 1986, "The State and the Structure of the Life Course," Sorensen, A. B., F. E. Weinert & L. R. Sherrod eds., *Human Development and the Life Course: Multidisciplinary Perspectives*, NJ: Lawrence Erlbaum Associates Publishers, 217–45.

Mayer, K. U. & N. B. Tuma, 1990, *Event History Analysis in Life Course Research*, Madison: The University of Wisconsin Press.

Mayer, K. U. & U. Schoepflin, 1989, "The State and the Life Course," *Annual Review of Sociology*, 15: 187–209.

内閣府 各年『国民生活白書』.

中沢けい 1999『豆畑の昼』講談社.

日本ABC協会HP http://www.jabc.or.jp/ (2006. 3)

嶋﨑尚子 2008『ライフコースの社会学』学文社.

総務省統計局 2005『国勢調査』.

総務省統計局 各年『労働力調査』.

Weymann, A., 2003, "The Life Course, Institutions, and Life Course Policy," Heinz, W. R. & V. W. Marshall (eds.), *Social Dynamics of the Life Course: Transitions, Institutions, and Interrelations*, New York: Walter de Gruyter, 167–92.
読売新聞記事検索データベース「ヨミダス文書館」(2006. 10)

2　ライフコース・ライフストーリー・社会変動

——ドイツ語圏社会科学におけるバイオグラフィー（人生経歴）・アプローチ

ベッティーナ・ダウジーン

はじめに

本書のテーマである個人の生き方の変容は、さまざまな意味においてアクチュアルであるが、同時に「古い」テーマでもある。バイオグラフィー／ライフコース研究（訳注1）の始まりは、バイオグラフィー的方法（biographical methods）に見ることができる（Thomas & Znaniecki 1958＝1983）。これは二〇世紀初頭にシカゴ大学の社会学者らが、当時の社会変動を考察するにあたって用いた方法である。そこでは、個人のライフコース（life course）に実証的に認められる変化が、社会の構造的変化の指標であると解釈された。そのような社会変動が、日本やドイツなど個々の社会において実際にどのように立ち現れるかはさまざまであろう。だが主要な社会制度である労働、家族、教育制度などの編成と機能、ジェンダーや世代との関係、生き方を規定する文化パターンと実践、規範や価値システム等々にそれが関係することは間違いない。近年、個人のライフコースは「普通の人生経歴」(normal biography) への期待のパターンからますます乖離しつつある印象をもつ。しかしこれについては実証的な検証が求められていると同時に、複雑な現象を分析するために用いられる理論的・概念的ツールについていま一度省みることが必要である。

本章の目的は、後者について、すなわち理論的・概念的ツールの再検討に貢献することにある。ライフコースの変化および学問的考察をバイオグラフィー理論の視角から議論を試みるとともに、ドイツ語圏における社会科学的なバイオグラフィー研究の議論を紹介したい。そのために、まずいくつかの概念を整理することから始め、続いてライフコース研究およびバイオグラフィー研究の理論を詳細に論じる。その上で最後に簡単なまとめを行う。

1 バイオグラフィー・ライフコース・ライフストーリー――概念的差異

1.1 バイオグラフィー

「バイオグラフィー」(biography) と「ライフコース」(life course) は日常的に使われ、かつ同義語に用いられることも多い概念である。一方、社会学的な議論では、両者の使い分けがなされている。この点について簡単に説明しておく必要があるだろう。

両者の違いはシカゴ学派社会学を代表する『ポーランド農民』(Thomas & Znaniecki 1958＝1983 邦訳題『生活史の社会学』) においてすでに見られる。同書においてライフコースは、客観的リアリティと主観的意識の相互作用における日常的な相互行為の実践において絶え間なくつくられ、変更される「社会的事実」ととらえられている。それに対して「生活記録」(life records) やその他の「個人データ」は、そのような実践から生まれる文書である。このようなライフコースと生活記録の関係の背景には、社会的リアリティはつくられるという構築主義的な見方が一方にあり、他方では、ライフストーリーを人が実際に生きた人生に関する「ルポルタージュ」として、それが現実をありのままに反映しているという実証主義的な見方がある。こうした見方は「代表的」なライフストーリー探しに見ることができる。

理論に基づいた「ライフコース」および「生活記録」の構築は、その後の社会学的なバイオグラフィー研究において、ライフコースとライフストーリーとの対比というかたちで継続されてきたが、両者の対比はしばしば暗示されるだけであり、あくまで単純化されたものだった。一九七〇年代、ドイツ語圏社会科学において、バイオグラフィーの手法が再発見された。それはバイオグラフィー・インタビューおよび筆記記録による実証的なライフコース・アプローチとして扱われた。当初、方法論的問題についての議論は起きなかったが、間もなくバイオグラフィー的データとその表象性がもつ認識論的・方法論的問題が明らかになるにつれ、「バイオグラフィー」をどのように理論的に理解したらよいのかという問題に関心が集まった (Fischer & Kohli 1987)。

ドイツ語圏のバイオグラフィー研究では当初こうした問題が議論の中心となった。大まかにいって、主体が相互作用的に生み出すライフストーリーは、現実描写的な報告という意味での「記録」としてではなく、構築性と被構築性という独自のレベルを活発化させる複雑な「語り」(narrations) としてとらえるべきというコンセンサスがある。この構築レベルの独自性を概念的に記すために、筆者は「ライフコース」と「ライフストーリー」をやや簡略的に区別している。他方「バイオグラフィー」は、より広義の概念である。同時に、それははっきりと特定される概念ではなく、それぞれの学問分野の文脈によってさまざまに綴られるものである。たとえば文学やテクスト論には、社会学や教育学とは異なる理論的伝統がある（Fetz 2009）。ここでは、そのような違いを超えて概念的に整理することができよう。

バイオグラフィーの語源は、概念史的には「bios」（ギリシャ語で「人生」の意味）と「graphein」（ギリシャ語で「記す」の意）に求められ、本来は「人生の記述」を意味する。同時に「人生を記す」という文化的実践と、具体的な個人が特定の歴史的・社会的文脈において実際に生きた、記述される人生を指す。このような多義性について反省することは、社会科学的バイオグラフィー研究にとって重要である。そのような自省においてバイオグラフィーは「社会的構築物」とされる（Fischer & Kohli 1987）。そこでは制度化されたルールや文化パターン、「言語ゲーム」、日常理解、社会的・言説的実践、主観的な自省のあり方や認知的構築といった多種多様な局面が想定される。そのような局面においては、それぞれに固有のかたちで個人の人生が構築され、提示（ないし表象）される。

バイオグラフィー研究ではまた、こうした制度・言説・実践が生み出される「テクスト」および「テクスト構成」が扱われる。「バイオグラフィー」は、結果的視点および過程的視点の下で集合的および個人的行為の結果（語り、文化パターン、制度等）として、かつ社会的リアリティの構築の様相《モード》ないしプロセス（語ること、またその他の「バイオグラフィーすること doing biography」の実践）として考察することができる（Dausien 2000：101–2）。

1.2　ライフコース

それに対して、ライフコース概念は狭くとらえられており、しばしば個人のライフスパン内で起こる出来事の「外的」ないし「客観的」な展開と結びつけられる。他方、ライフストーリーは、そのような出来事の語りとして、「内的」ないし「主観的」側面ととらえられている。著述家の中には、この意味においてバイオグラフィー概念をライフストーリーの同義語として用いる者もいる。

アロイス・ハーンは、文化社会学的視点からライフコースとバイオグラフィーを次のように区別している。彼にとってライフコースとは、個人の生きる時間において立ち現れるものの、決して「完全には」把握されえず、しかしながら事実上一つの全体を成すような「おびただしい数の要素から成る出来事、経験、感情等の総体」(Hahn 2000: 101) を指すものである。加えて、近代社会においては、個人の地位移行 (status passage) が規則正しく起きており、その流れは多かれ少なかれ「事前に決まっている」が、ライフコースはこうした社会秩序も表している。これに対して「バイオグラフィー」(ないし「ライフストーリー」) は「ライフコースを個人にとっての主題とする」(Hahn 2000: 101)。この主題化は決して「反映」ではなく、むしろ「選択的現在化」である (Hahn 2000: 101)。そのため「バイオグラフィー」は、個々のアイデンティティーの表現ではなく、自己主題化およびアイデンティティー形成の文化パターンとして理解される (*ibid*)。

このような概念的整理には「内」と「外」という二元論が見られる。そのような二元論には問題があり、バイオグラフィー研究ではまさにそれを克服することが希求されてきた (Fischer & Kohli 1987:

Dausien 2010）。したがって「ライフコース」と「ライフストーリー」の概念的区別は、決して異なる現象分野を指すのではなく、さまざまな理論的視座《パースペクティブ》と方法に関する二つの観察視角、すなわち「ライフコース研究」（life course research）および「バイオグラフィー研究」（biographical research）を指しているのである。

このような整理はドイツ語圏の社会学において定着している。個人や社会集団のライフコースについては、計量分析を中心とするライフコース研究（Lebensverlaufforschung）（訳注2）によって「客観的データ」としてとらえられており、ある社会の社会構造の指標として扱われている。これには、ライフコースを社会制度ととらえる理論的な理解が関連している（Kohli 1985 次節参照）。これはバイオグラフィー研究でも同じであるが、こちらでは、制度の枠組みの中で生産・再生産され、また変化する主体のライフストーリー的な意味構築がその根幹に据えられている。社会的主体は自らのライフストーリーを設計し、語り、相互作用的に交渉する。そのような主体がいかにライフストーリー的な意味構築に貢献しているのかは、質的調査法によって考察される。

こうした異なるアプローチについて、以下さらに詳細に紹介する。そして社会変動を考察する上で、これらのアプローチがどのような功績をもたらしたのかを論じる。

2　ライフコースの個人化――ライフコース研究の可能性と限界

2.1　社会制度としてのライフコース

シカゴ学派の社会学者たちは、ライフコースが社会変動の実証分析にとってまたとない資料であり、社会学の展開においてもきわめて有効であるという考えを理論に依拠してもつに至った。一九七〇年代以降、西欧資本主義社会では社会変動の新たな社会・歴史的段階が観察されている。それはドイツ語圏の議論においては「個人化」理論（Beck 1986＝1998）により解釈されている。こうした変化に対応するため、シカゴ学派の伝統を受け継ぐ新たな研究アプローチが生み出された。とりわけ「再帰的近代」（reflexive modernity）はわれわれの分析にとって重要な中心的議論となっている。再帰的近代においては、これまでの個人と社会の関係が先鋭化されている。つまり階級、家族、宗教、「伝統的」ジェンダー関係によって形づくられてきた集合的紐帯は存続しつつも、解体されていく。そして個人は自らの社会的位置に関係なく、社会的な責任を負うアクターとなっていく。こうした診断は、実証的かつ理論武装された次のような命題に支えられている。すなわち近代社会にとって機能的な「普通の人生経歴」は解体され、ライフコース形成における自由が拡大する。しかし同時に拡大した自由にはリスクも伴っている。そして自分の生き方に対する責任を個人に帰する傾向が強まっている。

こうした主張の背景には、社会制度としてのライフコースという緻密な理論的な理解が存在する。これはスイスの社会学者マルティン・コーリによって一九八〇年代に提示された（Kohli 1985）。彼によれば、近代社会においてライフコースは、合理的な方法で個人を社会に組み込み、個人の行為に方向性を与える機能をもつようになっているという。近代社会の社会構造や統制システムの変化が加速し、複雑性と流動性が高まるなか、社会の構成員の権利と義務を直接「個人に」――あるいは「個人の中に」という方がよいのかもしれないが――固定し、人生における浮き沈みといった変化のすべてを「カバーする」ような社会化（Vergesellschaftung）（訳注3）の様相《モード》が必要とされている。コーリによれば、それはライフコースが示すような時間的な経過プログラムによってのみ可能である。そしてこのような「プログラム」は、ある意味で生き方の個人化過程における前提となっている。「柔軟な人間」（Sennett 1998＝1999）が社会的に必要とされるようになり、自分で自分を社会の中に位置づけるというあらゆる差異化において、ライフコースは、個人と制度が相互に親和的に修正したり参照しながら、一種の規範的・機能的なフレームワークをつくっていく。

実証的なライフコース研究の進展により、個人化といわれるようなプロセスが歴史的に起こり、現在も進行していることが明らかとなった。こうした発見が資本主義原理によって組織された「西」の社会でまずなされたとすれば、社会主義という社会形態が消滅し、グローバル化が進むなか、次のような問いが投げかけられる。つまり文化や国や社会的文脈が異なる場合、ライフコース・パターンはどのような多様化および／ないし標準化を見せるのか。またライフコースの制度化と脱制度化はどのように組み合わされるのか。近年、グローバル企業によって世界各地でキャリアパターンが標準化され、また雇用の柔軟化と雇い止めが進み、人生が「極限状態」にまで追い込まれる状況が見られる。いずれにせよコーリの理論およびそれに依拠した研究によって、資本主義的労働市場がライフコース・プログラムの

「核」としてきわめて重要であることが明らかとなっている。

2.2　ジェンダー研究のライフコース論

こうした実証的な証拠にもかかわらず、ライフコース研究の主張は批判も受けてきた。とりわけジェンダー研究の側から批判がなされてきたが、その中心的な議論は、次のようなものである。すなわち、ライフコース理論は長い間一定の構造的差異を隠蔽してきており、特に「ジェンダー・バイアス」があるというものである（たとえば Krüger 1995; Dausien 1996）。実証分析により、ライフコース・パターンに男女による違いがあることが指摘されてきた。しかし理論的に前提とされる理念型としての「普通の人生経歴」は、コーリ（Kohli 1985）がいうように、労働という軸を中心に組織化されているが、これは多くの場合「女性のライフコース・パターン」にはまったく当てはまらないものであった。だが、「普通の人生経歴」には女性版と男性版という二つの型があるという前提も実証的に支持されるものではない。現在のドイツ社会では、継続的にフルタイムで働くキャリアモデルに近い生き方をする女性が非常に多いし、転職、休職、家族休暇の取得等により職業を一時中断《タイムアウト》する人生を歩む男性も少なからず存在する。男女のライフコースの歴史的変化に関する調査からは、教育、世代、環境、また社会国家の規制や職業・労働市場の構造が、ライフコース・パターンと規範化された地位移行に影響を及ぼすことがわかっている。

一九八〇～九〇年代におけるドイツ語圏のジェンダー研究では、このような実証的な発見を批判的に捉え、ライフコースを「二重の社会化」（Becker-Schmidt 1987; Dausien 1996）のプログラムととらえるオルタナティブな概念が生まれた。その概念においては、ライフコースは、二つの社会化原理によって構造化されるという。それは、労働市場の価値増大と、私的領域・家族の再生産の論理という「外的」で社会的に制度化された社会化の形態である。

この二つの社会化の論理はシステム上相反しているが、同時に、女性のライフコースに回避不可能な衝突と歪みをもたらしてきた。そこでは、一方で労働市場と家族という矛盾しながら依存関係にあるシステムのもつ客観的な矛盾構造、他方で生き方の意味構築への影響が問題となる。さまざまな実証研究が示したように（Becker-Schmidt 1980; Born et al. 1996; Dausien 1996）、西ドイツ社会における女性のライフコースとライフストーリーは、こういった両義性の間で「個人的」なバランスを取ることによって形づくられてきた。というのは、公的な育児制度や全日制学校といった社会的な解決策はほとんどなかった（そして今もない）からである。

歴史的にはこうした条件を変えようという動きが起きていて、家庭責任を引き受けたい男性もまた、上述したような問題に直面しているのかもしれない。だが、近年の議論から見えてくるのは、社会構造の問題への対処がもっぱら、個人の力に委ねられていることである。したがって、ライフコース研究にとっては、性役割およびジェンダー関係がいかに変わり、揺らぎ、多様化しているのかという問いが成り立つ。このことを看過することはできない。それはまさに――徴候として、構造化する要素として、大きな社会的な原動力を伴って――ライフコースという社会化の様相《モード》において生起する変化をさすのである。

こうしたジェンダー研究からの「普通の人生経歴」モデルへの批判の意味はこれに留まらない。近代社会において可能となった、実証的な事実として認識されるライフコース・パターンの多様化が、歴史的に見てかつてない規模で進行する個人化の徴候であるとするならば、それは、個人の「ライフコース」の軌跡と現代社会の構造変動における「生活記録」を考察する社会学的な方法論にとっても、何らかの帰結をもたらすだろう。「リスク社会」という概念によって現代社会分析を行い、国際的な議論を巻き起こしたドイツの社会学者ウルリッヒ・ベック（Beck, Giddens & Lash 1996＝1997）は、現代社会の構造変動が個人の自己認識の変容と密接に結びついていると述べる。ベックによれば、「個人化された社会」において、人々は各自自らを行為の中心として、ライフコースや能力、方向性、パートナーシップなどの設計事務所として理解しなければならないという（Beck 1986：217＝1998：267）。こうしたとらえ方が誇張であることは疑う余地がなく、実証的なデータに基づく批判もなされている。たとえば、仕事中心の生き方における集合的紐帯は今も重要であることが指摘されている（Seifert, Götz & Huber eds. 2007）。しかしながら、歴史的に見てライフコースが柔軟化しつつあることに疑う余地はない。

具体的・実証的な現れ方は、社会状況（個人レベルの効果はさまざまある）を示す多くの指標や、バイオグラフィー的な「行為の連鎖」によって異なる。これは、ライフコースが偶然の産物であるとか、主観的な嗜好に委ねられることを意味するのではない。実証的な個人性とは、偶然性でも、個人が自らの生き方の道筋に及ぼしうる力でもない。それは、表面的な現象として立ち現れるが、そこに内在する構造化は再構成されなければならないのである。

ここに「外的」な道筋に関するデータを志向するライフコース研究の限界がある。その限界に気づいたトマスとズナニエツキによって方法論的に基礎づけられたバイオグラフィー研究では、むしろ「内的」行為の論理性とライフコースの意味解釈を重視したのである。

3 ライフストーリー（ライフ・ナラティブ）と構築される自己

3.1 構築されるバイオグラフィー

それでは、社会的なアクターはわれわれが「ライフコース」と呼ぶ、規範および行為的要請から成る制度のフレームワークをどのように埋めていくのだろうか。どのような経験をし、どのようにその経験を解釈するのだろうか。バイオグラフィー的「設計事務所」に籠ると、そこでどのようなルールに従って、またどのようなモノによって計画を立てるのだろうか。またどのようなストーリーを語り、そこからどのような意味ある文脈――すなわちアクター自身が自分の「ライフストーリー」として解釈し、またその地平において自らの行為を組織するような文脈が生まれるのだろうか。以上のような問いは、ある意味でバイオグラフィーの「内面」を志向するものであり、どの構造的次元にも準ずるものではない。

そのため近年のドイツ語圏におけるバイオグラフィー研究では、考察対象との関わり合いから次のような視点が強調されてきた。「社会学的バイオグラフィー研究のテーマは個人ではなく〈バイオグラフィー〉という社会的構築物である」(Fischer & Kohli 1987: 26)。ここで使われている構築概念は、あたかも主体が自らのバイオグラフィーを自由に「生み出し」、好きなように創作するかのように、しばしば誤解されている。実際意味されているのは、上述したような、「バイオグラフィー」を社会化とアイデンティティー提示の社会的形式として分析するという視座の方である。ドイツ語圏におけるバイオグラフィー研究では、社会構築主義が根本的に前提とする考え方は少なくとも二つの水準で考察されている。第一に、文化史との関連から、個人のバイオグラフィーにおける意味構築の歴史社会的な様式を規定する（言語、メディア、イメージ等の）文化的スキーマを再構築することである。第二に、実証主義的・社会学的な分析において、（相互作用的な）バイオグラフィー的な自己演出および自己反省は、たとえば日常や調査の文脈において自伝的な語りというかたちで取り扱われている。そのような文脈からは、バイオグラフィー化の現在の形態と様相についての情報を得ることができる。

まず第一の点について述べよう。アイデンティティー呈示と自己形成の文化パターンが、近代におけるライフコースの歴史的成立とともにどのように変わるのかは、文化研究の作業が示している。近代社会では人生の道筋は、もはやある一族や家族への帰属によるのではなく、教育過程や社会移動、移住や技術的・文化的変動によって変わりうる。そのためアイデンティティー形成・呈示が求められているが、バイオグラフィーはその通時的スキーマなのである。「自己演出の時間化への要請が高まっているが、そこではきわめて異なる複数の過去の最終地点が同じ現在となりうる。つまりそこで以前のように現在から過去が明白になるということはないのである」（Hahn 2000: 107）。「出自と後の人生の運命との間の乖離」（Hahn 2000: 111）は、近代的個人が一般的に経験するようになっているが、それはバイオグラフィーの構築によって、ある意味で癒しうるものである(1)。

人生の道筋の可変性が高まっているが、これにより強固な社会規範ではなく、個人がその道を「自己流」にアレンジし、「自ら」進んで行けるような生成的な「自己構築原理」が必要とされている。ドイツやその他のヨーロッパの国々においては教育という考えが啓蒙思想と結びつき、社会的・宗教的秩序の足枷から人々を解放してきたが、上述したような構築観の機能を満たしてきた。

こうした伝統のなかにこそ、持続的な雇用を志向する、直線的な「普通の人生経歴」のイメージも存在している。それにより、一定の歴史的段階において、また一定の社会集団にとって、世俗化された個人的・集合的な意味構築のための「フレームワーク」が用意されてきた。このフレームワークは近年明らかに重要性を失ったか、あるいは個人化理論がいうように「崩壊」してしまった。しかしながらこれは自己形成というバイオグラフィーの原則の喪失ではなく、むしろその変異と強化を意味していると、私も考えている。人生において確実な教育の道の存在を認めず、個人が絶え間なく新たに、あるいは再度学ぶことを要請する「生涯学習」という見方、あるいは「自己マネジメント」ないし「起業的自己」(Bröckling 2007)という考え方は、上述したような新たな自己理解をとらえる試みから生まれたアクチュアルな概念である。しかしここでも同時代的な診断とラベルの限界が見て取れる。というのは、しばしば「普通の人生経歴」モデルが参照されているが、そのモデルの有効性は、ジェンダー問題の箇所で見たように、実証的に確認されていないからである。

3.2　産出されるバイオグラフィー

次に第二の点について述べる。上述したような文化史的な考察のほかに、「バイオグラフィー」が社会の構成員の日常的実践においていかに「産出」されるかに関する実証的・社会学的バイオグラフィー研究がある。そこでは、初期のライフコース研究とは異なり、社会の構成員が各自、自明のものとして一つのバイオグラフィーを「もって」いて、正しい方法によっていかにそれを言語化させるかという考え方はなくなり、代わって「バイオグラフィー」という構築物自体が理論的・実証的考察の対象となったのである。そこではすでに述べたようなバイオグラフィー概念の二重性を考慮しなければならない。つまり「バイオグラフィー」は日常的世界の構築である。これは個人が志向すると同時に、かつ個人を多様な文脈とメディアにおいて何度も新たに生成し、変異させる。しかしながら「バイオグラフィー」は同時に、日常的世界の構築プロセスと構築パターンを理論的に反省し、適切な方法で実証的に考察するための学術概念でもある。

バイオグラフィー的な自己呈示の日常的な形態と実践の考察のためによく用いられるアプローチは、ライフストーリーの語りの実証研究である。ライフコースが現在いかに変容し、いかに「変動するようになったのか」、またどのような新しい自己関係の形態が実際に形成されている可能性があるのか。このような問いには、ナラティブ・アプローチが適している。なぜならこのアプローチは社会状況に対する「主観的な取り組み」の実証分析を可能にするからである。

一九七〇年代、ドイツ社会科学においてバイオグラフィー研究が再発見されたが、それは当時起きていた質的調査法と解釈主義的パラダイムに関する議論と深く関係していた。そこではシカゴ学派およびアンセルム・ストラウス（Anselm Strauss）（訳注4）といった後の世代の研究者の理論や方法をそれに結びつけて論じられた。また社会言語学的視座も幅広く議論された。ドイツでは、フリッツ・シュッツェ（Fritz Schütze）、ヴォルフラム・フィッシャー（Wolfram Fischer）、ガブリエレ・ローゼンタール（Gabriele Rosenthal）、ペーター・アルトハイト（Peter Altheit）らがバイオグラフィー研究の代表者として、ナラティブ理論の概念との関連から、特に一対一の場面においてなされる自伝的な語りを分析するための方法について論じ、またその方法を開発していった。シュッツェによって開発されたナラティブ・インタビューの方法（Schütze 1976, 1984 : Dausien 1994）や、語りの分析の際の再構築的な手法は、バイオグラフィーの主体による主観的な意味構築に実証的に迫る上で有効であることがわかった。

　バイオグラフィー研究の初期において、どのような条件で、どのようなきっかけで、どのような言語的・社会的ルールに従って「生活記録」がつくられてきたのかについて、深い議論はなかったが、こうした問いについても今では体系的に論じられるようになっている。そこでは語りの実践のもつ構築性がますます強調されている。ライフストーリーの語りは、「かつてはこうでした」といったようなライフコースを言語的に表現したものでは決してない。（自らが生きた）経験を反映し、実際の（相互作用的）状況の文脈において新たに形づくられるような、もっと複雑な意味構築がそこにはある。

　こうした意味構築について、どのように考えることができるだろうか。自伝的呈示の「論理」は、一方で、語り《ナレーション》（Schütze 1984）の場合と同様の文化スキーマによって、他方で、個人のライフストーリーにおいて具体的に「積み重なった」経験や語りが始まるまでに形成されるバイオグラフィー的意味構造ないし語る主体の「バイオグラフィー的知識」（Alheit & Hoerning 1989）によって決定される。

　このようなライフストーリー的に組織化される知識構造の生成的論理をペーター・アルハイトは「バイオグラフィー性」と呼んだ。この概念は、とりわけ教育学において用いられるようになった（Alheit

1995; Alheit & Dausien 2000)。

3.3　バイオグラフィーが構築するジェンダー

ライフストーリーの語りは多くの点において複雑な構築である。しかし好きなようにつくられるのではない。構築のために必要とされるもの、および出来事と経験の理解を可能にする空間は、実際に「生きた」人生のもつ社会的・歴史的空間に留まる。ハビトゥス（Bourdieu 1987）と同様、バイオグラフィーもまた社会的・歴史的空間におかれた客観的な位置によって制限されるのである。

こうした考え方は、社会的なジェンダーの境界や環境がもたらす差異の事例が明らかにしてくれる。二〇世紀初頭のドイツに生まれ、成長した男性と女性のバイオグラフィー的な語りから——帰属する社会階級の違いや政治的、宗教的、地域的な違いはあるにせよ——社会のジェンダー関係における立ち位置を明らかに示す、自伝的な語りの集合的「パターン」の再構築が可能であった（Engelhardt 1996; Dausien 1996）。より若い世代になると、バイオグラフィー的行為・理解の遊戯空間にこうした違いはあまり認められない。しかしやはり社会のジェンダー的立ち位置というものが影響をもっている。とはいえ、その重要性は一般的にいわれているようなバイナリーな性役割システムに依存するものではなく、どちらかといえば語る主体の「ジェンダー」が自らのライフストーリー的な意味構築の文脈において「つくられる」のである。バイオグラフィーの選択肢と経験が文化的なジェンダー秩序に結びつくことがもはや「当たり前」ではなくなり、ある一方の性への帰属が論じられ、時に問題化される。これにより分析の視座も変わらざるをえない。すなわち、社会的なジェンダーの差異が個人のバイオグラフィーにどのように「記録」されるかではなく、ジェンダー化された主体が「自らの」ライフストーリーをどのように語り、語るにあたってどのように社会的なジェンダー構築に言及するのかが問題なのである。

こうした問いは未解決とはいえ、活発に構築する主体のある部分を社会的なジェンダー関係との関連で体系的にとらえることが可能となる。バイオグラフィーの語り手たちは、限定的であっても決して無視できない「権力」をもち、ジェンダー規範を解釈・再解釈し、行為することによって変異させることができるのである（Dausien 1996, 2001）。

ジェンダーの例から明らかなことは、ほかの社会関係においても一般化できる。個人的なライフストーリーは社会的に形成されるが、同時にそれ自体が埋め込まれた社会関係をも形成する。再び例を挙げよう。社会的な性役割とジェンダー関係の変容は、主体の意味構築能力とバイオグラフィー的行為「を通して」「貫通した」プロセスである。そのため女性と男性のライフコースは一様ではなく、個別であり、差異化されている。また、男女のライフコースの差異もはっきりしなくなっているが、それは主体がさまざまに語り、また生きるバイオグラフィーの帰結なのである。

バイオグラフィー研究においてなされてきたバイオグラフィーの語りに関するさまざまな分析からは、個人が統制された条件の下であっても自己流の生き方を開拓し、したがって事実を形づくる、つまり「生み出す」潜在能力をもつことが明らかとなっている。こうした「バイオグラフィー的作業」は、社会がその構成員の生成的な貢献への依存性を高めるほど、よりいっそう重要になるだろう。結局のところ、バイオグラフィー的労働の構築的特徴もはじめに述べたような徴候と関係している。つまり個人化や柔軟化、多元化、グローバル化といった、現在観察可能な近代社会の構造変動は、個人のバイオグラフィーおよびその文化的な解釈に影響を及ぼすだけでなく、個人が変容する関係性において、社会的な解釈・行為パターンに遡及するような、また新たなバイオグラフィー的「自己関係」を形成していくのである。抽象的にいうならば、バイオグラフィーは社会的に構築されるだけでなく――それ自体が具体的に個人が生きたライフストーリーとして――社会構成の「メディア」ないし「フォーマット」なのである。

おわりに

本章を締めくくるにあたり、冒頭で提示した問いに再び戻りたい。その問いとは、どのようにわれわれ社会科学者は、個人のライフコースの変容を適切に描くことができるだろうか、というものである。筆者には、同時代的な予測はしばしば性急で、現在の社会変動を示す実証的な指標と、主体のバイオグラフィーや生き方の実践の間に直接的な関連があることを前提にしがちであるように見える。社会的な複雑性や逆説的な仮説に個人が自己描写によって対応する傾向が見られるが、そうした自己描写は、上の世代の（実際のライフコースではなく）普通の人生経歴モデルと比べるとより「断片化」「柔軟化」して作用する。また数世代前と比べるとライフコースが実に多様になっているのももっともである。

こうした効果を生み出している複雑なプロセスを理解するためには、次のような問いが重要に思われる。すなわち、「外的な」中断や逸脱が起きるなかで主体はいかにして継続性と一貫性が保たれたライフストーリーを「語る」のか、また社会的文脈の中断や差異、変化にもかかわらず、いかにして「バイオグラフィーの意味」のようなものをつくるのか。このように高められた主体の自己構築的かつ自己反省的な能力にこそ、実際に観察された社会変動そのものの意味があるのではないだろうか。

主体のもつナラティヴ的なアイデンティティー構築能力について実証的かつ理論的にもっと知るには、またそれと結びついた（新しい）社会的な統制メカニズムおよび自己のテクノロジー（フーコー）についてもっと知るには、バイオグラフィー研究を通して社会変動について把握するという理論的考え方に近づくことができるだろう。

注

（1）ハーン（Hahn 1987, 2000）は、バイオグラフィーの意味構築パターンの形成を理論化し、個人は自らのバイオグラフィー的アイデンティティー形成の際に、告解やその他の宗教的な告白や懺悔の形式といった、制度化された「バイオグラフィー発生装置《ジェネレーター》」に依存すると唱えた。その他の歴史的に形成されてきた自己分析や自己表現の形態や方法は、恩赦の請願、法廷弁論、旅日誌、日記から（ドイツの）教養小説、精神療法の事例、心理学的発達理論、ひいては心理療法、トークショー、インターネット上のブログに至るまでさまざまである。文学的な自伝のようなジャンルにおいても、バイオグラフィーの意味構築パターンの変容は数百年の時を経て再構築されうる（Alheit & Brandt 2006）。

訳注

（1）ドイツ社会学のライフコース研究を代表するものとして、ここでは一九八八〜二〇〇一年にブレーメン大学で実施された大規模な研究プロジェクト「ライフコースにおける地位移行とリスク」(Sonderforschungsbereich Statuspassagen und Risikolagen im Lebenslauf/Status Passages and Risks in the Life Course）を挙げておく。本プロジェクトはドイツ研究振興協会（DFG）特別研究領域（SFB）プログラム助成対象となった。具体的な研究内容については、Heinz（1992）; Heinz et al.（2000）などがある。またプロジェクトで発表された調査やワーキングペーパーなどは次のリンクからも入手可能である（http://www.ssoar.info)。日本ではライフコース研究は、社会学者によって生活史研究として紹介されてきた。

（2）ドイツ語では、ライフコースを表す用語として、Lebenslauf のほかに Lebensverlauf がある。後者は、計量的手法によってとらえられるライフコースというニュアンスが強い。

（3）ジンメルが唱えた形式社会学の概念として知られている。個人の間の相互作用により社会が生まれていく過程を指す。

（4）アンセルム・ストラウス（Anselm Strauss）は、グラウンデッド・セオリーの導入で知られる。訳書『データ対話型理論の発見』（後藤・大出・水野訳 新曜社 1996)。

文献

Alheit, P., 1995, “Biographizität als Lernpotential. Konzeptionelle Überlegungen zum biographischen Ansatz in der Erwachsenenbildung,” Krüger, H. -H. & W. Marotzki (eds.), *Erziehungswissenschaftliche Biographieforschung*, Opladen: Leske + Budrich, 276–307.

Alheit, P. & M. Brandt, 2006, *Autobiographie und ästhetische Erfahrung. Entdeckung und Wandel des Selbst in der Moderne*, Frankfurt a. M.: Campus.

Alheit, P. & B. Dausien, 2000, “Die biographische Konstruktion der Wirklichkeit. Überlegungen zur

Biographizität des Sozialen," Hoerning, E. M. (ed.), *Biographische Sozialisation*, Stuttgart: Lucius und Lucius, 257–83.

———, 2009, "'Biographie' in den Sozialwissenschaften. Anmerkungen zu historischen und aktuellen Problemen einer Forschungsperspektive," Fetz, B. (ed.), *Die Biographie. Zur Grundlegung ihrer Theorie*, Berlin/New York: De Gruyter, 285–315.

Alheit, P. & E. M. Hoerning (ed.), 1989, *Biographisches Wissen. Beiträge zu einer Theorie lebensgeschichtlicher Erfahrung*, Frankfurt a. M.: Campus.

Beck, U., 1986, *Risikogesellschaft. Auf dem Weg in eine andere Moderne*, Frankfurt a. M.: Suhrkamp. (=1998 東廉・伊藤美登里訳『危険社会――新しい近代への道』法政大学出版局.)

Beck, U., A. Giddens & S. Lash, 1996, *Reflexive Modernisierung. Eine Kontroverse*, Frankfurt a. M.: Suhrkamp. (=1997 松尾精文・小幡正敏・叶堂隆三訳『再帰的近代化――近現代の社会秩序における政治、伝統、美的原理』而立書房.)

Becker-Schmidt, R., 1980, "Widersprüchliche Realität und Ambivalenz. Arbeitserfahrungen von Frauen in Fabrik und Familie," *Kölner Zeitschrift für Soziologie und Sozialpsychologie*, 32: 705–25.

———, 1987, "Die doppelte Vergesellschaftung - die doppelte Unterdrückung. Besonderheiten der Frauenforschung in den Sozialwissenschaften," Unterkircher, L. & I. Wagner (eds.), *Die andere Hälfte der Gesellschaft. Österreichischer Soziologentag 1985. Soziologische Befunde zu geschlechtsspezifischen Formen der Lebensbewältigung*, Wien: Verlag des Österreichischen Gewerkschaftsbundes, 10–25.

Born, C., H. Krüger & D. Lorenz-Meyer, 1996, *Der unentdeckte Wandel. Annäherung an das Verhältnis von Struktur und Norm im weiblichen Lebenslauf*, Berlin: Edition Sigma.

Bourdieu, P., 1987, "Strukturen, Habitusformen und Praktiken," P. Bourdieu, *Sozialer Sinn*, Frankfurt a. M.: Suhrkamp, 97–121.

Bröckling, U., 2007, *Das unternehmerische Selbst. Soziologie einer Subjektivierungsform*, Frankfurt a. M.: Suhrkamp.

Dausien, B., 1994, "Biographieforschung als »Königinnenweg«. Überlegungen zur Relevanz biographischer Ansätze in der Frauenforschung," Diezinger, A. et al. (eds.), *Erfahrung mit Methode – Wege sozialwissenschaftlicher Frauenforschung. Forum Frauenforschung*, Freiburg: Kore, 129–53.

———, 1996, *Biographie und Geschlecht. Zur biographischen Konstruktion sozialer Wirklichkeit in Frauenlebensgeschichten*, Bremen: Donat.

———, 2000, "'Biographie' als rekonstruktiver Zugang zu 'Geschlecht'. Perspektiven der Biographieforschung," Lemmermöhle, D. et al. (eds.), *Lesarten des Geschlechts. Zur De-Konstruktionsdebatte in der erziehungswissenschaftlichen Geschlechterforschung*, Opladen: Leske + Budrich, 96–115.

———, 2001, "Erzähltes Leben—erzähltes Geschlecht? Aspekte der narrativen Konstruktion von Geschlecht im Kontext der Biographieforschung," *Feministische Studien*, 19(2): 57–73.

———, 2010, "Biographieforschung," Becker, R. & B. Kortendiek (eds.), *Handbuch für Frauen- und Geschlechterforschung*, Wiesbaden: VS Verlag, 362–75.

Engelhardt, M. von, 1996, "Geschlechtsspezifische Muster des mündlichen autobiographischen Erzählens im 20. Jahrhundert," Heuser, M. (ed.), *Autobiographien von Frauen. Beiträge zu ihrer Geschichte*, Tübingen: Niemeyer, 368–92.

Fetz, B., 2009 (ed.), *Die Biographie. Zur Grundlegung ihrer Theorie*, Berlin/New York: De Gruyter.

Fischer, W. & M. Kohli, 1987, "Biographieforschung," Voges, W. (ed.), *Methoden der Biographie- und Lebenslaufforschung*, Opladen: Leske + Budrich, 25–50.

Hahn, A., 1987, "Identität und Selbstthematisierung," Hahn, A. & V. Kapp (eds.), *Selbstthematisierung und Selbstzeugnis. Bekenntnis und Geständnis*, Frankfurt a. M.: Suhrkamp, 9–24.

———, 2000, *Konstruktionen des Selbst, der Welt und der Geschichte. Aufsätze zur Kultursoziologie*, Frankfurt a. M.: Suhrkamp.

Heinz, W. R. (ed.), 1992, *Institutions and Gatekeeping in the Life Course*, Weinheim: Deutscher Studien Verlag.

Heinz, W. R., et al. (eds.), 2000, "Übergänge. Individualisierung, Flexibilisierung und Institutionalisierung des Lebenslaufs. 3. Beiheft 2000 der ZSE," *Zeitschrift für Soziologie der Erziehung und Sozialisation*, Weinheim: Juventa.

Kohli, M., 1985, "Die Institutionalisierung des Lebenslaufs. Historische Befunde und theoretische Argumente," *Kölner Zeitschrift für Soziologie und Sozialpsychologie*, 37: 1–29.

Krüger, H., 1995, "Dominanzen im Geschlechterverhältnis. Zur Institutionalisierung von Lebensläufen," Becker-Schmidt, R. & G. -A. Knapp (eds.), *Das Geschlechterverhältnis als Gegenstand der Sozialwissenschaften*, Frankfurt a. M./New York: Campus, 195–219.

Schütze, F., 1976, "Zur Hervorlockung und Analyse von Erzählungen thematisch relevanter Geschichten im Rahmen soziologischer Feldforschung - dargestellt an einem Projekt zur Erforschung von kommunalen Machtstrukturen," Arbeitsgruppe Bielefelder Soziologen, *Kommunikative Sozialforschung*, München: Fink, 159–260.

——, 1984, "Kognitive Figuren des autobiographischen Stegreiferzählens," Kohli, M. & G. Robert (eds.), *Biographie und soziale Wirklichkeit. Neue Beiträge und Forschungsperspektiven*, Stuttgart: Metzler, 78–117.

Seifert, M., I. Götz & B. Huber (eds.), 2007, *Flexible Biographien ? Horizonte und Brüche im Arbeitsleben der Gegenwart*, Frankfurt a. M.: Campus.

Sennett, R., 1998, *The Corrosion of Character: The Personal Consequences of Work in the New Capitalism*, New York/London: W. W. Norton.（=1999 斎藤秀正訳『それでも新資本主義についていくか——アメリカ型経営と個人の衝突』ダイヤモンド社.）

Thomas, W. I. & F. Znaniecki, 1958, *The Polish Peasant in Europe and America*, New York: Dover Publications.（=1983 桜井厚訳『生活史の社会学——ヨーロッパとアメリカにおけるポーランド農民』御茶の水書房.）

Ⅱ　仕事をめぐる生き方の変化

3　雇用改革とキャリア
——日本における雇用の多様化と「生き方」をめぐる労働者の葛藤

今井　順

はじめに

一九九〇年代中葉以降、雇用関係の規制緩和を経て、日本の労働者の働き方は大きく変化し、人々は新たな生き方を模索している。いうまでもなく、バブル経済崩壊以前の日本の雇用は、大企業を中心に長期雇用・長期勤続の慣行がきわめて安定し、労働者のキャリアもまた安定していた。しかし、バブル経済の崩壊とその後の低成長の中で、「聖域なき改革」方針に基づく規制緩和が雇用・労働市場の分野をも席巻し、「期限の定めのない雇用」をもとに組み立てられてきた標準的雇用慣行は、急速に相対化されつつある。終身雇用慣行が消えてなくなったわけではないが、いまや大企業ですら雇用する労働者の7割にしか正規雇用(1)を提供できていない。非正規雇用の労働条件は悪く（厚生労働省 2011）、統計によっては雇用者の4割に迫ろうかというほど、長期にわたって不安定で将来への見通しの悪い雇用に身をおかざるをえない人々が、若年層や女性を中心に増えている。こうした働き方はどのようにしてつくり出され、その中で人々はどのような葛藤を抱え自分の生きる道筋を探しているのだろうか。

こうした問題に対し本章は、「キャリアパターンの歴史的・社会的構築」という視点から、次のような基本認識に基づく議論を提示したい。(1) キャリアパターンはそれぞれの社会によって異なっており、こうした違いは雇用関係の構築に大きな影響力をもつ国家・労働者・使用者（政労使と略す）による長いせめぎ合いの歴史によってつくり出されている。(2) 歴史的に構築されるキャリアパターンは、政労使の政治、特に労使間の権力関係に埋め込まれている。キャリアパターンを形づくる諸制度、すなわち外部・内部労働市場の区分、雇用保障や賃金カーブ、労働力・技能の調達や昇進等のしくみと決定には労使の利害が反映され、人々が経験するキャリアの質に大きな影響を与えている。(3) 個人はこうしてつくり出されるパターンを支える社会に生まれるのであって、パターンを外れたキャリアを自ら築くのは非常に難しい。しかし一方で、生き方を模索するのは個人であり、変化する制度に対する個人の葛藤は社会そのものの変化を方向づける可能性をもつ。

本章ではまず、政労使の政治がそれぞれの社会におけるキャリアパターンを構築するあり方を紹介する。次に、キャリアの歴史的・社会的構築という視点から日本社会におけるキャリアパターンがこれまでどのように構築されてきたのか、続く節では、それが一九九〇年代以降、なぜ・どのように変化しつつあるのか、高度成長からバブル経済期における標準的キャリアパターンの制度化過程を整理する。一九九〇年代以降の改革とその影響を確認した上で、いまこうした変化に直面して、人々がキャリアやライフコースの選択についてどのような葛藤を抱えているのか、今後どのような対策が必要なのかについて、問題提起することとしたい。

1　キャリアパターンの歴史的・社会的構築――交渉パターンによる類型

雇用者にとってキャリアとは、雇用という社会的領域で使用者と取り結ぶ「雇用関係」に大きく規定されつつ積み重ねる経歴のことであり、ライフコースの軌道を決定する重要な一部となっている。雇用関係とは、産業化と近代国家の形成が市民権（シティズンシップ）の勃興と交差するところに生まれた、新しい社会関係である。市民権の勃興とは、すなわち生得的な社会的地位が人々の権利と義務を規定した前近代的権威関係に対し、個人主義的な権威関係――契約関係――を強調する社会関係への転換を指す（Bendix［1964］1996）(2)。よって雇用関係とは、労働者が自分自身を自由に処分できること――契約・移動の自由――を建て前に、労働契約（職務・契約期間・賃金）を中心とし、その社会における労働者の「常識的な」権利と義務を規定する社会関係である。実際の関係性は歴史的・社会的文脈によって多様であるが、契約の種類やそれぞれの契約期間や安定性、外部・内部労働市場の区分、上昇・下降移動についてのルール等を規定しており、キャリア移動のパターンに大きな影響を与えている。

雇用関係には政労使が強い関心をもっており(3)、彼らの利害の衝突と合意の積み重ねにより、その制度化が進む（Fligstein 2001; Imai 2011a）。彼らの交渉は社会のあらゆるレベルに及ぶが、それは社会、組織、個人のレベルに分けられるだろう。社会レベルでは、雇用・労働市場法制の整備や労使の団体交渉、また社会保障制度や産業・雇用政策が、キャリアパターンの大枠を形づくっている（苅谷・菅山・石田 2000：氏原 1989）。組織レベルでも、労使は雇用や賃金、労務管理の諸領域で交渉を行っており、要員管理や配属・配転、人事評価と昇給昇進、技能とキャリア開発などのルールをつくり、その結果キャリアパターンを具体的に組織している（Imai 2011a）。個人にとってこうした社会・組織レベルの政治は、彼らがキャリア上直面する機会構造をつくり、そこで得られる資源を決定するものである。基本的に人々は、こうした構造や資源の状況を所与とし、そこでモデル(4)として当然視されるキャリアパターンを自分でも生きていこうとする。

この社会・組織レベルの政治と典型的なキャリアパターンの組み合わせについては、フリグスタイン（Fligstein 2001）が有益な類型論を提示している。たとえば政労使のうち、職業・産業別に組織された労働組合が強く、賃金交渉や雇用機会・技能形成や労働力需給に影響力をもつ場合、労働者は特定の職業もしくは産業内でのキャリア移動を当然視するようになる。なぜなら、労働組合の影響力により雇用と賃金は比較的安定し、社会保障も職業・産業別に組織されることで移動インセンティブに影響しているうえ、移動しようとする労働者に対し技能訓練や（自前の能力評価としての）資格、企業組織の枠を超えたネットワークなどの資源を提供することにより、労働者の移動経験を下支えしているからだ。一方、使用者が経営権を確立し、労働者が企業内組合に閉じこもって影響力に欠ける場合、組織内での移動は使用者の管理下におかれることになる（Fligstein & Fernandez 1988：熊沢 1997）。また、国家の態度いかんでは企業の外にそれらを組織しようとする主体がなく、機会構造と資源配分における労働市場の内外区分は険しいものとなり、労働者の企業を超えた移動は難しくなる（Fligstein 2001：102）。

フリグスタインは前者の例としてドイツを、後者の例として「日本的経営」下の日本を挙げている（Fligstein 2001: 101-2）。しかし現在の日本は、社会・組織レベルにおいて大きな改革がなされ、雇用は「多様化」したといわれる状況にある。人々はこうした変動にどのように巻き込まれ、そしてその中からどのように新たなキャリアを模索しているのだろうか。雇用の多様化に見合った、キャリアの多様化は実現しているのだろうか。

2　戦後日本における標準的キャリアパターンの制度化

戦後、高度成長期に至る労使関係の発展は、正社員（男性）労働者のキャリア編成にきわめて大きな影響を与えた。戦後、職場・企業ごとに組織された労働組合運動は、雇用と賃金の安定を要求し、年功制賃金(5)というかたちでその両方を実現した。この賃金では、安定した雇用を前提に、ライフステージごとに必要と思われる家計費が賄えるように設計されており、さまざまな給付・手当（扶養手当や住宅補助金など）がライフコース・イベントのたびに追加される。こうした制度は、職工差別の撤廃によりホワイトカラー・ブルーカラーの別なく適用され、彼らに物質的な豊かさと将来の確かさを与え、特に大企業のそれが一つの理想と見なされることによって普及した。労働者は新卒で一括採用され、年功賃金と企業福祉が前提とするライフコース・パターンに合わせて家族・世帯の計画を行うようになった（木本 1995；京谷 1993）。こうした制度の浸透によって、正社員労働者の一社勤続的なキャリアパターンが「標準化」されていった。

戦後に制定された各種労働市場法制も、移動に対して抑制的であった。戦後労働市場政策の主目的は、GHQによって封建的であると指摘された労働ボスによる労働力供給業の排除であり、職業紹介機能も国・学校・労働組合と限られた数の職業に対して例外的に認めるのみであった。有期雇用契約が一年以下とされたのも、労働ボスによる不当な長期拘束を避けるためであった。解雇についても、それを明確に禁止する法は存在しないにもかかわらず、裁判所の判断は徐々に終身雇用慣行の存在に配慮するようになり、一九七〇年代には「整理解雇の四要件」が事実上確立された。その結果、日本はほかのOECD諸国対比で、もっとも強く解雇が規制されてきたといえる（Miura 2001）。

雇用と賃金が長期にわたって安定的なキャリアを保証し、企業の外部を労働者が移動するメカニズムが制限されるなかで、現実的な選択肢としての外部労働市場は最小化していった。さらにいえば、この雇用・賃金制度は公・私両方の領域におけるジェンダー分業を強く前提としていた。企業福祉を前提とする国家の補助や女性を家計補助者として位置づける税制などと相俟って、「キャリアパターンの標準化」は、男性を世帯の稼ぎ主、妻を被扶養者として強く位置づけ、ライフコースの標準化を促進することになった（本書1章嶋崎論文）。企業中心社会における「責任ある」男性にとって、転職することは単に珍しかったというだけではなく、彼のみならずその家族にとってもリスクであると考えられるようになった（大沢 1993）。こうした制度的配置は高度成長の中で正当性を強め、人々のライフコースはいよいよ強く構造化されることになった。男性正社員のキャリア移動の低下は（渡邊・佐藤 1999：表3・1参照）、こうした制度的配置の正当性の強化と関連している(6)。

こうした雇用と賃金の安定性は、通常企業の経営にとって忌避すべき硬直性と認識される。しかし

表3.1　年齢階層別男性の平均就業企業数の推移（1955～2005年）

調査年次 / 年齢	1955年	1965	1975	1985	1995	2005
20～30歳	1.81	1.72	1.74	1.58	1.74	1.89
31～40	2.51	2.15	2.14	1.99	1.98	2.27
41～50	2.74	2.85	2.34	2.23	2.29	2.39
51～60	2.46	2.78	2.59	2.36	2.45	2.61
61～70	2.25	2.95	2.87	2.93	2.64	2.74
計	2.35	2.37	2.23	2.16	2.24	2.46

（注１）就業経験ある男性のみの平均値。単純に企業数を集計し，終身雇用慣行の一部と呼ぶべき移動パターン（企業の枠をまたぐ出向や転籍など）とその他の外部労働移動を区別していない。
（注２）グレーは各年齢層で相対的に移動が少ない調査年次を示す。
（資料）『社会階層と社会移動全国調査』（SSM）各年
（出典）1955～95年は原・盛山（1999: 94），2005年は林・佐藤（2011）より作成

実際には、ドーアが「フレキシブルな硬直性（flexible rigidities）」（Dore 1986）と呼んだように、高度成長が終わる頃には、日本企業は企業・企業グループ内で、柔軟な職務定義とローテーション、転勤や出向・転籍慣行といった、正社員によるさまざまな移動パターンを組織し、数量的・機能的フレキシビリティを実現するようになっていた（稲上 2003）。こうした移動の繰り返しによる技能形成（小池 1999）や、その競争によって昇進・昇格することが、労働者にとって「キャリア」として経験されていったのである。

この過程が使用者の管理下にあることを指摘しておくことは重要である。オイルショックを大きな契機に、（雇用保障と引き換えるように）使用者は労務管理の領域で発言権を強め、職務定義・ローテーション・キャリア開発のいずれの意思決定についても、労働者と労働組合の影響力はきわめて限られたものとなっていたのである（小池 1977：熊沢 1997）。雇用の硬直性と外部労働移動の実質的な不在を、使用者たちは柔軟な内部労働移動や企業グループ内

での労働力貸借という独特の慣行を管理することによって、克服してきたといえるだろう(7)。このように、戦後から高度成長期、そして「日本的経営」が称賛されるに至る時期、政労使の政治が構築したキャリアパターンは、正規労働者のそれを「標準」として強く制度化されてきたといえる。終身雇用慣行は、ジェンダー分業を基盤とした上で（男性）労働者の企業への定着を促しており、労働者もまた一社勤続を当然の、また理想的なものとして受け入れてきた。企業福祉を中心とした資源へのアクセスが保障されていた大企業ほどこうした傾向が強かったことを、データは示している。一方で産業構造・市場環境の変化には、正社員労働者の職務に対する強いコミットメントと企業・企業グループ内でのフレキシブルな移動により対応してきた。この「組織化された移動」の慣行は確立された経営権の下で行われており、移動の決定に対する労働者の影響力は限られたものとなっていた。正規労働者は、職務定義・職務の変更や転勤など、使用者側の決定を慣行として受け止めており、彼らのキャリアに対する態度は一般に「受け身」であったと総括できるだろう（Imai 2011a）。正規雇用者のキャリアパターンは、こうした権利と義務の濃密な関係性によって特徴づけられ、また方向づけられている。

3　規制緩和と標準的キャリアの相対化

3.1　産業構造転換と自由化・規制緩和

一九七〇～八〇年代にかけての技術変化や国際化に対し、こうした「組織化された移動」が企業内で発生するすべての新たな需要に応えられていたわけではない。事実、オイルショック後にパートが増加し始め、実質的な「労働者派遣」を含む構内請負も、職業安定法の機能不全を衝いて拡大していた。後者は、機械設計の分野やコンピュータ産業の成長の中で拡大したソフトウェア開発においても、フレキシビリティを実現する慣行として縦の系列関係の中に定着していた。また一九七〇年代には、労働市場に復帰したい女性労働者をおもに事務要員として企業に派遣する労働者派遣業者が、その業容を拡大していた。これは、貿易の拡大に伴い、テレックス・オペレーターなど不定時に働く必要のある労働者の需要が、商社などで増大していたことに依っている（高梨 2001：高梨編 2001）。労働省は行政管理庁の勧告（一九七九年）を受けてこうした実態を確認、最初の労働者派遣法（一九八六年）は、広く普及していた違法派遣慣行を法の下におく目的をもち、これらの業務に限って三面的な契約関係を認めた（高梨 1985, 2001b）。外部労働市場の拡大は、比較的技能レベルの高い労働力を想定して始まったといえるだろう。

その後、バブル崩壊後の一九九〇年代平成不況のなかで、日本の使用者たちは企業のフレキシビリティについて急速に厳しい認識を深めていく。出向・転籍の若年化は避けられなくなっていたし（稲上 2003：37-8）、労働力のミスマッチが質・量ともに大きいと感じるようになっていた（日経連 1995）。よく知られているように、彼らは「新時代の『日本的経営』」において、労働力を「長期蓄積能力活用型」「高度専門能力活用型」「雇用柔軟型」の三グループに分けて調達することをめざすとし、その実現のために、労働者派遣の規制緩和や職業紹介の自由化、有期雇用契約の規制緩和・拡大を要望した（日経連 1995）。政府の軸足も、これまでのような企業・企業グループ内でのメカニズムの維持から、「企業・企業ネットワークの外で労働者のスムーズな移動」を実現するしくみへと徐々に移っていった（労働省 1994: 27, 207; 労働省 1999)。この間連合を中心とする労働側は、最初の労働者派遣法成立時の議論から一貫して「正社員労働者の雇用を守ること」を主たる目標とする運動に終始し、増加することになる非正規労働者の組織化・労働条件の改善・技能形成や移動支援などを論点としようとしてこなかったことは確認しておく必要がある。

一九九〇年代後半から二〇〇〇年代前半にかけて、規制緩和委員会の台頭によって政労使のパワーバランスは大きく使用者に傾いた(8)。その結果、労働者派遣や職業紹介（労働市場仲介機能）の自由化と適用業務の規制緩和、さらには有期雇用契約の適用業務拡大と契約期間の長期化など、雇用関係の自由化・規制緩和が急速に進むこととなった。先にも見た通り、労働者派遣の適用業務は比較的技能レベルの高い業務から徐々に認められ、一九九九年にネガティブリスト化、二〇〇四年には製造過程にも投入が認められるようになった。この間派遣期間も徐々に長期化している。有期雇用契約も、比較的技能レベルの高い業務から拡大されると同時に、契約期間の長期化（1年→3年→5年）が認められるようになっている。規制緩和の政治は、さまざまな非正規雇用形態を新たにつくり出し、人々のキャリアのあり方を大きく変えていくこととなった。

3.2　非正規雇用の拡大――外部労働移動の増加

さまざまな非正規雇用形態が新たに用意されたことで、まず新たなオプションを手にしたのは使用者側であった。使用者は、パート・アルバイト、契約・嘱託、派遣など、それぞれの非正規雇用形態に異なるフレキシビリティを期待し（Imai 2011a: 70–1）、これまでの内部労働移動と職務へのコミットメ

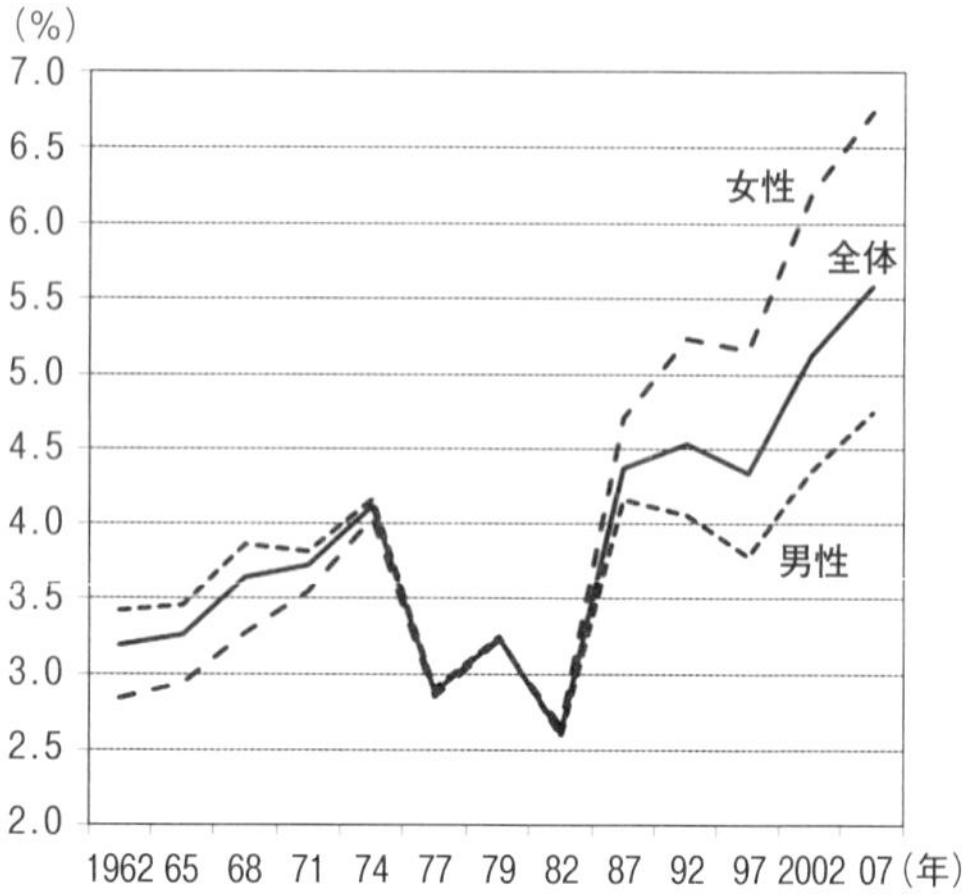

図3.1 キャリア移動の趨勢（1962～2007年）
（注）調査時の労働人口中，調査前年に移動（転職）した人の割合
（資料）総務省統計局『就業構造基本調査』各年
（出典）Imai（2011a：83）

ントによるフレキシビリティに加え、内外バランスを組み替えることでより多様なフレキシビリティの実現が可能になった。実際、多様な働き方を求める労働者側の意識の変化も寄与し、内外バランスは急速に変化し非正規雇用者が急増した。全雇用者中の非正規雇用比率は一九八七年に18・4％だったのが、一九九七年に22・9％、二〇〇二年に29・7％、二〇〇七年には33％と増え、現在も微増を続けている。全体として、非正規雇用は一九九〇年代後半から女性・若年層、事務職や比較的技能の高い職種において急速に増え、二〇〇〇年代中葉以降、新しい産業領域へ拡大しつつ、男性・技能の低い職種（製造現場）へも広がっている（Imai 2011a）。

労働市場の自由化と規制緩和に呼応して、キャリア移動の趨勢にも変化が見られる。図3・1は、戦後のキャリア移動（＝転職）の趨勢についてまとめたものである。

第一次オイルショック以前、キャリア移動率は男性の方が高い状態で徐々に高まりつつあった。オイルショック後は、前節で取り上げた「キャリアパターンの標準化」が進むなか、労働者は定着を志向し

表3.2　非正規就業経験の有無別男女別　就業経験企業数の推移（1985〜2005年）

		非正規経験なし			非正規経験あり			非正規経験者率
性別	調査年次	平均	標準偏差	実数	平均	標準偏差	実数	%
男性	1985	2.12	1.41	2,236	3.70	2.17	161	6.7
	1995	2.10	1.33	1,090	3.62	2.00	129	10.6
	2005	2.14	1.42	2,019	3.58	1.80	577	22.2
女性	1985	1.79	0.99	1,026	2.88	1.30	352	25.5
	1995	1.76	0.97	823	2.88	1.41	501	37.8
	2005	1.90	1.08	1,339	3.28	1.51	1,631	54.9

（資料）表3.1と同　　（出典）今井・林（2011: 82）

ている。一九八〇年代後半に最初の労働市場改革が行われ、今度は女性を中心に移動率が上がり始める。労働者派遣制度が整備され、そこに一般事務が含まれることで、女性の一部が正規雇用から切り離されたことの影響が大きい。制度改革と移動の変化はその後も強い関連を示し、実際その後の趨勢も規制改革と歩調が合っている。女性のそれとは大きな差が付いているが、一九九九年の改革によって男性の移動も増え始めている。

このキャリア移動の増加は、現実にはほとんど非正規雇用者の移動によって生起している。表3・1にも示した平均経験企業数について、非正規就業経験の有無を加味したのが表3・2である。

これは社会学者のグループが十年おきに行っているSSM（社会階層と社会移動全国調査）と呼ばれる調査の分析結果であるが、当然のことながらどの調査年をとっても、男女とも非正規経験の有無によって平均経験企業数が大きく異なっている。しかしここで注目すべきは、男女ともに一九八五〜二〇〇五年に、それほど急激な変化がないことである。二〇〇五年の女性の間で、非正規経験の有無にかかわらず数値が上がっているのが多少目立つ程度である。要するに、現在進んでいる労働市場の流動化（移動の増加）は、正規・

非正規を問わず、雇用者の転職数が増えることで起こっているのではない。好むと好まざるとにかかわらず、非正規雇用経由のキャリアを歩み、相対的に短期の雇用を積み重ねて移動する人の割合が、急速に増えたことで進んでいるのだ[9]（今井・林 2011）。

問題は、規制緩和の政治過程で労働側が正規雇用を守る運動に終始した結果、非正規雇用者の（もしくはそれを経由する）キャリアについて関心を寄せる主体が当初存在せず、正規雇用者の「権利と義務」の外側に、まさに「非」正規として位置づけられてしまったことである。その結果、非正規雇用の仕事は、雇用も賃金も市場環境の浮沈を反映するために不安定で、企業福祉はもちろん雇用保険への加入も進まず（原 2006；小倉 2008）、正規雇用に移るチャンスもきわめて限られてしまっている（太郎丸 2009；Lee & Shin 2009）。正社員のキャリアは企業内で集団的に組織されたパターンが形成され、その運用に必要な規範や認識枠組みも労働者に了解されているが、非正規雇用者にはそれがなく、周囲の理解や援助を得られないまま自己責任の世界で転職を繰り返している。現在の状況は、こうした地位にある人々が若者・女性の間で増えてしまっているということであり、彼らがこうした構造変化にどのように向き合い、キャリアを構築しようとしているのか、理解することが重要になっている。

3.3 非正規労働者の葛藤

労働政策研究・研修機構（ＪＩＬＰＴ）が行った一連の調査を見ると、これまで強力に制度化されてきた正規雇用で働く人々のキャリアパターンとその社会的基盤が縮小、劣化しながらも維持されていること、そして非正規雇用の移動空間がその外側に広がったという事情が、非正規雇用で働く人々のキャリアや今後のライフコース選択に直接に反映していることがわかる。まず、そもそも非正規雇用に就いた理由が、この直接的な影響を証明している。非正規雇用になった理由は、就業中の雇用形態の別にかかわりなく、まず「正社員として働きたいが仕事がみつからなかった」ことである（労働政策研究・研修機構 2011a）。こうした事情に対する構造的変化の影響は、あらためて説明を必要としないだろう。新たな非正規雇用形態がつくり出されなかったならば、彼らの生き方は別のものになっていたはずだ。

むろん労働者側の価値観に変化が起こっていることも見逃せない。たとえば派遣社員になった労働者にその理由を尋ねると、二位以下には「好きな勤務地、勤務期間、勤務時間を選べる」・「私生活（家庭・趣味・看護・介護）との両立が図れる」・「働きたい仕事内容を選べる」と続いている（労働政策研究・研修機構 2011b）。こうした理由によって、非正規雇用者は正規雇用者のネガであるような働き方を選択しようとしている。つまり、彼・彼女らにとって正社員になるということは、働きたい仕事を選べず、勤務期間や時間の融通がきかず、その結果ワーク・ライフ・バランスをとることが難しい働き方を意味するのだ。こうした認識は、政策決定者や正規雇用労働者の間でも共有されている。ただしそれは、恵まれた社会保障や相対的な高賃金を得る資格は、時に私生活を犠牲にするほどの責任を全うしなければ得られないという議論を正当化する根拠としてである。非正規雇用者はこうした責任から「自由」だから、さまざまな権利において劣位にあっても仕方がないという論理につながっている（Imai 2011b）(10)。

現実には、正規雇用者の働き方とキャリアパターンが埋め込まれている「濃密な制度の網」は、正規雇用への転換を望む非正規雇用者にとって深い葛藤の原因となっている。リーマンショック以降、雇用の不安定さに対する認識が高まり、調査によっては契約社員・派遣労働者の8割が正社員への転換を希望している（労働政策研究・研修機構 2011a）。それにもかかわらず、IT・翻訳・経理など比較的専門性の高い分野で一貫した経験を積んでいる労働者以外は、年齢など正社員転換に制限があることを認識しつつ、「育児・介護・看護・将来家業を継ぐ・留学準備」・「労働時間の長さやサービス残業など、労働条件が割に合わない」などの理由で、積極的な求職活動に二の足を踏んでいることも多い（労働政策研究・研修機構 2011c）。そもそも「正社員になるための求職活動資金がない」といった、苦境そのものが定着してしまっている状況を改善する必要も当然あるが、非正規雇用の状況を改善するためには、正社員の働き方とその社会的基盤をも同時に改善の対象とすることも考える必要があるだろう。

小括、そして将来への展望

本章では、「キャリアパターンの歴史的・社会的構築」という視点から、政労使の政治とその歴史が人々のキャリアパターンに与える影響に着目し、戦後日本のキャリアパターンの構築と一九九〇年代以降の変化を概観してきた。結論から述べれば、非正規雇用が拡大された結果、標準的キャリアパターンを歩む人の割合は減っているが、非正規で働く人々に対して多様なキャリアが制度化されているとはいえない（本書1章嶋﨑論文）。しかし、個人の能力を高めるための教育投資をしたり、労働市場の機能を整備するだけでは、この問題を解決することはできないだろう。問題の根は、もう少し深い。

日本企業では戦後高度成長期にかけて、長期雇用慣行や年功制賃金が雇用関係の柱となっていった。

そうした前提のもと、市場環境の変化には企業・企業グループ内でのフレキシブルな「組織化された移動」と職務に対する強いコミットメントによって対応するようになった。こうしてできあがった正規雇用者のキャリアパターンは、雇用・賃金の保障と企業福祉への権利を一方におき、他方でさまざまなフレキシビリティを達成するための義務を配した、非常に濃密な制度的空間に埋め込まれている。ここでの典型的なキャリアパターンは、一社への勤続という安定をベースに、組織的で受け身の移動(11)の積み重ねとして構築されたことになる。企業の外部を移動しようとする労働者には、社会的・組織的な生活保障のしくみへの足掛かりが得られないという、大きなリスクが課されていた。

規制緩和の政治は、外部移動する労働者にはリスクが課される構造を維持したまま、移動を余儀なくされる労働者を増やしてしまった。非正規雇用者のキャリアは、正規雇用で働く人々が果たす義務から「解放」されている半面、明確な権利を与えられないため、権利と義務が明確に定義されることによって形づくられる「キャリアパターン」を築くことができない。雇用の多様化に対応した、多様なキャリアは実現していない。移動機会の増減はより強く市場の動向に委ねられ、彼らの移動（とその交渉力）を支援する資源・ネットワーク・社会的意味づけを欠いたまま、なんとかキャリアを、そして自分の生きる道筋を探し出そうとしている(12)。

非正規雇用で働く人々が感じるキャリア選択の葛藤には、日本の雇用関係が抱える問題点が色濃くにじんでいる。正社員としての責任を全うすることに難しさを感じる非正規雇用者は、私生活とのバランスをとるためにあえて非正規雇用を選び続けている側面がある。皮肉なことに、私生活の事情を優先した結果、さらなるキャリア、そしてライフコースの不安定につながってしまっている。一度非正規雇用に就いてしまった労働者に、そこから出て行く機会はほとんど用意されていない。現在、若者や女性の多くが好むと好まざるとにかかわらず非正規雇用者となっているが、労働市場の内外分断が、世代間格差・ジェンダー格差を生みだし、それを固定化する構造的な要因となっている。

それでは今後、こうした問題にどのような対策を講じるべきなのだろうか。一人ひとりの技能や対人能力を高めるとともに転職経験を積極的に評価するなどして、遅ればせながらアメリカ的な市場社会を構築することや（たとえばブリントン 2008）、外部労働移動の経路構築を生業とし、場合によっては技能形成を行うこともありうる労働市場仲介業者の活動（佐藤・佐野・堀田 2010: Imai 2009）に着目することが必要なのだろうか。それとも、国による若年層の技能・キャリア形成支援（本田 2005など）や、労働組合による企業横断的な「ジョブ型」（木下 2012）労働市場の構築に期待すべきなのだろうか。それぞれ必要であり、特に後者に期待したいが、十分ではない。先に検討した「非正規労働者の葛藤」は、問題が個人の技能や労働市場の機能不全だけにあるのではないことを示している。

非正規雇用者の葛藤は、正規・非正規の分断線が、正規雇用を定義する論理の中に深く埋め込まれていることを告発している。「公・私の領域にわたるジェンダー分業」や「濃厚な権利と義務に規定されたメンバーシップに基づく終身雇用の慣行と規範」が、女性や若者といった特定層を非正規に位置づける理由になっているし、彼らが正規雇用をめざす際の障壁にもなっている。よって、もっとも根本的な対策には、非正規雇用の労働条件や正規雇用への転換を図る施策のみならず、正規雇用を成立させている複雑な制度的構成を、ある程度解体していく必要もあるのではないかと考えられる。ワーク・ライフのジェンダー分業を正当化する賃金制度や企業福祉、それを支持する福祉政策や、働きすぎを誘発する職務への強いコミットメントに依存したフレキシビリティのあり方等(13)、見直さなければならない争点は多いだろう。

付記　本章の研究は、村田学術振興財団の助成を受けた。

注

（1）正規雇用とは、通常、期間の定めのない雇用契約の下、安定した雇用、競争的だが生活保障給として設計された賃金、そして企業福祉への特権的なアクセスをもつ、大企業に典型的な（男性）労働者の雇用関係を指す。日本における標準的（典型的）雇用関係として、高度成長期にかけて制度化された。こうした労働条件をもたないその他の雇用関係を、非正規雇用と呼ぶ。その詳細と形成過程については、Imai（2011a: chap. 2）などを参照のこと。

（2）ライフコースを「個人の中に社会の構成員としての権利と義務を定位し、個人の行為に方向性を与える社会制度」と考えるコーリ（Kohli）の議論については、本書2章ダウジーン論文を参照のこと。

（3）産業化社会の経済は企業活動を推進力とし、使用者はつねに労働力・技能の確保と、市場環境の変化に対応しうる機能的・数量的フレキシビリティの実現に大きな関心をもっている。労働者は雇用・賃金の保障や労働の安全を求め運動を組織し、やはり労働力・技能の管理と、連帯を運動の武器としている。近代国家は、時に社会不安を惹き起こす労使紛争への対処を重視し、雇用・労働市場法制の整備によって市民権の実現をめざすとともに、雇用・社会保障政策の運用により社会的平和の達成・維持をめざしている（Streeck 2005）。

（4）この「当然視されるキャリアのモデル」の成立こそが、フリグスタインにとって特定の雇用関係という秩序の成立と維持の鍵であると考えられている。彼はこのモデルを「キャリア概念」と名づけ、雇用関係を『キャリア概念』を定義する一般的な論理、またその概念を維持するための組織戦略に関心をもつ、労働者団体と雇用者団体の間の関係性についての規則」(Fligstein 2001: 101)と定義する。すなわち、政労使の政治的交渉においてもっとも強い主体が、法・規範・認識枠組みの中に〔自分に都合のよい(引用者注)〕キャリア概念を「一般的な論理」として構築・維持し、雇用という社会領域に影響力をもち続けることができると議論する。支配的なキャリア概念によって、教育制度や教育と労働市場の連結のあり方は設計されるし、また個々の労働者も、その論理に基づいて教育や雇用制度の論理を理解し、その社会の雇用関係・労働市場の中に自らを「適切に」位置づけていく。

(5) 本章では一般に浸透した年功制賃金という用語を用いるが、正確にはライフステージごとの生活保障を重視したライフステージ調整給、場合によっては生活保障給プラス競争賃金といった用語の方が好ましいだろう。

(6) 雇用セクターにおいてはこうした典型的な移動パターンのほか、中小企業セクターでのキャリア移動、そしてブルーカラー労働者が自営セクターへと移動するパターンが報告されている(原・盛山 1999)。

(7) むろん、パートや社外工が存在していたことはいうまでもない。

(8) 政治過程の詳細については、連合総研(2001)を参照のこと。また、規制緩和委員会はそれに続く各内閣でも名称を変えて設置された。ここではそれらすべてを含め、規制緩和を推し進めた機関を「規制緩和委員会」と呼ぶ。

(9) ただし、今後現在の若年層以降の数値は上がっていくものと予想される。

(10) パート法改正に現れたこの論理については、Imai(2011b)を参照のこと。

(11) 成果主義的労務管理の導入に伴い、移動についても労働者の意思を重視する傾向は高まっている。しかしこの傾向をもって、労働者が移動について自立し始めていると理解するのは危険である。移動交渉が労働者に有利になっている証拠はない。むしろ成果に対する責任を明確にするために職務そのものを選ぶ責任を個人化し、納得の上で責任をとらせるための手段である側面が強い。日本の労務管理における統制の核心は組織の状況を優先した上での自主性を発揮させることであり、組織内での「キャリア自己責任選択制」もその延長上にあると理解すべきである（Imai 2011a）。

（12）現状での人々の対応のパターンについては、今後さらに分析を深める必要がある。より市場化された雇用の領域を自力で渡っていくため（保証はないものの）自分への投資を増やす人々や、自分の資源に見切りをつけ、部分的・全面的に両親の資源に頼ろうとする「ひきこもり」や「ニート」は、ありうるパターンの代表的な例であると考えられる。

（13）たとえば濱口（2009）は、男性正社員労働者の過重責任の緩和が必要だと論じている。

文献

M・C・ブリントン 2008『失われた場を探して――ロストジェネレーションの社会学』NTT出版.

Bendix, R. [1964] 1996, *Nation Building and Citizenship: Studies of Our Changing Social Order*, enlarged ed., New Brunswick: Transaction Publishers.

Dore, R., 1986, *Flexible Rigidities: Industrial Policy and Structural Adjustment in the Japanese Economy 1970–80*, London: The Athlone Press.

Fligstein, N., 2001, *The Architecture of Markets: An Economic Sociology of Twenty-First-Century Capitalist Societies*, Princeton: Princeton University Press.

Fligstein, N. & R. M. Fernandez, 1988, "Worker Power, Firm Power, and the Structure of Labor Markets,"

The Sociological Quarterly, 29(1): 5–28.
濱口桂一郎 2009『新しい労働社会——雇用システムの再構築へ』岩波書店.
原ひろみ 2006「公的セーフティネットについての分析」佐藤博樹・原ひろみ・佐野嘉秀・高橋康二・本多則惠『日本人の働き方とセーフティネットに関する研究——予備的分析』ＪＩＬＰＴ資料シリーズ14 労働政策研究・研修機構 98–128.
原純輔・盛山和夫 1999『社会階層——豊かさの中の不平等』東京大学出版会.
林雄亮・佐藤嘉倫 2011「流動化する労働市場と不平等—非正規雇用をめぐる職業キャリアの分析」盛山和夫・片瀬一男・神林博史・三輪哲編『日本の社会階層とそのメカニズム——不平等を問い直す』白桃書房 35–60.
本田由紀 2005『若者と仕事——「学校経由の就職」を超えて』東京大学出版会.
Imai, J., 2009, "The Expanding Role of Temporary Help Agencies in Japan's Emerging External Labor Market," *Japanese Studies*, 29(2): 255–71.
——, 2011a, The *Transformation of Japanese Employment Relations: Reform without Labor*, Houndmills, Basingstoke: Palgrave Macmillan.
——, 2011b, "The Limit of Equality by 'Company Citizenship': Politics of Labor Market Segmentation in the Case of Regular and Non-Regular Employment in Japan," Sato, Y. & J. Imai (eds.), *Japan's New Inequality: Intersection of Employment Reforms and Welfare Arrangements*, Melbourne: Trans Pacific Press, 32–53.
今井順・林雄亮 2011「移動レジームの変化についての試論—産業構造転換と規制緩和のなかで」『現代日本の階層状況の解明——ミクロ—マクロ連結からのアプローチ』科学研究費補助金基盤研究Ａ研究成果報告書

（研究課題番号20243029）75–91.
稲上毅 2003『企業グループ経営と出向転籍慣行』東京大学出版会.
苅谷剛彦・菅山真次・石田浩編 2000 『学校・職安と労働市場――戦後新規学卒市場の制度化過程』東京大学出版会.
木本喜美子 1995『家族・ジェンダー・企業社会――ジェンダーアプローチの模索』ミネルヴァ書房.
木下武男 2012『若者の逆襲――ワーキングプアからユニオンへ』旬報社.
小池和男 1977『職場の労働組合と参加――労使関係の日米比較』東洋経済新報社.
―― 1999『仕事の経済学 第二版』東洋経済新報社.
厚生労働省 2011『就業形態の多様化に関する総合実態調査』http://www.mhlw.go.jp/toukei/itiran/roudou/koyou/keitai/10/index.html（2011. 8. 29）
熊沢誠 1997『能力主義と企業社会』岩波書店.
京谷栄二 1993『フレキシビリティとは何か――現代日本の労働過程』窓社.
Lee, B.-H. & K.-Y. Shin, 2009, "Job Mobility of Non-regular Workers in the Segmented Labor Markets: Cross-national Comparison of South Korea and Japan," Paper presented at the International Symposium in Globalization and East Asian Societies, April 2009, China: Jinan University.
Miura, M., 2001, *Globalization and Labor Market Institutions: Japan and Major OECD Countries*, F-94: Institute of Social Science, University of Tokyo, Domestic Politics Project No. 4.
日経連 1995『新時代の「日本的経営」』日本経営者団体連盟.
大沢真理 1993『企業中心社会を超えて――現代日本を「ジェンダー」で読む』時事通信社.
小倉一哉 2008「非正規労働者の雇用・労働条件と公平・公正」『雇用における公平・公正 「雇用における公

平・公正に関する研究委員会」報告』連合総合生活開発研究所 79–105.
連合総合生活開発研究所編 2001『労働組合の未来をさぐる——変革と停滞の九〇年代をこえて』連合総合生活開発研究所.
労働省 1994『平成6年版　労働白書——雇用安定を基盤とした豊かな勤労者生活への課題』日本労働研究機構.
—— 1999「「失業なき労働移動」円滑化のための調査研究結果「労働移動研究会」の報告書（概要）について—出向・移籍による中高年ホワイトカラーの新たな活躍の場の確保のために」. http://www.jil.go.jp/jil/kisya/syokuan/990510_01_sy/990510_01_sy.html（1999. 5. 10）
労働政策研究・研修機構 2011a「ＪＩＬＰＴ　多様な就業形態に関する実態調査—事業所調査／従業員調査」労働政策研究・研修機構.
—— 2011b「派遣社員のキャリアと働き方に関する調査（派遣労働者調査）」労働政策研究・研修機構.
—— 2011c「登録型派遣労働者のキャリアパス、働き方、意識—88人の派遣労働者のヒアリング調査から(1)（分析編・資料編）」労働政策研究・研修機構.
佐藤博樹・佐野嘉秀・堀田總子 2010『実証研究——日本の人材ビジネス』日本経済新聞出版社.
Streeck, W., 2005, "Sociology of Labor Markets and Trade Unions," Smelser, N. J. & R. Swedberg (eds.), *The Handbook of Economic Sociology*, 2nd ed., Princeton: Princeton University Press, 254-83.
高梨昌 2001『日本の雇用問題——二一世紀の雇用』社会経済生産性本部.
高梨昌編 1985『詳解労働者派遣法』日本労働研究機構.
—— 2001『第二版　詳解労働者派遣法』日本労働研究機構.
太郎丸博 2009『若年非正規雇用の社会学——階層・ジェンダー・グローバル化』大阪大学出版会.

氏原正治郎 1989『日本の労使関係と労働政策』東京大学出版会.
渡邊勉・佐藤嘉倫 1999「職歴に見る戦後日本の労働市場」『社会学評論』50(2)：197–215.

4　雇われない働き方とライフコース——日本における新しい労働世界の予兆

鎌田　彰仁

はじめに

バブル経済の崩壊と日本経済の長期停滞傾向の中で、労働市場は、中高年の雇用リストラや新規学卒者の就職難など、構造的な問題を生じており、伝統的な雇用慣行は揺らぎ始めている。これに伴い、長期継続雇用を前提にした標準的なライフコースの概念も幻想化してきている。はたして、日本のサラリーマンに新たなキャリアの道筋（出口）は見いだせるのであろうか。

ここで、大企業だけでなく、中小企業や自営業の世界に目を転じてみれば、「製造業で働く、長期継続の男性が主役」の発展型パラダイム（ワークス研究所 2011：50–1）ではとらえきれない現実が見えてくる。ここでも長期継続雇用は幻想化しているが、しかし大企業の労働世界の外側では、ＳＯＨＯの普及(1)やフリーランス（self employed 以下、セルフエンプロイド）の台頭、社会起業家の誕生などを中心に、サラリーマン的な働き方からの移行、組織に頼らない自立への挑戦が始まっている。また、農業を含めて新天地を模索する新たな脱サラの流れや、専門知識とインターネットを武器にした新しい自営業の台頭など、〝雇われない働き方〟への関心も高まっている。

本論は、長期継続雇用制度の融解を背景に、あえて〝雇われない働き方〟(企業組織に雇用されない労働形態)——ここでは、フリーランス(セルフエンプロイド)や新しい自営業など、起業・自営の道を選び取る人たちの哲学と行動に焦点を合わせ、個人のライフコース選択との関連(2)における起業・自営の意味と評価を探り、それを踏まえて脱雇用・脱組織化を象徴するバウンダリーレス・キャリア(boundaryless career 境界のないキャリア)の〝伝統的〟な職業的人生に対する意義を抽出するものである。

以下では、九〇年代以降、長期継続雇用制度の融解を契機に広がるバウンダリーレス・キャリアの流れを概観し、そのうち個人のライフコース選択との関連における起業・自営に焦点を合わせて、企業組織に雇用されない労働世界の現実を分析する。そして、以上の論述をふまえて、フリーランスや新しい自営業など、新たな独立自営のスタイルが日本人の〝伝統的〟で標準化された職業的人生観(ライフコース)をどこまで相対化できるのか、その意義と課題が抽出される。

1　バウンダリーレス・キャリアの時代——雇用の流動化

日本では、九〇年代以降、女性のライフスタイルの多様化、企業による人件費の変動費化、政府における人材派遣をめぐる規制緩和などを背景に、パート、派遣社員、請負労働者といった非正規雇用が拡大している。非正規雇用の拡大は、雇用期間の短期化をもたらし、一人当たり賃金を押し下げているが、企業活力の回復要因としても機能している。そして近年では、〝雇用の多様化〟（経済財政白書）か、それとも〝非正規雇用の正社員化〟（労働経済白書）か、というデリケートな問題とともに、企業という境界を越えて、キャリアとライフコースをめぐる問題が新しい展開を見せている。

1.1 キャリアとライフコース

雇用構造と労働市場の変化に伴い、長期継続雇用を前提にした〈卒業＝就職→（結婚）→定年退職〉という日本人（男性）の標準化されたライフコースは幻想化し、〝伝統的な〟職業キャリア観は大きく揺らいでいる。これまでは、学校卒業後、直ちに会社に就職し、会社から与えられた仕事に勤勉に取り組み、人並みの成果を上げていけば、勤続年数に応じて昇給し、生活も安定して、職場や友人、家族からも尊敬され、豊かな人生を送ることができる（できた？）。これが、平均的な日本人のキャリア観であり、標準化されたライフコースでもあった。そして、その社会移動に必要なパスポートが学歴と信じられてきた。

しかし、安定の中で不自由を甘受してきた雇用環境は、九〇年代以降一変する。バブル崩壊後の不況期リストラを経て、日本企業においてもＩＴ革命やリエンジニアリング（情報の共有化と業務プロセスの見直し）、ダウンサイジング（人員削減策）など、雇用革命や業務の革新が進展した。また、インターネットを利用したネットビジネスが拡大するにつれ、ビジネスモデルによる競争という考え方が強まり、ビジネスモデルの変更による事業分野の再編（好況期の人員削減）も広がってきた。

　他方、雇用環境の変化を通じて、日本人、特に若者たちは、雇用に依存したキャリアでは豊かな人生を送れない可能性に気づかされ、組織に左右されない新たなキャリア観が必要と考え始めた。また、雇用をめぐる価値観も、公務員志向と起業家願望の間を揺れ動くようになった。

1.2　バウンダリーレス・キャリア――組織から市場へ(3)

　ところで、キャリア観が揺れ動いているのは日本だけではない。欧米でも同様で、「組織のなかで（雇用を保障されながら）安定したキャリアを歩むのが当たり前な時代ではなくなりつつある」（金井 2002: 52）という認識が高まっている。これを背景にして、「職務、組織、仕事と家庭、産業の壁を超えて動くキャリア」（金井 2002: 52）という意味の言葉として〝バウンダリーレス・キャリア〟という概念が提唱されており、一九九八年には、ロンドン・ビジネススクールで、「ニュー・キャリア・リアリティ」をテーマにした研究会が開催され、研究者、欧米企業の人事責任者などが参加した。

　バウンダリーレス・キャリアとは、組織に対して固定的・安定的でないキャリアのことであり、組織に対する流動性のあるキャリアと定義される。討論の結果は、欧米では新しいキャリアパターン、すなわちバウンダリーレス・キャリアが生まれつつあり、一部の例外はあるが、方向としてはバウンダリー・レスの方向に向かっていることが確認された。経済のグローバル化が進展した現在では、世界レベルで〝組織という境界のあるキャリア〟から〝バウンダリーのない市場でのキャリア〟へと向かう移行期と考えられている。

また、バウンダリーレス・キャリアのモデルは、「シリコンバレーで活躍する創造的な起業家やハイテク産業のエンジニア」（金井 2002: 54）を典型としているが、より一般的には、開発エンジニア、建築家、コンピュータ・コンサルタントが代表的であり、特殊には映画産業のプロデューサーなども含まれる。共通しているのは、「いずれも『組織的』というよりも『創造的』な職種につくひとたち」である。これらの人たちは、都市社会学者リチャード・フロリダの主張する〈クリエイティブ・クラス〉を構成し、「産業の境界、企業の境界、職能専門分野の境界を超えて活躍する」（同上）クリエイティブ人材である。

さらに、産業・企業・職能の境界だけでなく、電脳社会に対応した在宅ワーカーなど、「ＳＯＨＯの進展などにより、仕事と家庭の間の境界も薄れていくキャリア」（金井 2002: 54）も登場しており、子育て、親の介護、田舎への移住などとの関連でも関心が高まっている。

1.3 企業に雇われない働き方

このように、時代はバウンダリーレス・キャリアへの移行期にあり、これに適合した新たなキャリア観が必要とされている。しかし現実には、急速な業務革新などにより「仕事そのものが大きく変化するため、どのようなキャリア観をもったとしても（従来のような）逆算型の人生設計は機能しにくい」（関島 2006: 120）。すなわち、キャリアショック(4)時代の到来である。また、従来型のキャリア設定は、適性検査や資質のアセスメント技術などの影響もあって「天職信仰」（関島 2006: 121）を生みやすく、天職を追い求めて〈転職の病〉にも陥りやすい。

バウンダリーレス・キャリアへの移行期を生きるには、このような逆算型の人生設計や天職信仰の陥穽を乗り越え、「自分自身の価値観にもとづき、自分らしさが表現できる仕事は何かを考える」（関島 2006: 122）ことが求められてくる。このことは、「適職は自分でつくる」ものであり、「人の生き方と職業選択は分かちがたい」ことを示唆している（関島 2006: 122, 124）。これにしたがえば、「仕事と人生は同一線上で考えるべき問題」と観念する哲学と「自分の人生や生きがいを軸に生きる」行動が重要となる（森 2011: 268, 5）。

ところで、バウンダリーレス・キャリアをめぐる研究の多くは、「境界に囚われない動き＝転職（企業間移動）」を前提にして議論が展開され、「企業のマネージャーや専門職、産業内の労働者が、どのようなキャリアを築いているかについて示唆に富む知見が得られた」と評価されてきた（宇田 2007: 72）。しかし、ここでの文脈に問題を置き直してみると、転職者だけでなく、「特定の企業にフルタイムで所属しないキャリアを形成する個人」、世界的に増加している「企業に雇われないキャリア」にも視線を向けなければならない（同上）。問題は、雇用を前提とした転職（ジョブチェンジ）ではなく、脱雇用（キャリアチェンジ）であり、組織に雇われない働き方をしているフリーエージェントの労働世界である。

2　雇われない働き方の労働世界——起業・自営の哲学と行動

就業形態の多様化とともに、就職とは、会社に雇用され、定年まで勤めることを自明の前提とした時代が終わろうとしている。日本人の標準化されたライフコースは幻想化しており、雇用と働き方をめぐる価値観は揺らいでいる。しかし、脱雇用・脱組織化の潮流は、単に価値観やライフスタイルの問題だけではなく、産業構造の高度化や業務革新とも密接に関係している。したがって、変化の要因は構造的でもあり、日本における〝雇われない働き方〟の本格的な展開が予想される。

2.1 雇われない働き方―フリーエージェント化

ここで〝雇われない働き方〟とは、正確にいえば、企業組織に雇用されない労働形態を意味する。現在、日本には約6千万人の労働者がいるが、パート、派遣、契約を中心にして、労働の形態が多様化している。会社に勤めていても正社員ではないとか、〈マルチジョブホルダー〉や〈週末起業〉という言葉もあるように、サラリーマンをしながらフリーランスの仕事（副業）を兼ねている人も少なくない。

表4.1　従業上の地位別労働力人口と割合（2010年）

正社員	3355万人	(53.8%)
広義の自由業者	2879	(46.2)
自営業主	587	(20.4)
家族従業者	169	(5.9)
経営者・役員	368	(12.8)
パート・アルバイト	1192	(41.4)
派遣社員	96	(3.3)
契約社員・嘱託	330	(11.5)
その他	137	(4.8)
合　計	6234	(100.0)

（資料）総務省統計局『労働力調査』(2010)より作成

表4・1は、国内の労働力人口を従業上の地位別に分類整理したものである。これによると、労働力人口のうち正社員は約3355万人、合計に占める比率は53・8％で、今や、日本社会で正規雇用という意味での「雇われる」働き方をしている人は働く人の2人に1人にすぎない。これ以外の非正規労働者を含む労働力人口を「広義の自由業者」とすると、その数は約2

879万人、割合にして46・2％に達する。パート・アルバイトを中心に、広義の意味で「雇われない」働き方をしている人は、すでに労働人口の5割弱に近づいている。

ちなみに、アメリカ社会を対象にしたダニエル・ピンクの『フリーエージェント社会の到来』(2002)では、フリーエージェントとしてフリーランスだけでなく、臨時社員やミニ起業家を含んでおり、この点でパートタイマー、アルバイト、契約社員、派遣社員など、非正規雇用労働者もフリーエージェントの構成主体と見なされている。非正規雇用労働者をフリーエージェントとする定義には異論もあるだろうが、日本では、フリーエージェントの約7割の人々が積極的な動機で働いており、あえて正社員になることを選択しないで働いている人も少なくないという(三島 2006：35)。この点を考慮すると、正社員と比べて、その働き方を消極的に評価する合理的な理由や根拠は見当たらない。

むしろ、日本人の社会意識として長期継続雇用が幻想化し、企業も大胆な雇用リストラを厭わなくなったなかでは、日本でもフリーエージェント社会の到来を現実問題として認識し、〝雇われない働き方〟を日本人の新たなライフコースとして制度設計する必要があろう(5)。ただし、非正規雇用労働者の約3割は正社員になりたくてもなれない「消極的なフリーター」であり、ピンクの定義においても臨時社員は「意図しないフリーエージェント」であり、「本当は正規雇用されることを願っている」人たちとされている。したがって以下では、ピンクの定義するフリーランスとミニ起業家、国内労働力人口の分類では自営業者と経営者を狭義のフリーエージェントとして措定し、そこに焦点を合わせて〝雇われない働き方〟の労働世界を探っていきたい。

2.2 脱サラへの挑戦―新しい自営業の台頭

さて、就業形態別の労働力人口の推移を見ると、戦後日本では労働力人口に占める雇用者数の比率は52・5％から81・1％へと上昇基調（雇用者化）をたどってきたが、他方自営業者数（農業者含む）の比率は45・8％から14・5％へと大幅に低下している。この間、「自営から雇用へ」のいわゆる就業構造の近代化が急速に進んだ。自営業者のうち、特に減少したのは農業者であり、製造業、卸売業・小売業、飲食店を中心とする商工自営業者である。

これが、戦後日本における工業化の成功と流通革命の帰結である。そして、これと引き換えに日本人が獲得したのが〈豊かな社会〉であり、長期継続雇用を前提にしたライフコースであった。そして、その変化と帰結に対する国民的合意の象徴が〈中流意識〉であった。

しかし、バブル経済の崩壊と日本経済の長期停滞を背景に、戦後日本人が獲得した長期継続雇用を前提にしたライフコースがしだいに幻想化するにつれ、新たに〝雇われない働き方〟に自分の人生と仕事の意味を見いだそうとする人たちが登場してきた。あえて安定したサラリーマンを辞めて、サラリーマン以外の違う仕事（起業する、資格を取り専門職になる、実質的な生産業に従事する、創作活動に転向する等）に就く、いわゆる〈脱サラ〉への挑戦者たちである。この脱サラの〈受け皿〉となるのが、皮肉にも近代化が否定した自営業者・経営者を主体とするフリーエージェントの世界であり、その活力が新しい自営業の台頭につながっている。

脱サラとは、一般的には、定年を待たずに会社勤めを辞めて、農業、商業などの自営業や、起業家として新しい企業を始めること（旺文社『現代カタカナ語辞典』）であるが、こうした事業主・経営者以外にも、LOHASスタイルを求めた農林漁業への就業、伝統産業・伝統工芸の文化価値に憧れて職人になること、作家やデザイナーなどのクリエーターへの挑戦など、事例は多岐にわたっている。

さらに、NPOを立ち上げ、社会の問題をビジネスの手法で解決する社会起業家への転身（NPOで働く）なども、ポスト資本主義とフリーエージェントの新たな関係を象徴する事例といえよう(6)。また、直前の勤務先からの離職理由などを見ても（日本政策金融公庫 2010）、単なる受動的で無目的な求職活動（食業探し）だけでなく、新しい自営業や社会起業家に代表されるように、能動的で目的的な独立志向（自己実現）の脱サラ事例も少なくない。

2.3　起業・自営の哲学と行動――意識の臨界点

そこで、独立志向について、起業・自営の哲学と行動という視点から、脱サラの事例を通して探ってみよう(7)。脱サラ事例から独立の理由を分析してみると、脱サラ＝独立を解読するキーワードは〈哲学〉であり、自分の人生哲学を基盤にして醸成される「意識の臨界点」が独立の〝引き金〟となっている。この点について、森健は『勤めないという生き方』において、「なぜ人は独立したくなるのか、その理由は二つの要因に大別できる。『どうしてもしたいこと』ないしは『どうしてもしたくないこと』という意識が臨界点に達してしまった場合だ」（森 2011: 263）と述べている。

よく、観念が仕事を創り、人を創るといわれる。実際、「自分がやりたいことをやる」「やりたいことがあるなら一刻も早くやめて……」というように、〝やりたいこと〟を独立の理由に上げるサラリーマンは少なくない。サラリーマン人生を否定している訳ではない。ただ、「サラリーマンとして燃える燃料には限界もあり」、どうしても「プロのサラリーマンにはなれなかった」と実感したとき、人生哲学に規定された「どうしても……」の意識が臨界点に達してくる。

また、サラリーマンを続けていれば、「中高年を対象にしたリストラ合理化策」に直面したり、「自分の希望と社内での立場にギャップ」を感じる時期もある。そうしたとき、将来への不安や、会社に対する不満の意識と混じって、漠然とではあれ「自分の将来が見えてくる」瞬間がある。そのような場合にも、「ここは自分の居場所ではない」「そういうステップにきた!」と察知し、同様に「どうしても……」という意識が高まってくる。

こうして、サラリーマンとして「レールの上に乗っている一種の閉塞感」をあえて内側から打ち破るためであれ、また「大企業にしがみつくことのリスク」から外側へ逃れるためであれ、どちらにしても「どうしても……」の意識が臨界点に達するステージがある。このステージでの意識が、時代の流れやライフステージによる制約と絡みながら、脱サラ・独立の大きな要因となっている。この意味で、脱サラ・独立は、社会構造と折り合いながら、「自分の人生や生きがいを軸に生きる」新たな生き方を選び直す行為でもある。

すなわち、脱サラ→起業・自営とは、あえて標準化されたライフコースにおける安定を放棄し、自分の夢を追い、またその夢の実現に向けて、人生の行路を再発見するためのパーソナル・プロジェクトにほかならない。

このことは、脱サラして独立を志向するサラリーマンにとっては、「仕事と人生は同一線上で考えるべき問題」であり、「人生を優先する選択肢の中で仕事が生まれてきた」ことを示唆している。すなわち、サラリーマンが「独立するということであれば、自分の好きなことを事業にするしかない（……）。（……）というより、そうじゃないと、自分の人生として成立しない……」のである。これこそが、成功本では知ることのできない「勤めない生き方の妙味」であり、また「自身の人生に対する責任の取り方」でもある（森 2011：268）。したがって、バウンダリーレス・キャリアといっても、脱サラ・独立の向かう方向は起業・自営の世界でなければならず、転職では「本質的な解決にならない」（田澤 2004：163）のである。

2.4　脱サラ・独立の社会的容器――独立自営の世界

もちろん、起業・自営の世界における開業率の低下と参入障壁の高さなどを考慮するなら、「志だけでは生きてはゆけない」のは紛れもない事実である。しかし、脱サラ事例を観察していると、「見ない夢は叶わない」のであり、自分の人生に対して夢（やりたいこと）をもっている人が対象（仕事）を見いだすことも真実である。人生を優先する選択肢の中で仕事を見いだす事例としては、女性による夢実現型の開業や、一人親方やフリーランサーとしてホワイトカラーの仕事を事業化する個人請負業などが代表的であり、広くは新しい自営業の台頭が注目される。

自営業者全体（自営業主と家族従事者、家事内職者の合計）が年間約2％のペースで減少が続いているなかで、あえて「安定した」生活を捨て、自営業の世界に転身をはかるサラリーマンが登場している（日本経済新聞 2004）。正確には、サラリーマンでも起業家でもない、〝インディペンデント・コントラクター〟（independent contractor：ＩＣ）と呼ばれる新しい働き方である。彼らは、自らを「ホワイトカラー職人」と呼んで、「好きな仕事だけ専念する」「自分の好きな分野を追求したい」として、雇用の流動化が進む情勢のなかで「第三の道」を追求する。職種は、IT関連の技術者や人事コンサルタント、編集者などが中心であり、その中には、「子どもと一緒に過ごす時間をもちたいといった理由から、ICになって仕事をコントロールする人もいる」という（同上）。

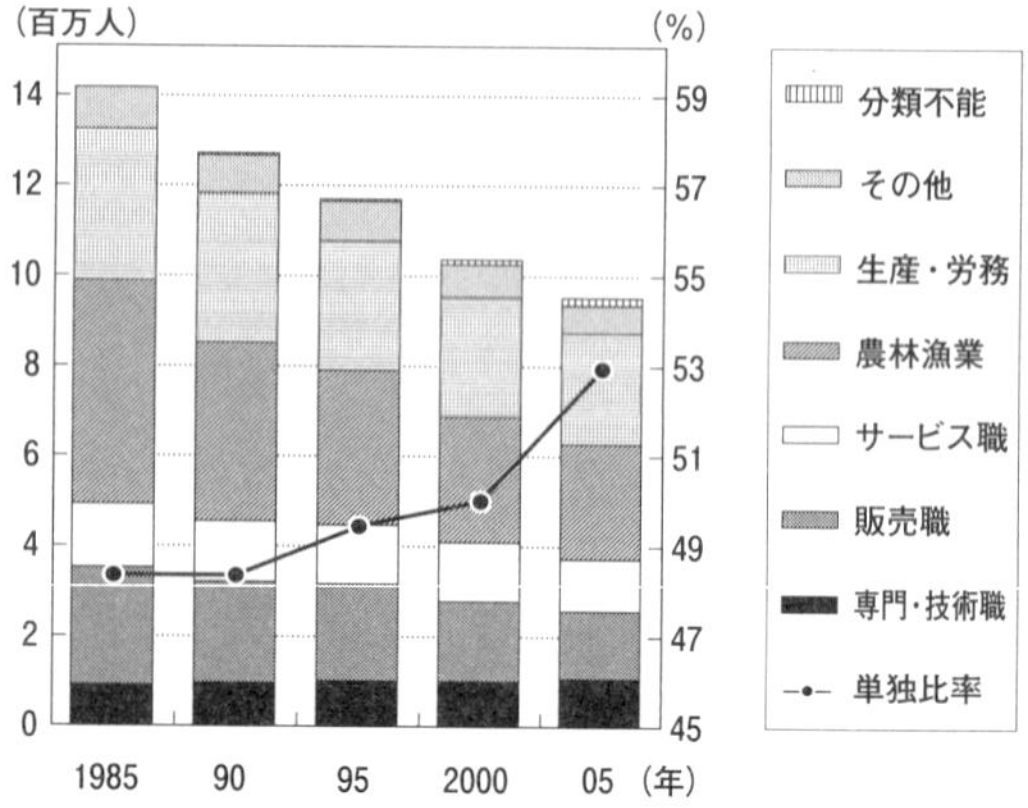

図4.1　自営業者数と単独比率の推移

（注）単独比率は，自営業者全体に対する，雇い人がいない自営業主の割合。

（資料）総務省統計局『国勢調査』各年　（出典）中嶋（2010）

図4・1は、国勢調査による自営業者数と単独比率の推移を図示したものである。これによると、伝統的な農林漁業が減少している一方で、医療・福祉従事者などの「専門・技術職」と「分類不能」が増加している。日本経済のサービス化と就業形態の多様化を背景に、「典型的な『自営業者』のイメージが従来とは変わりつつある」（中嶋 2010: 3）ことが注目される。また、雇用者のいない自営業主の比率が増加する傾向にあり、SOHOやICに代表されるように、労働者の非正規化と並行して個人請負化（フリーランス化）が進展している様子もうかがわれる。

こうしてみると、自営業の世界は、市場を媒介にして〈新しい働き方〉を制度化するインキュベーターの役割を果たしている。そして、その世界を苗床にして〈仕事・働き方〉と〈人生・生き方〉をセットにするライフコースを社会と折り合いながら切り開いていくのが、起業・自営の就業行動といえよう。したがって、今日的に変容しつつある自営業の世界と専門化された起業・自営のビジネスチャンスが、新たなキャリア需要を創造し、新しい生き方を切り開く可能性を〝夢見る〟日本人に提供している。それは、バウンダリーレス・キャリアの時代に適合した「新しい生業」(8)の誕生でもある。

2.5 独立自営の自己評価―仕事と人生

前述したように、脱サラ・独立は、自分の人生や生きがいを軸にする新たな生き方を選び直す行為である。しかし、その選択の結果である仕事と人生がセットにされた労働世界を、当事者はどう評価しているのであろうか。当事者の主観に委ねられた評価ではあるが、できるだけ複数の事例を対象に評価の観点を多元化することによって、労働世界の主観を探ってみよう(9)。

経済的な面では、当然ではあるが、「脱サラして収入は減ったけれど後悔はない」とする事例が多数を占めている。サラリーマンの頃と比べれば収入は減少しても、単なる労働の対価としてではなく、「人に感謝されて、その対価としてお金が入ってくる」。それは、「名刺で給料をもらうのとは大違い」であり、「自分が一個の人間として社会的評価を受けている充実感」につながっている。それが、収入の多寡だけに還元できない「仕事の達成感」とも結びついている。

また、社会的な面では、脱サラ・独立して「新しい仲間ができた」「仲間と何かにむかって切り開いていける」など、独立後の新たな人間関係(関係財)の形成が「充実感の持てる人生」をもたらしてくれたと評価する事例も少なくない。どんなに疲れても、また苦しい時でも、顧客の感謝や仲間の応援を思い起こすたびに、「やめられないな、という気持ち」になるともいう。このタイプは、「好きな蕎麦を通して地元に貢献」など、貢献ビジネスに典型的である。

このように、金銭収入は減少しても、減少した分を〈心の収入（内在的報酬）〉が補填しており、関係財の形成による承認欲求の充足を含めて、報酬の総計は黒字と推測される。すなわち、仕事に対する社会的評価、報酬を支える互酬性の規範、事業基盤となる人的ネットワークを含めて、トータルにとらえた脱サラ・独立の労働世界に対する評価は決して低くはない。リチャード・フロリダの調査結果でも、仕事のモチベーションを支える要因で完全に客観的な要因は報酬（金銭）のみであり、それ以外は仕事に対する姿勢や価値基準に応じて変化する要因で占められている。

したがって、〝雇われない働き方〟に関する議論は、経営的・経済学的である以前に、哲学的・社会学的でなければならない。なぜなら、脱サラ・独立し、仕事と人生をセットにして生きることができる「チャンスは、心構えをした者に微笑む」（パスツール）からである。正に、〝見ない夢は叶わない〟であり、その意味で新しいキャリアを切り開くのは技術ではなく心構えである。より正確には、クランボルツらが提唱する「計画された偶然（planned happenstance）」(10)に負っている。

2.6 女性とデジタル革命―SOHOという働き方

ところで、女性労働者の多くは、男性労働者のライフコースとは異なり、結婚・出産を契機に会社を退職した後は、日本型雇用慣行の世界から閉め出され、多くは日本型家族福祉制度を支える人生を強いられてきた。また、両者を通底する性別役割分業意識の文化圧力にさらされ、役割葛藤に迷い悩む女性も少なくなかった。その結果、女性の多くは、退職後のキャリア形成、すなわち家庭から仕事への移行が地域の範囲に制約される傾向にあった。

このような環境条件のなかで、家事、育児、介護と仕事の両立を模索する女性＝主婦に開かれている労働世界は、地域の町工場やスーパーマーケットなどでのパートタイマーが定番であった。しかし、九〇年代のデジタル革命、すなわちコンピューターのダウンサイジングと情報社会化（OA化・HA化）の進展、それを基盤にした企業による業務のアウトソーシングの流れなどを背景に、SOHO（情報自営業）や在宅ワーカー（情報化時代の家庭内職）と呼ばれる新しい働き方が台頭してきた。それは、OL時代にパソコン通信を使って在宅勤務の経験や情報処理のスキルを身につけた高学歴女性にとっては、工場やスーパーでの労働と比べて、自分の能力や経験を活かしながら家庭と仕事の両立をはかれる魅力的な働き方として受け止められた(11)。

実際、女性における家事、育児、介護と仕事の両立に関わる諸問題を根本的に解決するには長い時間がかかる。現実には、九〇年代後半からのIT革命の進展にも後押しされて、家庭と仕事の両立を模索しながら在宅ワーカーとして働く女性はしだいに増えてきており、とりわけ育児など家庭の事情を抱えて働いている女性は高い割合を占めている。この点で企業、特に地域に密着した中小企業が専門的業務への対応などを理由に在宅ワーカーを活用し、家庭に埋もれている人的能力を活用することの社会的意義は大きい(12)。

また、発注企業とワーカーの中間に位置し、在宅ワーカーを束ねて業務を請け負うSOHO事業者にも女性が多くを占めている。そして、彼女たちは、家庭と両立しやすい柔軟な働き方を考案して独立自営を志向する女性の関心を集め、在宅ワークを希望する主婦からの支持を得ている。この意味で、SOHOはジェンダー役割を担う高学歴女性にとっての「雇われない働き方」を象徴する社会的容器ともなっている。

3　フリーランスへの転回とライフコース――自由と安定のジレンマ

前章では、起業・自営の哲学と行動を通して〝雇われない働き方〟の労働世界を探究してきた。その結果、〝雇われない働き方〟は、長期継続雇用の幻想化への受動的な反応ばかりではなく、SOHOの普及とフリーランスや新しい自営業の台頭に象徴されるように、産業・事業構造の変化に対する能動的な適応のスタイルでもあることが判明した。以下では、〝雇われない働き方〟をバウンダリーレス・キャリアの文脈と結びつけ、今日的な起業・自営を象徴するフリーランスや新しい自営業の台頭が標準化されたライフコース（職業的人生）に対してもつ意義と課題を抽出してみよう。

3.1　サラリーマンからフリーランスへ

近年、欧米を中心に、サラリーマンからフリーランスへ転身するプロの中間管理職が増えている(13)。背景には、ソフトウェア開発やネットビジネスに代表されるように、自社の社員に加えて、派遣社員やフリーランスのエンジニア、在宅ワーカー、オフショアスタッフなど、多様な分野の人材が集まって一つのチームを組んで、プロジェクト形式で業務が進められる現場の増加がある。業務のプロジェクト化に対応して、フリーのウェブプロデューサーやプロジェクトディレクターなど、プロジェクト単位で企業と契約するフリーの管理職が台頭している。

こうした管理職のキャリア変化は、ソフトウェア開発やネットビジネスなどのＩＴ関連業界だけでなく、調査研究やＮＰＯ、政府行政、アートイベントなど、多様な分野に広がっている。さらに、半導体や医療機器、航空宇宙製品やその部品の製造など、高度な製造業の現場においても、ラインプロデューサー的な役割を担うマネジメント専門職も登場している。サラリーマンからフリーランスへ、さらにはフリーのスペシャリストまでが管理職へ移行する動きは、世界の趨勢になりつつある。

もちろん、バウンダリーレス・キャリアへの移行は、業務のアウトソーシングやプロジェクト化の広がり、これに伴う現場のネットワーク化（多様な人材の対等で水平的なネットワーク状の関係）だけが要因でない。最大の要因は、「会社や産業社会の制度に知識が根づき、それを受け取っていくという世界から、ひとりひとりの個人のなかに知識が体現される世界にシフトしている」（金井 2002: 58）という認識が出てきたことである。すなわち、知識資本主義やクリエイティブ資本論に代表されるように、「ものづくりそのものよりも、それを支える知識が重宝される」（同上）産業構造へのシフトが深く影響している(14)。

これは、制度的知識から個人の知識への変化ともいえる。この変化が意味するところは、「これからの仕事はひとりひとりの顔の見える仕事で、要するに構造よりも行為が重視される」（金井 2002: 58-9）ということである（個人化）。これに伴い、「キャリア形成のされ方についても、組織が道案内してくれる時代は終わりつつあり、キャリアをデザインするという発想が個人の選択と行為の中に求められつつある」(金井 2002: 59)。その結果、「こういけばいいキャリアになるという見本や機会の構造はゆるやかになった。その分、自由度が増した」ともいえる。「安定」から「自由」へのシフトにより、「変化や適応、ネットワークづくりのための対人スキル」(以上同上)などが、キャリア形成の新たなキーワードとして浮上してきた。

他方、これまでのように、「組織の側に個人が『雇用されていること(エンプロイメント)』が前提ではなくなり、個人の側が組織に対して絶えず『雇用に値する自分の能力、つまり就業可能性(エンプロイアビリティ)』を編み上げること」(同上)が就業の新たな前提となってきた。背景には、新しい働き方の基盤として、頭脳が工場にとって代わり、アイディアや創造性、人と関わる能力に価値がシフトし、資本の意義は相対的に低下し、富を生み出す脳とコンピューターが新たな生産手段となってきている現実がある(ゴーディン 2011: 34)。そして、組織に対する自由度が増した分だけ、組織や職種という境界や枠組みの限定がゆるくなり、中間管理職を代表にして、キャリアは組織に対して固定的・安定的ではなくなってきている。

3.2　フリーランスの展開と意義―コワーキングとＱＯＭＬ

このように、構造から行為へ、組織から個人へ、「安定」から「自由」へという方向で、キャリア・パラダイムがシフトしている。このパラダイム・シフトが、組織に対する流動性のあるキャリアを代表する〝雇われない働き方〟への分岐点となっており、自分の人生や生きがいを軸にキャリアをデザインするライフコースへの進入路ともなっている。ここで、バウンダリーレス・キャリアの問題文脈と結びつけて、フリーランス（セルフエンプロイド）や新しい自営業が標準化されたライフコース（職業的人生）に対してもつ意義を集約すれば、以下のとおりとなる。

まず、〝雇われない働き方〟の広がりは、ビジネスの手法や手段が急速に変化しており、会社組織は従来のような〝囲い込み型〟ではなくなりつつあることのシグナルとして注目される。すなわち、この文脈では、〝雇われない働き方〟は、非正規雇用の増加や管理職ポストの減少、中間管理職の役割変化などに代表されるように、産業・事業構造の変化に伴う〝キャリア需要〟の変容が個人の生き方の選択をどのように規定するかを端的に示している。この面では、成功本によくある〝雇われない働き方〟への一面的な賞賛は、逆に多様化幻想（雇わない働かせ方）を補強し、〝新しい働き方〟の意義を拡散させる可能性もある。

他方、就業構造は産業分類別にみた就業者の客観的構成を表すが、実際の就業行為は〝人〟の就業行動の一環として行われている。この観点からすると、フリーランスや新しい自営業の台頭は、社会の価値観やライフスタイルの変化と結びついている。したがって、主体的な個人によるキャリア選択と就業行動の積分は〈会社と社員〉の関係を変え、プロレタリアート（マルクス）やオーガニゼーション・マン（ホワイト）の働き方と比べて、より進化したワーキングスタイルを創造する可能性を内在化させている(15)。すなわち、こうした〝キャリア供給〟の主体的変質という面から見ると、バウンダリーレス・キャリアに適合した柔軟なライフコースの構築、さらには「ワークライフシナジー」（生活と仕事の相互作用）（大沢 2008）による企業社会の変容などが予想される。

たとえば、フリーランスや新しい自営業は、プロレタリアートの階級やオーガニゼーション・マンの会社とは異なり、オープンな職場と仲間（コワーカー）との就労スタイルであるコワーキング（coworking）を好む者が少なくない。コワーキングとは、フリーランスなどの形で独立して働く個人が、オフィス環境を共有して、相互にアイディアや情報を交換しながら相乗効果を生み出そうとする新しい働き方を指している。ここでは、そのような働き方と環境を統合してコワーキング・オフィスと呼ぶ。コワーキングという新たな就労スタイルが、コワーキング・オフィスという〝新たな場所〟を創り出しており、「従来の〝会社〟とは異なる、個の結びつきを重視した、開放的で水平な組織」の可能性を広げている。この動きの延長線上には、個別化の遠心力を活かした相互扶助の仕組みを含めて、各自の所属先や肩書きにかかわらずに協業できるプロジェクト対応型ワーキングスタイルの誕生も予感される。

あるいは、医師に起こるフリーランス化の波は、ＱＯＭＬ（quality of my life）、すなわち「人生や生活を重視した働き方」をめざす新たな動きとして注目される。医師の働き方といえば、これまでは病院の勤務医か、独立して開業医となるかが、医師の一般的なライフコースとされてきた。フリーランスの医師の登場は、勤務医の世界における過酷な超過勤務から逃れ、開業による多額の借金を抱え込むリスクを回避しながら、「家庭と仕事を両立させたい」と考える医師たちを中心に広がっている。これは、医師版の脱サラであり、医師のフリーター化でもある。背景には、家庭を大切にしたい女性の医師が増えていることに加えて（一九六五年9・3％から二〇〇八年18・1％へ）、男性医師のなかでも「病院内で出世すること」に見切りをつけ、フリーとして独立する医師も出始めている。

このように、バウンダリーレス・キャリアの時代を背景に、フリーランスや新しい自営業という〝雇われない働き方〟を通して、ワーク・ライフ・バランスを志向する新たな価値観や柔軟なライフコースの探求が始まっている(16)。

3.3　自由と安定のジレンマ

これまで、バウンダリーレス・キャリアを代表する〝雇われない働き方〟が日本人のキャリア観とライフコースに対してもつ意義を分析し、その要点を抽出してきた。日本でも、バウンダリーレス・キャリアへの移行を背景に、仕事と人生の両立を追求する〝雇われない働き方〟の意義が再認識され、それを実現する現実の手段・方法として起業・自営の再評価が進んでいる。このような動きは、労働市場(キャリアの需給調整)における中間管理職の余剰と不足という今日的なミスマッチに象徴されるように、ビジネスの手段や方法が急速に変化していることの反映であるが(非正規雇用化)、他方長期継続雇用が幻想化したサラリーマン生活の新たな出口を示唆してもいる(フリーランサー化)。

また、脱サラしてフリーランスとなり、グループやチームを組んで協業するコワーキングへの流れは、医師のフリーランス化やインディペンデント・コントラクター(IC)に代表されるように、高度専門職や非定型分析業務の分野ほど動きが加速している。この動きの先には、有能な社員ほど「会社への従属意識」はしだいに薄れて、所属先の垣根を越えた仲間とのコワーキングへと傾斜していくことが予想される。これからの日本では、知識資本主義やクリエイティブ経済を背景に、「イノベーションの起こる場が大組織から小集団に移っていく」ことにより、「大企業中心の社会から小規模企業が大半を占める社会へ」と変貌する可能性もある(出井 2011：111)。

もちろん、日本は欧米と比較すると、非正規雇用は増加しても自営業者は減少の傾向にあり、起業して会社を設立する起業家・経営者の数も横ばいで推移している(17)。この点で、労働人口をトータルで見れば、日本人の働き方がバウンダリーレス・キャリアへの移行に対して〝受け身の姿勢〟へと後退しているともいえよう。そこには、起業・自営の活動により「一国一城のあるじ」となった高い自己評価とは裏腹に、起業のキャリアを「無職の一類型」とする認識や、経済的に成功した自営業者を「成り上がり者」とする評価など、〝自由と安定のジレンマ〟を軸に揺れ動く働き方と雇用をめぐる価値観がみられる。また、「脱サラしたらまったく別の人間」「サラリーマンに嫁にやりたい」など、構造化された組織や地位への安定化幻想(標準化幻想)も少なからず影響している。さらに、非正社員の増加を前提とした非正規雇用改革の遅れ(鶴ほか 2011)も、「労働市場の二極化」に起因する「労・労対立」(八代 2011: 184)を温存し、新しいキャリア観の確立を阻害している。

おわりに

本論では、バウンダリーレス・キャリアへのシフトを背景に、起業・自営の道を選び取る人たちの哲学と行動の視点から〝雇われない働き方〟について考察してきた。日本の社会では、いまでも、起業・自営はリスキーだが、サラリーマンは安全と考えられており、政策上も〝雇われない働き方〟は不安定だとして問題視されている。こうした社会通念・政策論が正解とされるには、前提として、会社は倒産しない、会社は社員を解雇しない、国は会社を守る、ということが条件となる。

しかし、「企業が従業員とその家族の生活を守り、その企業を国が守る」（八代 2011：ⅳ）という企業依存型の福祉社会は、九〇年代以降、日本経済の長期停滞とともに弱体化している。実際、どこかの会社に就職さえすれば、会社が一生面倒見てくれるというのは幻想化している（日本経済新聞 2011）。いつ、上司から、「君に仕事を用意できない」と告げられるかわからず、サラリーマンとして働くリスクはかつてないほどに大きくなっている。しかも、サラリーマンの場合、そのリスクは自分自身の働きぶりだけではコントロールできない。

起業・自営も、サラリーマンも、リスクを抱えるという点では変わりはない。大事なことは、起業・自営の道を選ぶにせよ、サラリーマンとして勤めるにせよ、その〝働き方〟を通してどんな人生を歩みたいのかである。バウンダリーレス・キャリアの時代にあっては、これは、誰もが、人生の節目で、一度は哲学してみなければならない問いでもある。この点で、これまで〝雇われない働き方〟に注目してきたが、視点を変えれば、その哲学と行動は、雇用を流動的に調整したい企業と組織に拘束されずに生きたい個人とが折り合う、新しいキャリア開発とライフコースへの胎動でもある。

注

（1）ＳＯＨＯの存立基盤と労働世界については鎌田（2004）を参照。本論は、そこでの分析結果をベースに、対象をフリーランスや新しい自営業にまで広げるとともに、人生の節目となる〝脱サラ〟に焦点を合わせて個人のキャリアとライフコースの観点から課題にアプローチするものである。

（2）ここでのアプローチは、嶋﨑の紹介する「国家や社会制度のあり方が、個人のライフコースに直接的にどのような影響を及ぼすのかに関する研究」（嶋﨑 2008：76）に準ずるものである。敷衍すれば、本論は

〝雇われない働き方〟がテーマであるが、「諸個人がライフコースにおける『主観的評価』としての人生に対する意味と社会構造との折り合いをつけていく過程」（同上）に関心があるという点でも、共通している。

（3）以下は、金井（2002: 52-5）を参照。

（4）キャリアショックとは、「自分が描いてきたキャリアの将来像が、予期しない環境変化や状況変化により、短期間のうちに崩壊してしまう」の意（高橋 2006: 4）。

（5）この点に関しては、たとえば厚生労働省政策統括官（労働担当）（2010）で提示された「個人請負型就業者の現状と今後の政策的対応の方向性」の実効性をそなえた具体化などが期待される。

（6）キャリアには、需要（客観的）と供給（主観的）の二つの側面がある。これに準拠していえば、社会起業家は〝社会に貢献しながらビジネスとして自立する〟サードジョブ（上田 2011: 8-52）の開発という点で、潜在的なキャリア需要を発見し、供給主体を革新する機能を果たしている点が注目される。具体的には、たとえば駒崎（2007）、工藤（2011: 11-53）などを参照。

（7）以下の事例分析は、森（2011）、田澤（2004）、日本商工会議所（2010, 2011）を参照。なお、著者の主張等を除いて引用箇所の添付は省略した。

（8）ブルーカラー、ホワイトカラー、グレーカラーに次ぐ第四の経済勢力で、オープンカラー・ワーカーとも呼ばれ、「生活と仕事を両立させる新しい機会」の探求と、新しいワークスタイルとしての「ワーキング・フロム・ホーム」の追求を特徴としている。経営形態も家業（家族経営）ではなく個業（自身の仕事）であり、サラリーマン時代の専門的な知識や技術、感性などを資源とした自己雇用（セルフエンプロイド）のフリーランスが少なくない。詳しくは、鎌田（1998）を参照。

（9）以下の事例分析は、注（7）と同じ。

（10）詳しくは、J・D・クランボルツ A・S・レヴィン（2005）、所（2008）を参照。

(11) この点に関連して、日本商工会議所（1998: 61）で、「小規模企業におけるインターネット活用事例」として掲載されているM社の事例は、当時の〝ＳＯＨＯと高学歴女性の起業〟を代表する典型的な事例といえよう。

(12) 近年における〝中小企業と在宅ワーク〟の関係については、村上義昭（2012.2）を参照。

(13) 事例の詳細は、JNEWS LETTER（2006.2.18）を参照。

(14) 産業構造のシフトとものづくりの変容については、文化型中小企業のビジネスモデルとクリエイティブ人材の関係を扱った鎌田（2011）を参照。

(15) プロレタリアートやオーガニゼーション・マン（ホワイトの概念、組織のなかの人間）は資本主義社会の典型的な労働者を表象している。しかし、そのほとんどは男性で、階級と大組織のために個性や個人的な目的を押し殺した没個性的な人間類型である。そこでは、個性より階級意識や会社意識が、あるいは個人の自己表現より集団の調和が重視されている。その結果、二〇世紀の産業社会では会社と労働者・社員の関係は本質的には変化していない。それに比べ、フリーランスや新しい自営業の台頭はより深化したワーキングスタイルを創造する可能性を秘めていると推察される。

(16) 事例の詳細は、JNEWS LETTER（2011.5.4）を参照。

(17) 新設開業の量的縮小（開業率の低下）は、リーマンショックなどを契機にした経済不況の影響も無関係ではないが、十数年前から日本の起業活動の水準は先進国の中で最も低いグループに留まっている（日本の総合起業活動指数は3・23、調査対象国・地域のうち最下位から二番目）。「グローバル・アントレプレナーシップ・モニター（Global Entrepreneurship Monitor：ＧＥＭ）」調査（2010）（平成二二年）データ。

文献

R・フロリダ 井口典夫訳 2008『クリエイティブ資本論――新たな経済階級の台頭』ダイヤモンド社.
S・ゴーディン 神田昌典監訳 2011『「新しい働き方」ができる人の時代』三笠書房.
L・グラットン 池村千秋訳 2012『ワーク・シフト――孤独と貧困から自由になる働き方の未来図〈2025〉』プレジデント社.
出井伸之 2011「「都市OS」イノベーションが崖っぷち・日本を救う」『PRESIDENT』10月号：108-11.
JNEWS LETTER 2006.2.18「サラリーマンからフリーランスへと転身するプロの中間管理職」.
JNEWS LETTER 2011.5.4「世界で増えるコワーカーの就労スタイルと価値観」.
鎌田彰仁 1998「中小企業の開業と新しい自営業―労働＝起業新時代の社会学的分析」金谷貞夫編『エレメンタル中小企業（新版）』英創 37-58.
鎌田彰仁 2004「SOHOの存立基盤と労働世界―必要なネットワーク支援」佐藤博樹編著『変わる働き方とキャリア・デザイン』勁草書房 35-56.
鎌田彰仁 2011「文化型中小企業のビジネスモデルと発展戦略」茨城大学『社会科学論集』52：17-49.
金井壽宏 2002『働くひとのためのキャリア・デザイン』PHP新書.
川喜多喬 2009『人材育成とキャリアデザイン支援――人材マネジメントの基本哲学』労働新聞社.
駒崎弘樹 2007『「社会を変える」を仕事にする――社会起業家という生き方』英治出版.
厚生労働省 2010『個人請負型就業者に関する研究会報告書』.
J・D・クランボルツ A・S・レヴィン 花田光世ほか訳 2005『その幸運は偶然ではないんです！』ダイヤモンド社.

工藤啓 2011『ＮＰＯで働く――「社会の課題」を解決する仕事』東洋経済新報社.
三島重顕 2006「フリー・エージェントの分類と動向――労働者の視点から」京都大学『経済論叢』177(1):34-55.
森健 2011『勤めないという生き方』メディアファクトリー.
村上義昭 2012.2「在宅ワーカーを活用する中小企業」日本政策金融公庫『調査月報』41(610):4-15.
中嶋邦夫 2010「注目される国勢調査の結果」『NLI Research institute REPORT』November:2-3.
日本経済新聞 2004.5.6「元リクルートの三人がＮＰＯ設立―業務請負人の生き方伝導」.
日本経済新聞 2011.9.5「40代惑いの10年（上）『君に仕事を用意できない』」.
日本政策金融公庫総合研究所 2010『新規開業白書〈二〇一〇年版〉』中小企業リサーチセンター.
日本商工会議所 1998『情報化に対応する小規模企業――小規模企業の情報化の現状と情報化支援のあり方』（平成９年度中小企業庁委託小規模事業対策調査研究報告）.
日本商工会議所 2010『先輩たちの創業塾・経営革新塾活用事例集』.
日本商工会議所 2011『創業・経営革新の二十事例が示す成功へのヒント』.
大沢真知子 2008『ワークライフシナジー――生活と仕事の〝相互作用〟が変える企業社会』岩波書店.
Ｄ・ピンク 池村千秋・玄田有史訳 2002『フリーエージェント社会の到来』ダイヤモンド社.
佐藤博樹 2012『人材活用進化論』日本経済新聞社.
関島康雄 2006『組織内一人親方のすすめ――プロ人材に自分で育つ方法』日本経団連出版.
嶋﨑尚子 2008『ライフコースの社会学』学文社.
高橋俊介 2006『キャリアショック――どうすればアナタは自分でキャリアを切り開けるのか？』ソフトバンク社.

田澤拓也 2004『サラリーマン、やめました――脱サラ戦士たちの「それから」』小学館.
所由紀 2008『偶キャリ。――「偶然」からキャリアをつくる』経済界.
鶴光太郎・樋口美雄・水町勇一郎編著 2011『非正規雇用改革――日本の働き方をいかに変えるか』日本評論社.
宇田忠司 2007「境界のないキャリア概念の展開と課題」北海道大学『経済学研究』57(1)：63–84.
上田信一郎 2011『サードジョブ――公務員でも会社員でもない第三の就職ガイド』講談社.
ワークス研究所 2011『成熟期のパラダイムシフト――二〇二〇年の〈働く〉を展望する』リクルート.
八代尚宏 2011『新自由主義の復権――日本経済はなぜ停滞しているのか』中公新書.

5　サラリーマンマンガにみる男女のライフコース
――『島耕作』『サラリーマン金太郎』シリーズからの考察

石黒　久仁子
ピーター・マタンレ

1　メディアが描く男女のライフコース

二〇一〇年に入り中国に第二位の座を譲ったとはいえ、日本は戦後目覚ましく発展した結果、経済大国のひとつとなった。こうした日本の成長を牽引してきたのは、紛れもなくさまざまな産業と個々の企業であり、その成長が人々の生活水準の向上に与えた功績は非常に大きい。

経済・ビジネスの領域では、企業の成長過程で男性中心の組織体制と、ジェンダー関係や性差による役割の違いが堅固に形づくられてきた。このようなジェンダー関係は企業組織だけでなく、社会制度、政治、人々の価値観や規範などを通して、日常生活のさまざまな場面で個人の生活や生き方に影響を与えてきた。男性は稼ぎ主として外で働き、女性は専業主婦として家庭において男性を支える役割を担うという、標準的ライフコースができあがった（本書1章嶋崎論文参照）。

戦後の経済成長から一九八〇年代のバブル期まで、一九七〇年代のオイルショックなどの落ち込みはあるものの、経済成長を続けてきた日本社会では、成人して働く男性の生き方の典型として〝サラリーマン〟がモデル化された。一九八〇年代以降、とりわけ女性の人生においては〝多様化〟言説が出現してきた一方で、男性サラリーマンモデルは保持され、そのライフコースからの逸脱や脱落が人々の意識に上ることは多いものの、学卒後定年を迎えるまで働き続ける男性の標準的ライフコースに、いまだ大きな変化はないと思われる。

そして、企業組織内の男性サラリーマンと彼らの生き方やジェンダー関係は、テレビ、雑誌、コミック誌をはじめとするさまざまなメディアで頻繁に描かれてきた。そのひとつが〝サラリーマンマンガ〟として青年コミック誌に掲載されている作品群であり、長期間にわたり多くの読者を獲得してきた(1)。

本章では、このように幅広い読者層をもつサラリーマンマンガの代表作である『島耕作』、『サラリーマン金太郎』シリーズに着目し、一九八〇年代から今日まで変化する経済・社会の中で、どのように男女のキャラクターと生き方、彼らを取り巻く組織・人物・出来事が描かれてきたかを分析するとともに、サラリーマンマンガがいかに日本の企業社会の変遷を反映し、企業組織におけるジェンダー関係や規範を伝達し、読者層である男性サラリーマンの生き方やアイデンティティに影響を与えてきたかを考察する(2)。

2　日本におけるライフコース・労働とジェンダー

2.1　ライフコースとジェンダー

日本の男女のライフコースについて考えるとき、男性と女性の大きな相違は明確である。男性に比べて女性のライフコースの多様化や変化に注目が集まるのは、女性にとって結婚、出産、子育てなどが、職業キャリアと両立の難しいライフイベントとしてとらえられ、性別役割分業の明確な社会でこれらが位置づけられてきたことに関係する。また、一九九〇年代から少子化問題の重要性・緊急性が叫ばれ、個々の女性の生き方が国の将来に直接関係するアジェンダとして結びついている。

さらに、一九八六年に男女雇用機会均等法が施行され、女性の就業拡大の動きと同時に、これまでの結婚・出産イコール退職という標準化されたライフコースのほかに、さまざまな選択肢が女性に提示され始めている。加えて、女性が一生の間に産む子どもの数の劇的な減少と平均寿命の伸びは、従前までは結婚し末子を育て上げると同時にその一生を終えていた過去の女性に比べると、出産・子育てに取られない期間を飛躍的に増加させ、必然的にそれら期間をいかに使っていくかという選択を女性に迫っていると考えられる（図5・1参照）(3)。

また、日本社会で特徴的とされる女性の労働力率のM字カーブは、就業を継続する女性の増加によりM字の底が年々上に上がり、加えて晩婚化や出産年齢の高齢化により女性が労働力から一時的に離脱する年齢層は上がってはいるものの、男性と同じ台形を示すには未だに至っていない。

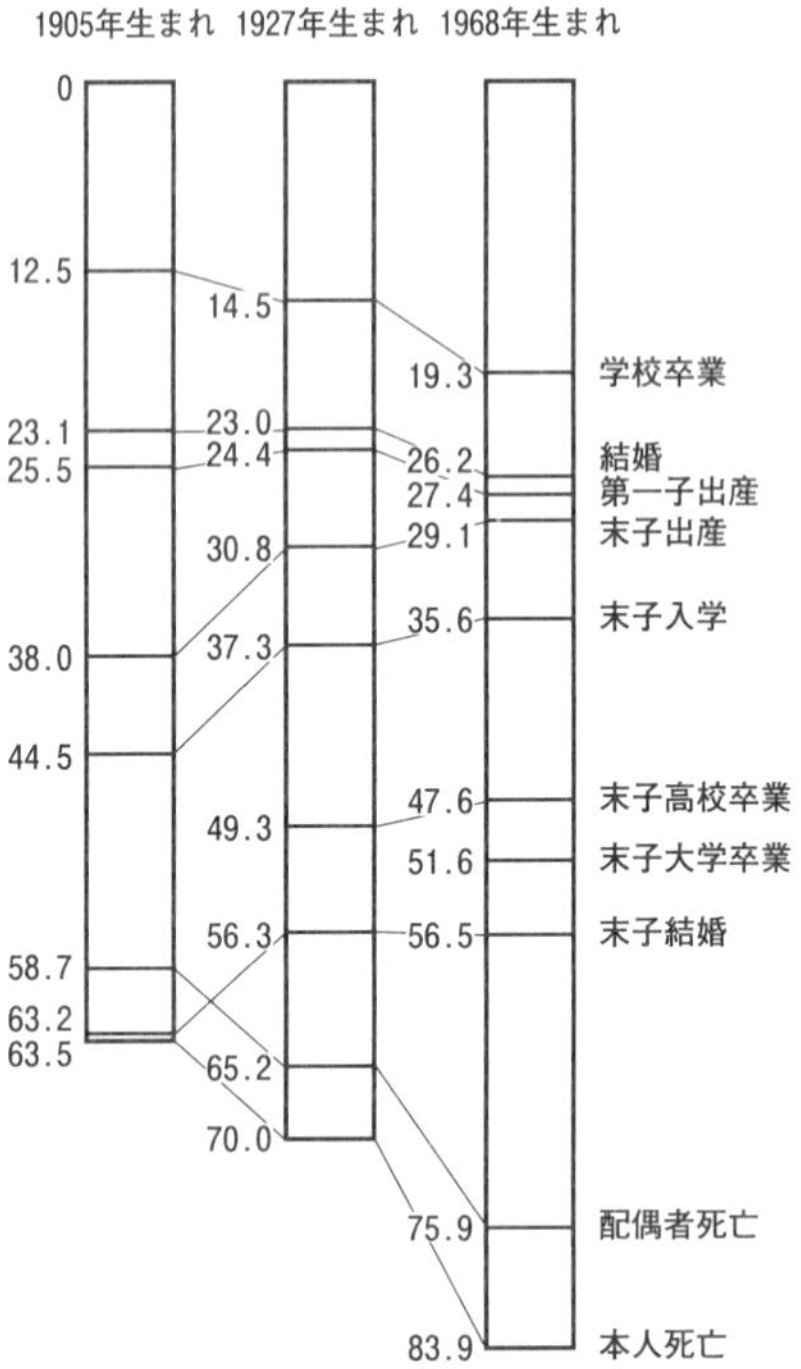

図5.1　女性のライフコースの変化
（出典）21世紀職業財団（2001）より作成

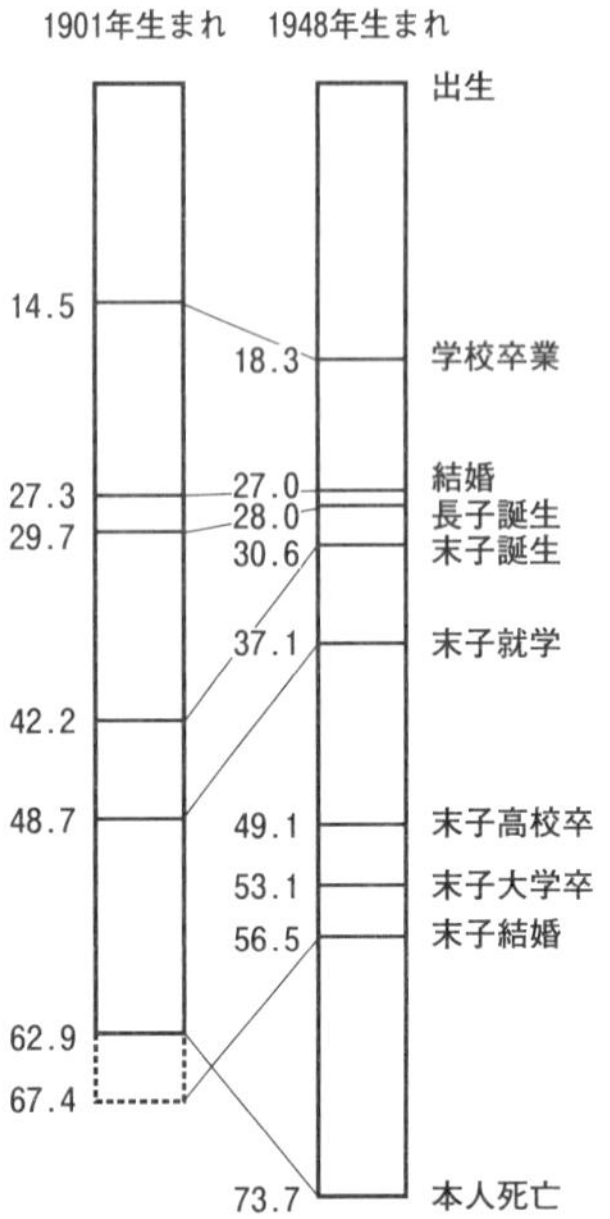

図5.2　男性のライフコースの変化
（注）石川実（1993: 32）から一部抜粋して作成された図である
（出典）多賀（2006: 152）

一方男性のライフコースに目を向けると、上述のように男性は学校卒業と同時に勤務を始め、定年まで職業キャリアを中心にするため、キャリアの中断などはなく、結婚や子どもの誕生によってキャリアに大きな変化がみられないのが一般的であった。このようなライフコースは、高度経済成長期にかけての雇用労働者の増加により、より顕著になってきた(4)。

このような男性のキャリア形成の特徴には大きな変化はないものの、平均寿命の伸びは、定年後の〝第二の人生〟を長くする。加えて図5・2が示すように、明治生まれの男性であれば末子の結婚は自身の死亡後でさえあったが、平均寿命の伸びと子ども数の減少は、男性も女性同様、子どもの養育の必要のなくなった人生を経験する期間が長くなることを示している。

なお、平均寿命の伸びと社会保障のバランスと少子高齢化の影響から、一九九八（平成一〇）年に60歳以上の定年制が義務化されたのに加え、二〇一三（平成二五）年からは定年が65歳となることが義務づけられる（労働政策研究・研修機構 2012: 日本経済新聞社 2012. 8. 28）。〝第二の人生〟のさらなる伸びは抑えられるものの、逆に働く期間が延び、男女のライフコースも今後変化せざるをえないものと思われる。

2.2　労働とジェンダー

雇用労働の場に目を向けると、労働年齢人口における労働力率は男性が71・6％、女性が48・5％（うち就業者は男性94・6％、女性95・7％）で、女性の割合は男性に比べる低い数値を示している（総務省統計局 2011）。また、徐々に向上してはいるものの、依然低い女性の地位が概観できる。全国の産業において役職に占める女性の割合をみると、二〇一〇年の部長・課長・係長職はそれぞれ4・2％、7・0％、13・7％であり、企業内部においてマネジメントは男性が依然その中心を占めている（図5・3上）。給与水準を役職別にみた場合も、どの職位においても女性のほうが低く、男性の給与の8～9割の水準となっている（図5・3下。以上、石黒 2012: 105–6）。

雇用のさらに深い問題が、非正規の職員・従業員の割合である。雇用者に占める非正規の職員・従業員は男女共に年々増加しているが、女性においては雇用者の半数以上を非正規の職員・従業員が占めて

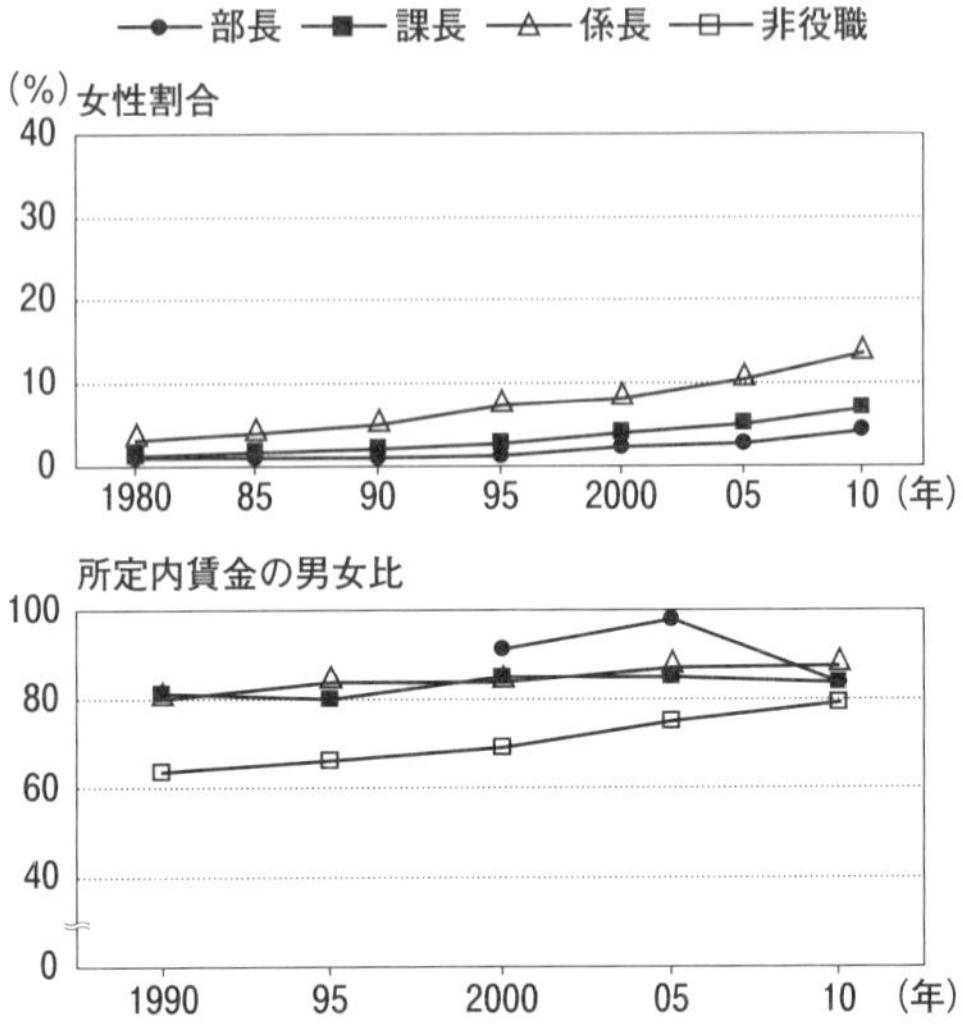

図5.3 役職別女性割合と給与水準男女比の推移

(注) 産業計，企業規模100人以上計。部長級，課長級，係長級，非役職の4分類。所定内賃金は月額，男性を100としたときの女性の値

(資料) 厚生労働省『賃金構造統計基本調査』各年　(出典) 石黒 (2012: 105) より作成

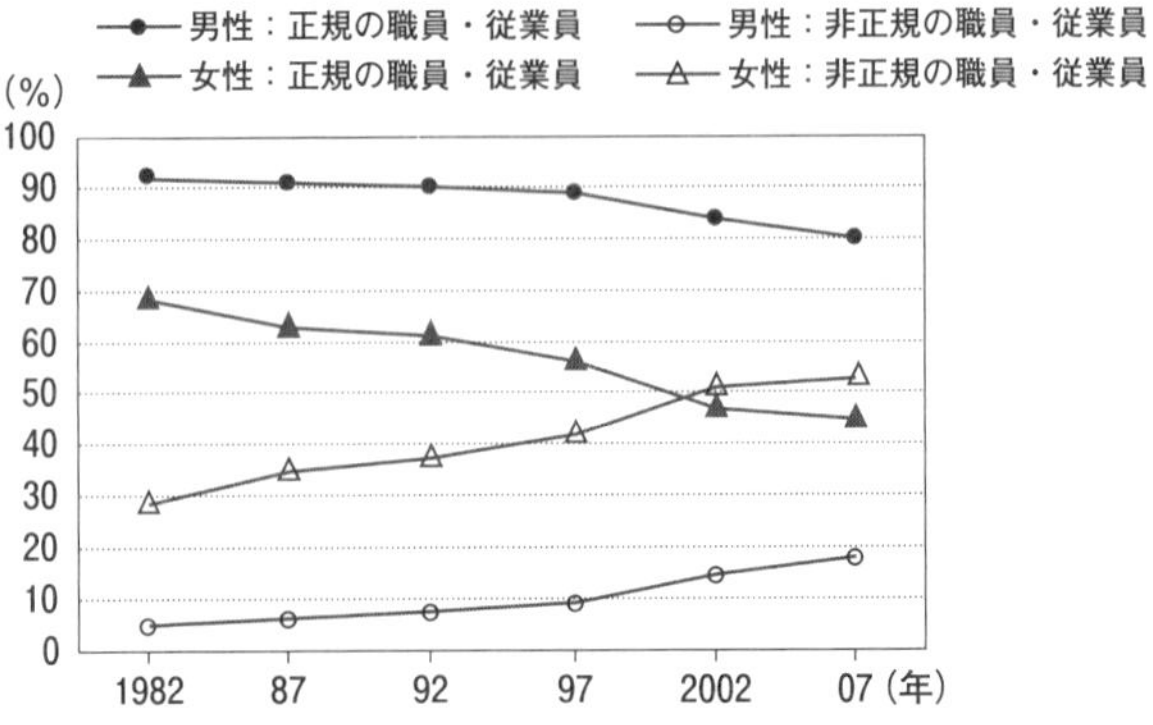

図5.4 雇用者の男女別正規・非正規割合の推移

(注) 非正規はアルバイト，パートタイム，契約，派遣，嘱託の職員・従業員の合計

(資料) 総務省統計局『就業構造基本調査時系列表』(2007) より作成

いるのが実情である（図5・4）。正規・非正規の身分の差は、多くの場合給与のみならず雇用契約の期間や社会保障など、さまざまな分野で格差を生みだしており、この点においても依然として男女差が強く存在している（Ishiguro 2008）。

日本企業でこのようにポジションや処遇に男女差が存在してきたことにさまざまな説明がなされているが、大沢が指摘するように、構造的に日本社会は男性本位の大企業中心社会であり、社会保障システム、税制なども企業中心主義としてつくり上げられてきている（大沢 1993）。実際一九八〇年代中盤まで、多くの企業では性別雇用管理が実施されており、女性の勤続年数は概して低く、〝寿退社〟などに表現されるように、結婚と同時に退職する慣行は広く浸透しており、定年も女性は男性より早く設定されている企業もあった。

一九八六年の男女雇用機会均等法施行を受け、女性に対しても男性と同じ機会を与えるべく企業の雇用管理も変更を迫られたが、均等法施行前後から、社員を一般に転勤の可能性を伴い管理職まで進むキャリアコースと、転勤を伴わずキャリアの展開にも限界のある一般職コースに分かれる〝コース別人事管理制度〟が登場し始めた。コース別人事管理制度は、女性の一部に対して新たなキャリア形成への機会を与えたものの、男性は総合職、女性は一般職というように、フォーマルなかたちで性別雇用管理を制度化したとの批判を多く受けている（木本 2003: 40; Broadbent 2003: 44-5）。

以来、雇用機会均等法は一九九九年、二〇〇七年と改正を重ね、不完全であると批判を浴びた努力規定であった、募集・採用、配置・昇進・教育訓練の女性労働者に対する差別を禁止、男女双方に対する差別の禁止、間接差別の禁止、妊娠等を理由とする不利益取扱いの禁止、セクシャルハラスメント対策の強化などの項目が盛り込まれるようになった（日本労働研究機構 1998：厚生労働省 2007）。また、一九九九年には男女共同参画社会基本法が施行され、男女が等しい機会を得て生きていく社会の創造を目指している。しかし上述のデータが示すように、ジェンダー間分離がなされた雇用の現場の状況が改善されたとはいえず、日本の企業組織からジェンダーによるさまざまな差異が消え去るまでには、まだ相当の時間がかかると考えられる。

3　日本のサラリーマンマンガ

3.1　マンガとコミック誌

本稿で取り上げるサラリーマンマンガは、多くの場合週刊コミック誌に連載され、書店、キヨスク、コンビニエンスストアなどで幅広く販売されている。日本のマンガ（コミック）は若年層ばかりでなく、少年・少女、青年・レディス・成年など、異なる性別・年齢層を対象にして、いくつもの種類の雑誌が発行されている（全国出版協会出版科学研究所（以下、出版科学研究所と略す）2011：222）。コミック（コミック誌＋後述のコミックス）は戦後日本の巨大文化産業のひとつであり、一九六〇年代には国内映画産業の売上を追い越し、一九九〇年代までに映画の興行収入の3倍の売上に至った（同上、日本映画製作者連盟）。一九九五年には売上のピークを迎え、その金額は５８６４億円に上った（同上217：Kinsella 1999）。

人気マンガはその後単行本（コミックス）として売られ、二〇〇五年からはコミック誌を超える売上を上げ、主流の消費の形になっている。コミックスとコミック誌の推定販売金額の比率は二〇一〇年に56・6対43・4、推定販売部数は45・6対54・4となり、出版物全体（書籍・雑誌合計）におけるコミック全体の販売金額占有率は21・8％、販売部数でも35・8％と、相当のシェアを有していることが概観される（出版科学研究所 2011: 217-8）。

サラリーマンマンガがしばしば掲載される青年コミック誌に注目してみると、上記の出版全体のトレンド同様、下降傾向はあるものの、コミック誌の中で占める割合は二〇一〇年には34・7％と非常に高い（出版科学研究所 2011: 222）。以上のように、マンガは広い読者層を持ち、発行される書籍・雑誌の中で高いシェアを保ち、人々の生活に密接に入り込んでいる様子がうかがえる。

毎日新聞社による第六四回読書世論調査（2011）によると、メディアに使う1日の平均時間の男女全体では、書籍・雑誌に割く時間はテレビに次いで多く、また、1ヵ月に読む（見る）書籍・DVD等の平均冊・本数をみても、週刊誌・マンガ本とも高い値を記録している（毎日新聞東京本社 2011: 19, 21）（表5・1）。

五年おきに実施されているNHK放送文化研究所の調査によると、〝欠かせないコミュニケーション〟行動の中で「マンガ・劇画を読む」は一一位であり、他の項目に比べて少ないものの、その割合は一九八三年から徐々に増加している（NHK放送文化研究所 2010: 178）（表5・2）。

では実際にどのような雑誌が多く読まれているのだろうか。先の読書世論調査（毎日新聞東京本社 2011: 24）において、男女とも調査前1ヵ月に読んだことのある週刊誌の上位25位に、5冊のコミック誌が入っている。これらのコミック誌は一般的には男性向けとされ、実際に男性の間で順位と割合は高

表5.1　読書世論調査

メディアに使う1日平均時間
（全体の平均，2010年）

書籍・雑誌	49分
新聞	34
ラジオ	49
テレビ	186
インターネット	45
合計	363

（出典）毎日新聞東京本社（2011：19）より抜粋

1ヵ月に読む（見る）書籍・DVD等の平均冊・本数（同上）

単行本	0.8冊
文庫新書	0.6
週刊誌	1.0
月刊誌	0.7
マンガ本	0.9
ビデオDVD	1.5本

（出典）同上（2011：21）より抜粋

表5.2　欠かせないコミュニケーション
（「欠かせない」の多い順，複数回答，全体，2008年）

テレビを見る
家族と話をする
新聞を読む
友達と話をする
携帯電話を使う
本を読む
インターネットを利用する
ラジオを聞く
CDやMD（レコードやテープ）を聞く
雑誌を読む（マンガ雑誌を除く）
マンガ・劇画を読む

（出典）NHK放送文化研究所（2010：178）より抜粋

表5.3　1ヵ月に読んだことのある週刊誌
（上位順，男女計，2010年）

6位	週刊少年ジャンプ	集英社
12位	週刊少年マガジン	講談社
17位	週刊少年サンデー	小学館
23位	週刊ビッグコミックスピリッツ	小学館
23位	週刊モーニング	講談社

（出典）同右（2011：24）より抜粋

いが、女性の読者も皆無でない点は興味深い（回答者は2777名、男性48％、女性52％、10代後半～70代以上、居住地域は町村部、大・中・小都市）（表5・3）。

3.2 『島耕作』『サラリーマン金太郎』シリーズ

本稿で取り上げる『島耕作』『サラリーマン金太郎』シリーズは、それぞれ『週刊モーニング』（講談社）『週刊ヤングジャンプ』（集英社）などに連載として掲載されているシリーズである。先にみたように、両作品が掲載されている青年コミック誌は、少年向けコミック誌と並んでコミック誌の主流であり、幅広い年齢層に読まれている。

本章で取り上げる二作品は、長い連載の中で主人公自身が歳を重ねキャリアを築いていく。両作品とも、アニメーション、実写ドラマ、映画として異なるメディア商品に派生し、多くの読者・視聴者・観客の目に触れている。一つは『島耕作』シリーズ（弘兼 1985〜現在）で、一九八三年に『係長 島耕作』のタイトルで、『週刊モーニング』の前身『コミックモーニング』に登場し（講談社 2011）、その後『週刊モーニング』誌上で『課長島耕作』としてシリーズスタート（一九八三年）、その後『部長』『取締役』『常務』『専務』『社長』と続いていく。コミックスは講談社より62巻既刊である。『イブニング』（隔週、講談社）誌上では、『ヤング』『係長』と、課長以前の島耕作の姿も描かれている。

一方、『サラリーマン金太郎』（本宮 1994〜現在）シリーズは、一九九四年より『週刊ヤングジャンプ』に連載され、コミック本は『サラリーマン金太郎』全30巻、『マネーウォーズ編』全5巻、『新サラリーマン金太郎』7巻が集英社より既刊である（データは二〇一二年現在、作品年はコミックス出版年。以下同）。

次に、『島耕作』『サラリーマン金太郎』シリーズに表象される男女の生き方の事例から、日本の企業社会における男女別のライフコースのパターンについて検討していきたい。

両作品ではグローバリゼーションの真っただなかで奮闘するサラリーマン男性と、彼らを取り巻く女性たちが描かれる。そこでは日本経済の動向や業界の最前線がすばやくフィクション化されているが、ジェンダー関係に注目すると、キャラクターの発言や行動が現実のジェンダー化された組織や社会における価値観や規範であるかのように表象される。両作品シリーズが代表するサラリーマンマンガは、日本のポピュラー・カルチャーの人気ジャンルとして定着し、男性読者の強いコミットメントを獲得しつづけている。

4 『島耕作』と『サラリーマン金太郎』にみる男女の生き方

4.1 出世の階段を上るサラリーマン男性　島耕作

一九八三年にスタートした弘兼憲史の『島耕作』シリーズ（講談社）は、一連のシリーズとしては最長のサラリーマンマンガである。『課長島耕作』の主人公島耕作は34歳の電器機器メーカー宣伝課係長として登場、課長の内示を受けて以降、出世の階段（キャリアラダー）を上り、二〇〇八年六月には社長となる。組織に反抗するが礼儀正しく、リーダーの素養をそなえ、国際派でワーカホリックのマネージャー、島耕作は、忠誠心、チームワーク、自己犠牲など、サラリーマンの規範を体現して着実に出世を実現していく。

島は一九七〇年に大学卒業後、初芝電器産業に入社、シリーズの始まった一九八三年に宣伝課長に昇進し、一九八〇年代の日本の経済や企業を取り巻く環境の変化と共にさまざまな経験をしながらキャリアラダーを着実に上がっていく。課長昇進時から宣伝畑を歩いていく島であるが、一九八五年にアメリカ、一九九〇年にフィリピンと、海外勤務を経験しながら、入社二二年目には部長に昇進する。以降、初販売会社の社長、海外担当役員などを経て、二〇〇八年、初芝五洋ホールディングス設立にあたり、初代代表取締役社長に就任する（図5・5）。入社から数えて三八年目、コミックの連載が始まってから二五年目である。

一方、島の私生活を見るとスタート当初は一緒に暮らしていた妻は島にあまり興味を示さず、島の二

図5.5　『専務島耕作５』初芝五洋ホールディングス初代社長就任会見場面
（出典）弘兼（2008: 180–1）　© Kensi Hirokane 2008

ユーヨーク勤務にも同行を拒む。本シリーズは初回から島の女性関係が多く描かれるが、その後妻と離婚、若い部下との関係、婚外子をもうけるなど、彼の私生活は安定した結婚生活とは無縁であった。

　このように、サラリーマンとして理想的なキャリアを歩んでいるものの、それを支える妻や家庭が存在しない島の人生は、日本における典型的な男性稼ぎ主モデルとは異なり、独特で強烈な個性に支えられている。島のハードワークは、平凡な一サラリーマンをはるかに超える人生につながっていく（*Economist* 2008）。

　『島耕作』シリーズはその時々の経済状況、ビジネス環境、政治とビジネスの結びつきなどをいち早くリアルタイムに取り上げている。その裏には、作者の丹念な取材と作品に込めた熱いメッセージ、すなわち日々組織で奮闘する企業人（サラリーマン、マネジャー）こそが自らのビジネスと日本経済を再興させなくてはならないという思いがある。たとえば、東日本大震災が発生した二〇一一年三月以降、島は被災地に飛び、震災のダメージやビジネスの復興に尽力する（『社長島耕作10』）。『島耕作』シリーズは、一般のビジネス書や経営学の教科書ではとらえきれない、組織とそこで働く人々にとって切実な出来事、人物、微妙な心理をリアルに描写し、男性読者の圧倒的支持を集めてきたといえる。

4.2 型破りなサラリーマン男性 『サラリーマン金太郎』

一方、本宮ひろ志『サラリーマン金太郎』（集英社）は島に十年遅れて、一九九四年に連載が始まり、一九九〇年代から二〇〇〇年代を舞台として、ファンタジーと現実の企業組織の出来事を組み合わせた、日本的な繊細さをうかがわせる作品となっている。主人公の矢島金太郎は高校中退でかつて暴走族のリーダーであったが、漁師となり早世した妻明美との間に生まれた竜太を育てあげる。金太郎は漁に出た際に大手建設会社の会長を救い、ここからサラリーマンとしての人生が始まる。

シリーズ本編（1994~2002）では、金太郎は一九九〇年代の建設業界の非道な世界と汚職にあふれる内部の敵と戦い、第二シリーズ「マネーウォーズ編」（2006）では、アメリカの投資銀行の日本支社に勤務し、日本の組織に入り込む新自由主義的ファイナンシャル・キャピタルと日々戦う。最新シリーズの「新サラリーマン金太郎編」（2009~現在）では、金太郎は当初建設会社の倒産を救い社長に就くが、その後脱税疑惑で実刑判決を受け、一年後に出所、その後存続が危うい大手総合出版社で社長とし

図5.6　『新サラリーマン金太郎６』出版社役員会議の場面　（出典）本宮（2011: 38-9）

て経営立て直しを図っていく（図５・６）。

金太郎はストーリーの早い段階で後述の美鈴と結婚し、明美との息子竜太と美鈴との間にできた娘美香との四人家族となる。女性たちからさまざまな誘惑はあるものの、金太郎は家族を大切にする。

金太郎は常に型破りな方法で周囲の人間に影響を与えモチベーションを上げさせていくが、作者は金太郎に以下のような発言をさせている。

おらあ根っからのサラリーマン人間だ
日本中のどんな会社だろうとオーナーなんてのはいつか消えていなくなるんだぜ
そうなったらどうなるんだよ?
サラリーマンの集合体で会社をやって行く
しかねえんだぞ
中心のどまん中にいる主人公は誰がなんと

言ったってサラリーマンだ
なら会社は他人事じゃねえだろう　それをよ…
定年が来りゃあ終わりだって冷めてんのやめようや
意見が合わなけりゃ合うまでぶん殴り合おうぜ…
会社に対してもっと熱を持ったっていいだろう（『新サラリーマン金太郎6』2011：38-40）

金太郎の例は、〝サラリーマン〟でありながら、その生き方は大きく逸脱している。それゆえに、標準化されたライフコースがメイン・ストリームとなり、生き方の多様性に乏しい現実の企業社会において、多くの男性読者の共感を得たのではないだろうか。

4.3　二作品の違いと共通点

二人の生き方と個性をみると、上述のように大きな違いがある。島耕作は都会的に洗練され、かつグローバルな展望に立つマネジャーとして、類まれなカリスマ性と性的な魅力に加え、清濁合わせ飲む懐の深さをも持ち合わせている。同じグループ企業の組織でキャリアラダーを一歩一歩上っていく様は、男性の標準化されたライフコースの理想像を見事に表象している。一方、島耕作とは対照的に、金太郎はばか正直で、つねに彼にとっての正義を求め、家族を大切にする男として描かれる。生い立ちからして複雑、組織を転々としながら、ドラマチックに企業トップに躍り出る破格の人生を歩んでいく。『島耕作』シリーズがあたかも現実世界で起こっているかのように仔細にわたって描かれるシリアスな作品であるのに比べ、『金太郎』シリーズはビジネスに関する題材を詳細に取り上げてはいるもののいささか現実離れしており、ユーモアが散りばめられたコミカルな作品である。『島耕作』では、組織のキャリアラダーと女性たちとの私生活が中心を占めるのに対し、金太郎はサラリーマン以前の経歴やその後のキャリアも普通のサラリーマンとはかけ離れた設定となっている。この点において、まったく異なるタイプではあるが、金太郎もまた〝サラリーマン〟として特異な人生を送るのである。

両作品に共通するのは、サラリーマンが日々直面する問題をどのように認識し、どのように対処すればよいのかという行動指針を示していることである。その意味で、これら二作品は娯楽としての位置づけを超えて、日本の社会、企業組織の変化を分析してサラリーマン読者に伝えるビジネス教育書の役割を果たしているのではないか。

4.4　島耕作と金太郎に登場する女性たち

前節で概観したように、島と金太郎は非常に明快な男性のライフコース事例を提示している。しかし両作品に登場する女性たちは両主人公の私生活と人生に大きく関わってはいるものの、ビジネスと企業組織において中心的役割を担うことはなく、日本女性の標準的ライフコースを想起させる。

『島耕作』シリーズにおいて、基本的にマネジャーは男性であり、女性社員は多くはOLとして、もしくは非常に有能な場合でも、島と関係をもちながら重要な場面で島に助け舟を出す補佐的な役割にすぎない。これが『島耕作』シリーズにみる男性と女性の普遍的な関係を象徴している。この点は『金太郎』も同様で、女性は組織では補助的な仕事、家庭では家族の面倒を見、独身女性は若くうぶで従順、つねに結婚相手を求めている、という伝統的な規範と価値観に則って描かれている。

『サラリーマン金太郎』シリーズには、二人の非常に異なるタイプの女性、末永美鈴とジャネット・テイラーが登場する。この二人の生き方、キャラクター、行動を通して、日本の企業組織を取り巻くグローバル化への対応と、変わることのない固定的な女性の位置づけをみることができる。

末永美鈴は第一シリーズで銀座のホステスバーのオーナーであり〝典型的な日本女性〟として登場する（『サラリーマン金太郎13』）。美鈴は大物政治家の元愛人であり、リッチで自信に満ち、豊富な人的ネットワークをもつ。優美な着物姿で性的魅力をそなえ、男性客に誘惑的な態度で接する。その後のストーリー展開においても、日本女性としての伝統的な美徳と立居振舞いを保っている。

美鈴と金太郎は恋に落ち、金太郎は彼女にプロポーズするが、彼は美鈴が仕事を一切辞めることを結婚の条件とする。美鈴が女性企業家から夫に尽くす妻に変身していく様子が、新婚旅行で二人がハワイに到着し、美鈴の所有する大きなコンドミニアムを見た時の二人の会話の例によく表れている（図5・7）。

金太郎　こんな生活持ってる女が全部捨てて
　　俺なんかと一緒になって…本当に2DKでやってけるのかよ
美鈴　大丈夫……私はあなたとなら……普通の女になれるから（『サラリーマン金太郎13』1997：41）

また、二人の関係には社会や家庭における男女の異なる役割と規範が描かれている。たとえば、アラ

図5.7　『サラリーマン金太郎13』美鈴との新婚旅行の場面　（出典）本宮（1997: 40-1）

ブから戻ってきた金太郎に、美鈴は以下のように声をかける。

美鈴　普通は仕事なんて楽しめない
否が応もなく
生活の為家庭を守る為に働く人がほとんどだもん
金ちゃんはそれを気持ちよく戦ってきた
しかもたいてい勝ってきたもの
休みなよ……
世の中の常識なんてどうでもいいわよ
やる気もないのに生活の為になんか働かなくていいんじゃない……
金太郎　あきらめきれねえから
苦しいんだ……
美鈴　男って……　大変だねえ…
（『新サラリーマン金太郎1』2009: 20-1）

一方、『マネーウォーズ編プロローグ』（2006）から登場するジャネット・テイラーは、美鈴とは対照的である。彼女は美鈴と同じように美しく、リッチで自立した有能な女性である。しかし謙虚さ、陽気さ、ユーモアに欠け、計算高く妥協を許さない、情け容赦のないキャラクターの持ち主である。シリーズの冒頭で金太郎は、ジャネットを〝典型的なアメリカ女〟と読者に向かって毒づいている。

ジャネットに「私ね、日本の男って一度も経験がないのよ（……）今晩私と寝なさい……」と命令された翌日、金太郎は取引で大きな穴をあけてしまった上司を助けるため、ジャネットと五〇億円の資金を元手に株の取引で勝負をするが、大敗してしまう。ジャネットに求められるまま、金太郎は彼女に土下座し、ハイヒールを舐める。ジャネットは、「矢島金太郎は……土下座をし　プライドを捨てられる日本サラリーマンの鑑だわ……」と高笑いをしながら去っていく。

純粋で忠誠心に満ち忍耐強く、正義のために戦う日本のサラリーマンの表象である金太郎と、冷たく、人を巧みに操り、高圧的なアメリカ女性であるジャネット・テイラーとの対抗的な関係は、日本の企業社会と外国企業の組織文化・環境の相違をも浮き彫りにしている。しかし、ストーリーの展開とともに、ジャネット・テイラーと金太郎は国・文化の違いを超えてお互いを理解していく。

4.5　典型としての男女のライフコース

以上のように、両作品は表現のしかたは異なるものの、日本のビジネスの変遷、サラリーマンの成功と苦闘、組織の運営や管理職の苦悩を丹念に描いている。一方、標準化された男女のライフコース――男性は組織に身を捧げ、昇進をめざして定年まで勤め上げ、女性はそのような男性を生涯支える――の描写を、過去二〜三十年変化させることなく貫いている。

前述のように、島耕作はバブル経済、日本企業の海外進出、バブル崩壊後の景気低迷と、過去三十年の日本社会と経済の変遷をすべて経験しているが、女性がビジネスの中心に出てくることはなく、そこに描かれるジェンダー関係に大きな変化は見受けられない。島と恋に落ちる若い女性たちは彼との恋愛が行き詰ってくると降伏するか、物語そのものから消え去ってしまう。金太郎も、一九九〇年代から現在までの激動の日本の経済を反映させているものの、ジェンダー関係は伝統的なステレオタイプを保っている。美鈴は、労働市場から撤退し、結婚や出産、子育てを通じて自己実現を達成するという女性のライフコースを示している。

また、ジャネット・テイラーと末永美鈴との対比は、日本対アメリカという近年のマネジメントにおいて重要なもうひとつの対抗軸を加える。ひとたび結婚すると、仕事を捨てて男性に従い依存する美鈴に対して、冷酷で情け容赦ないジャネット・テイラーは、日本企業には歓迎されざるアメリカ女性として描かれる。

ジャネットのキャラクターは、グローバリゼーションのもとで日本企業が本当は受け入れたくない価値観を凝縮して造形したとも考えられる。そして、日本の企業組織に好ましく、サラリーマン男性が憧れる規範的女性像を、美鈴のキャラクターから読み取ることができる。

このように一九八〇年代からの三十年、日本経済は変転し、企業のマネジメントもさまざまな変化を余儀なくされてきたが、両作品から読み取れる男女のライフコースは、大きく変化することなく、強固に保持されているといえる。

5　日本の企業社会と男女のライフコースのゆくえ

以上、本章では多くの読者を魅きつけ、長年連載を続けている代表的なサラリーマンマンガ作品の事例を参照しながら、男女のライフコースと企業組織におけるジェンダー関係について分析してきた。日本社会における男性のライフコースは、サラリーマンとして定年まで勤続する終身雇用モデルを基本とし、このモデルからの逸脱もしくは離脱は、日本の企業社会のメイン・ストリームからの離脱を意味し、多くの場合、経済的・社会的なダメージを伴う。

一方、女性のライフコースは一九八〇年代後半から多様化の兆しを見せているものの、依然として経済・ビジネスの中心に進出するまでの変化は遂げていない。「人生の多様化」言説は徐々に発展してきたものの、二〇〇〇年代前半に話題となった酒井順子の『負け犬の遠吠え』(2003)、小倉千加子の『結婚の条件』(2003) で描かれたように、職業キャリアでいかに成功しようとも、結婚・出産を経験することこそ女性の幸せであり、社会で最も〝認められる〟ライフコースであるとする考え方はいまだ根強いことが、本章で取り上げた二作品に登場する女性たちからもうかがわれる。

サラリーマンマンガも含めて多くのマンガの中心的テーマとなっているのは、アイデンティティや自己の存在意義であり、サラリーマンという男性登場人物の行動指針を形づくっている (Matanle et al. 2008; Dasgupta 2000; Gaens 2010)。すでに多くの研究者が指摘するように、完成物として消費者に届くメディアの作品は、直接・間接にさまざまな意味を包含している (Lipschutz 2010; Oatley 2002

：Hassard & Holliday 1998）。また、日本のマンガを取り巻く文化や社会を分析した研究者が指摘するように、日本においてマンガは娯楽を超え、時には社会的主張、行動様式の情報ソースや教育・批判のツールとなり、そして政府のポリシーを伝えるツールとしてさえ用いられている（Dasgupta 2009；Gaens 2010；Kinsella 2000；McCurry 2009；Terano et al. 2010）。

マンガは日本における男性のまなざしに基づいたジェンダー関係の構築に加担しており（Allison 2000）、サラリーマンマンガも例外ではない。人物像やストーリーが決定的な男性視点によって描かれることで、サラリーマン読者の共感を獲得し、そのようなマンガのリーディングは男性的アイデンティティの構築に重要な役割を果たしてきたのではないか（Dasgupta 2000, 2009；Gaens 2010）(5)。

『島耕作』『サラリーマン金太郎』はそれぞれ、男性読者が憧れるであろうキャラクターや人間性をもった魅力的な二人の企業人が主役ではあるが、彼らが組織や私生活で出会う女性たちを通じて、同時に女性の生き方の典型も映し出している。島耕作が登場してからすでに三十年、金太郎は二十年が経過した。本稿執筆中の二〇一二年、島は二五年前に知り合い、継続して男女の関係を続けていた大町久美子（45歳）の病気をきっかけに、64歳にして彼女と結婚する（弘兼 2012：173-88）。島の結婚は、彼を象徴としたサラリーマンの価値観の変化――仕事への邁進だけでなく、結婚という形の安定した家庭を築くことの重要性――を示しているのか、それとも64歳という年齢で、第一線で働く男性という役割を退く姿を描いているのか。島耕作と金太郎は、どのようなメッセージを働く男性・女性に投げかけ、男女のライフコースを表象していくか。今後の展開をさらにみていきたい。

付記　本稿は、Matanle, Peter, McCann, Leo & Ashmore, Darren, 2008, "Men Under Pressure: Representations of the 'Salaryman' and his Organization in Japanese Manga", *Organization*, 15(5), 639–664 ; Matanle, Peter, Ishiguro, Kuniko & McCann, Leo, "So That's a Typical American Woman!: Interpreting the Recursive Dynamics of Popular Culture and Organization in the Reproduction of Japan's Gendered Capitalism"（査読中）に新たなデータ、議論を加えて再構成したものである。

注

（1）働く女性や女性の目を通して描かれる組織や企業、働くことを題材にしたマンガ作品ももちろん存在する。たとえば、『島耕作』シリーズと同じ『週刊モーニング』に連載されている『働きマン』（安野 2004〜）は、女性主人公松方弘子の経験を通して、仕事について描かれた作品である。女性向けコミック誌にも、仕事や組織をテーマにした作品は数多く存在する。

（2）本章ではおもにクリティカル・ディスコース・アナリシス（Critical Discourse Analysis: CDA）の手法を参考にした。ＣＤＡは、言説（ディスコース）そのものが権力関係《パワー・リレーション》を生み再生産する社会・文化的慣行であるとする解釈的アプローチである（Fairclough 1995）。すなわちＣＤＡは、言説の中に埋め込まれ潜んでいる〝重要な関わり〟や、読者がそのような価値観や理解をもっている場合、表面には表れないであろう思想を見いだす（Janks 2002: Ingulsrud & Allen 2009）。ＣＤＡは社会構成主義の認識論に基づき、それらの言説の価値観や規範が自明で自然なものとして表現される効果によって、政治力《パワー》を発揮しながらいかに言説が社会的条件を強化していくかを分析していく（Fairclough 1995: Wodak 2001）。

　このように、ＣＤＡは社会の中で確立された慣行とそれを支える規範を理解するのにきわめて有用である。ＣＤＡでは記述、解釈、説明づけ、という三つの次元の分析が行われるが、それは言説の三つの次元、

(1)テキスト、(2)その生産と受容、(3)歴史社会的コンテクストと合致するのである（Janks 2002）。本章においては、(1)『島耕作』『サラリーマン金太郎』の内容分析、(2)コミックの出版と購読の動向、(3)日本における男女のライフコース、労働とジェンダーの概観を行う。

（3）政府統計などをみても、結婚、出産、就業継続の希望やその現実などを中心とした女性のライフコースに関する調査は数多くあるものの（国立社会保障・人口問題研究所 2011；内閣府 2006）、男性のライフコースの変化に注目するものは、近年の非正規労働の増加などに限定されている（岩井 2010）。

（4）男性のライフコースの変化、特に退職後の人生のあり方の変化については、多賀（2006）の研究を参照されたい。

（5）本稿は日本の例を取り上げたが、ポピュラー・カルチャーやサブ・カルチャーにおける仕事と組織の描写は、日本特有のものではなく、ジェンダー論、組織論、政治経済のさまざまな分野に関連することであり（Rhodes & Parker 2008: 628; Brottman 2005: xxi）、いくつかの研究が、現代社会におけるメディア・仕事・組織間の再帰的な相互作用を強調し始めたことからもうかがえる（Hassard & Holliday 1998; Lipschutz 2010: Rhodes & Parker 2008; Rhodes & Westwood 2008; Strangleman 2004）。人々の生活・ライフコースと組織の分析において、今後重要な役割を果たすと思われる。

文献

Allison, A., 2000, *Permitted and Prohibited Desires: Mothers, Comics and Censorship in Japan*, Berkeley: University of California Press.

安野モヨコ 2004～『働きマン』講談社モーニングKC.

Broadbent, K., 2003, *Women's Employment in Japan: The Experience of Part-time Workers*, London:

Routledge.

Brottman, M., 2005, *High Theory/Low Culture*, London: PalgraveMacmillan.

Dasgupta, R., 2000, "Performing Masculinity ? The 'Salaryman' at Work and Play," *Japanese Studies*, 20(2): 189-200.

———, 2009, "Salaryman Que(e)r(y)ings in Manga and Film," Paper Presented at the 4th Joint East Asian Studies Conference, Sheffield, UK.

Economist, 2008. 8. 7, "A Question of Character, What Kosaku Shima, Japan's most popular salaryman, says about Japanese business," http://www.economist.com/node/11880350?story_id=11880350 (2012. 12. 12).

Fairclough, N., 1995, *Critical Discourse Analysis: The Critical Study of Language*, London: Longman.

Gaens, B., 2010, "(R)emasculation of the Salaryman: Representations of Japanese White-Collar Employees in the Manga Shima Kōsaku," Iwatake, M. (ed.), *New Perspectives from Japan and China*, Helsinki: Renvall Institute.

Hassard, J. & R. Holliday, 1998, "Introduction," Hassard, J. & R. Holliday (eds.), *Organization-Representation: Work and Organizations in Popular Culture*, London: Sage.

弘兼憲史 1985～『課長島耕作』～『社長島耕作』講談社モーニングKC、『ヤング島耕作』『係長島耕作』講談社イブニングKC.

——— 2012『社長島耕作13』講談社モーニングKC.

Ingulsrud, J. E. & K. Allen, 2009, "Analyzing the 'Critical' in Media Control Discourse," *Critical Approaches to Discourse Analysis across Disciplines*, 3(1): 80-91.

Ishiguro, K., 2008, "Japanese Employment in Transformation: The Growing Number of Non-Regular

Workers," *Electronic Journal of Contemporary Japanese Studies*, available at http://www.japanesestudies.org.uk/articles/2008/Ishiguro.html.

石黒久仁子 2012「女性管理職のキャリア形成―事例からの考察」『GEMCジャーナル』7: 104-28.

石川実 1993「中年の社会学―アイデンティティ・クライシスと構造的脈絡」石川実・大村英昭・塩原勉編『ターミナル家族――家族のゆらぎと新たな起点』NTT出版 23-48.

岩井八郎 2010「戦後日本型ライフコースの変容―JGSS-2009 ライフコース調査の研究視角と予備的分析」*JGSS Research Series*, 7: 193-204.

Janks, H., 2002, "Critical Discourse Analysis as a Research Tool", Toolan, M. (ed.), *Critical Discourse Analysis: Critical Concepts in Linguistics IV*, London: Routledge.

木本喜美子 2003『女性労働とマネジメント』勁草書房.

Kinsella, S., 1999, "Pro-establishment Manga: Pop-culture and the Balance of Power in Japan," *Media, Culture & Society*, 21(4): 567-72.

――――, 2000, *Adult Manga: Culture and Power in Contemporary Japanese Society*, Honolulu: University of Hawaii Press.

講談社 2011「社長島耕作」http://morningmanga.com/lineup/show?id=32 (2012. 12. 20).

国立社会保障・人口問題研究所 2011『第14回出生動向基本調査』http://www.ipss.go.jp/ps-doukou/j/doukou14_s/doukou14_s.asp (2012. 4. 7).

厚生労働省 2007「改正男女雇用機会均等法の概要」www.mhlw.go.jp/houdou/2007/05/dl/h0530-3f.pdf (2011. 11. 26).

厚生労働省 各年『賃金構造基本統計調査』http://www.mhlw.go.jp/toukei/list/52-22.html (2011. 11. 26).

Lipschutz, R. D., 2010, *Political Economy, Capitalism, and Popular Culture*, Lanham, MD: Rowman and Littlefield.

毎日新聞東京本社 2011『読書世論調査　二〇一一年版』.

Matanle, P., L. McCann & D. Ashmore, 2008, "Men Under Pressure: Representations of the 'Salaryman' and his Organization in Japanese Manga," *Organization*, 15(5): 639-64.

Matanle, P., L. McCann & K. Ishiguro, "So That's a Typical American Woman!: Interpreting the Recursive Dynamics of Popular Culture and Organization in the Reproduction of Japan's Gendered Capitalism."

McCurry, J., 2009, "Japan Looks to Manga Comics to Rescue Ailing Economy," *The Guardian*, http://www.guardian.co.uk/world/2009/apr/10/japan-manga-anime-recession (2012. 12. 12).

本宮ひろ志 1994～『サラリーマン金太郎』『サラリーマン金太郎　マネー・ウォーズ編』『新サラリーマン金太郎』集英社ヤングジャンプコミックス.

内閣府 2006『国民生活白書平成18年版』http://www5.cao.go.jp/seikatsu/whitepaper/h18/10_pdf/01_honpen/index.html (2012. 4. 7).

NHK放送文化研究所 2010『現代日本人の意識構造 第7版』日本放送出版協会.

二一世紀職業財団 2001 "The Situation of Women in Japan," http://www.jiwe.or.jp/english/situation/situation2001.html (2003. 7. 28).

日本映画製作者連盟 各年『日本映画産業統計　過去データ一覧表』http://www.eiren.org/toukei/data.html (2012. 12. 26).

日本経済新聞社 2012. 8. 28「65歳まで雇用、企業身構え　義務付け法29日成立」http://www.nikkei.com/article/DGXNASDF2800Y_Y2A820C1EA2000/ (2012. 12. 20).

日本労働研究機構 1998「改正男女雇用機会均等法等の平成一一年四月施行に関する省令及び指針について」www.jil.go.jp/kisha/josei.980313_03_i/980313_03_i.html（2011. 11. 26）.

Oatley, K., 2002, "Emotions and the Story Worlds of Fiction," Green, M. C., J. J. Strange & T. C. Brock, (eds.), *Narrative Impact: Social and Cognitive Foundations*, London: Psychology Press.

———, 2011, *Such Stuff as Dreams: The Psychology of Fiction*, New York: John Wiley & Sons.

小倉千加子 2003『結婚の条件』朝日新聞社.

大沢真理 1993『企業中心社会を超えて——現代日本を「ジェンダー」で読む』時事通信社.

Rhodes, C. & M. Parker, 2008, "Images of Organizing in Popular Culture", *Organization*, 15(5): 627–37.

Rhodes, C. & R. Westwood, 2008, *Critical Representations of Work and Organization in Popular Culture*, London: Routledge.

労働政策研究・研修機構 2012「データベース（労働政策研究支援情報）個別関係紛争判例集10　雇用関係の終了及び終了後（80）定年（制）」http://www.jil.go.jp/hanrei/conts/080.htm（2012. 12. 20）.

酒井順子 2003『負け犬の遠吠え』講談社.

総務省総計局 2007『就業構造基本調査　時系列表』www.stat.go.jp/data/shugyou/2007/6.htm（2012. 12. 20）.

——— 2011『平成23年　労働力調査年報』www.stat.go.jp/data/roudou/report/2011/index.htm（2012. 12. 20）.

Strangleman, T., 2004, "Ways of (not) Seeing Work: The Visual as a Blind Spot in WES?," *Work, Employment and Society*, 18(1): 179–92.

多賀太 2006『男らしさの社会学——揺らぐ男のライフコース』世界思想社.

Terano, T., H. Yamamoto & A. Yoshikawa, et al., 2010, "Website Burning! Business Case Study using the Narrative Approach with Manga Texts", Case Studies in Service Innovation Conference, Manchester

Business School, UK.
全国出版協会出版科学研究所（出版科学研究所）2011『出版指標年報２０１１年版』.
Wodak, R., 2001, "What CDA is About: A Summary of Its History, Important Concepts and Its Developments," Wodak, R. & M. Meyer (eds.), *Methods of Critical Discourse Analysis*, London: Sage.

6　自律的な職業キャリアへの転換——ドイツのメディア産業にみる雇用の柔軟化

ビルギット・アピチュ

1　労働市場の変化とライフコース

1.1　普通の人生経歴への疑問

ドイツの労働市場は一般的に次のような特徴をもつとされる。すなわち、労使関係、専門学校・大学などの教育・職業訓練機関、労働法、社会保険などにおいてきわめて安定した構造をもち、それによって労働者の企業間移動と職業間移動は制限されてきた（Streeck 1995, 1996）。したがって、一つの職業、同じ企業で生涯を通してフルタイムで雇用する・されることが、雇用に関する規制においても、また個人経歴の評価においても、標準と見なされてきた（Bosch 2004: Kohli 1985）。企業間異動や失業の場合においてでさえ、職（ないしある職に就くための資格）をもつことにより、一定の安定した社会的地位が与えられてきたのである。ドイツでは、職業教育・訓練システムに雇用主間のスキルの移転が見られ、また職業構造が労働市場の分断を大きく規定している。こうした特徴は労働者の流動性にも反映されている（Blossfeld & Mayer 1988）。人々のライフコースには、仕事に関する明白な三つの段階（職業訓練、就業、退職）を含むパターンの制度化が見られる。そしてこれまでは――少なくとも大多数の働く男性にとっては――生涯賃金と生涯雇用を予測することができ、それにより仕事以外のライフイベントに関わる個人的な（人生）設計も可能であった（Kohli 1985, 2007）。

しかし一九八〇年代以降、そしてその後のドイツ再統合後の一九九〇年代以降、こうしたライフコース・モデルは明らかに変わった（Streeck 1995）。まず女性の高学歴化や労働市場への参加が徐々に進んだ結果、男性と女性のライフコースが一つに収斂していった（Brückner & Mayer 2005: 48）。さらに近年ドイツ労働市場には変化が起きており、普通の人生経歴（normal biography）の基盤に疑問が投げかけられるようになった。労使関係の規制に関しては、団体協約の及ぶ範囲が狭まり、団体交渉が脱集権化した（Lehndorff et al. 2009: 121-2）。二〇〇〇年代初頭の労働市場改革の過程では、失業給付の受給権が制限された（ibid）。さらに非典型雇用であるパートタイムや周辺的なパートタイム労働、有期契約雇用、代理店、派遣労働や個人自営業が広がり、失業率が上昇した（Keller & Seifert 2006: 236; Lehndorff et al. 2009: 122-3）。

ドイツでも、ここ二〜三十年の労働市場の変化において、従来の制度化されたライフコースや普通の生き方が一九六〇〜七〇年代という歴史的な特定状況に対応するものであったことが認識されるようになった。「社会構造とライフコースの〈フォーディスト〉モデルは、……急速で安定的と思われた経済成長、低失業率、そして福祉国家の拡大を前提としたものであった」（Kohli 2007: 257-8）。

今後、長期的に見てどれほど雇用の柔軟化の傾向が続くのかは、いまも議論されているところである（Erlinghagen & Knuth 2002）。

こうした労働市場の変化が、「ポスト・フォーディスト」のライフコース・パターンの出現と普及（Mayer 2001）というかたちで、どれほど明白に大多数の働く人々の生き方に現れてきているのかは明らかではない。しかし、実証データからは、標準的な雇用関係や普通の人生経歴が浸食されていることがわかる。たとえば、一九七五～二〇〇一年の雇用者サブサンプルとドイツ労働市場・職業研究所（ＩＡＢ）の企業パネルデータの分析からは、勤続年数が減少していることが明らかとなっている（Struck et al. 2007）。また企業内部でキャリアを積むケースが減り、特に低学歴の雇用者の間で、企業間の移動や失業が増えていることもわかっている（Giesecke & Heisig 2010）。加えて、一九二九～七一年の出生コーホートを分析した最近のライフコース研究によると、全般的には転職の増加は見られないものの、雇用中断後に転職が頻繁に起きる傾向が若年コーホートに見られるようになっているという（Grunow & Mayer 2007; Mayer, Grunow & Nitsche 2010）。また、世代を超えた雇用の流動化が進んでおり、27歳の時までに就いた仕事の数は一九七一年生まれで男女共に増加している。同時に、職業を変えたことのある男性の割合は一九七一年生まれで大きく増加しているが、これは失業率の上昇と関連していると考えられる（Brückner & Mayer 2005: 41）。

1.2　働き方とライフコースの関連

ライフコースの脱標準化（本書1章参照）や従来の雇用関係の衰退が量的にどの程度進んでいるかは

いうまでもなく、労働市場の変化が働く人々自らの生き方のとらえ方にどのような影響を及ぼすかについても、まだほとんどわかっていない。最近の変化については、不安定性の増加（Dörre 2005）から個人の経歴の決定における自律性や自己責任能力の向上（Beck & Beck-Gernsheim 1993）まで、さまざまな解釈がなされている。一時的な雇用など、一つの企業に依存しない雇用関係は、ライフスタイルに対する中立性や人生経歴の決定における裁量の余地の拡大を示唆する（Brose, Holtgrewe & Wagner 1994; Pelizäus-Hoffmeister 2008）。加えて、ドイツの労働社会学では、組織や労働に起きている変化について、次のような見方が優勢である。すなわち、現在広がっている市場主導の雇用の柔軟化により、労働過程の自己管理に主体性がもたらされるという見方である（Moldaschl & Sauer 2000; Pongratz 2004; Voß 1998, 2001）。労働者が、市場の需要の変化にいかに対応し、自分のキャリアを築いていくか、また自分の仕事をいかにコントロールし、仕事と生活の調和を図っていくのかにあたって、労働者の自己責任がますます求められるようになっていることが指摘されている（Kratzer & Sauer 2003; Sauer 2002; Voß 1998）。

しかし、プロジェクトやネットワークというかたちで共に働くという柔軟な働き方や非典型雇用の増加といった変化をライフコースと結びつけた研究や、こうした労働市場の変化について労働者自身が主観的にどのような評価をしているのかに関する研究は、実証的にほとんどなされていない(1)。

本章は、規制緩和や仕事と雇用の柔軟化といった経済や労働市場の変化が、ライフコースの職業キャリアおよび個々の労働者の生き方の展望（biographical perspectives）やニーズに与える質的な影響をより深く理解することをめざすものである。雇用の規制緩和や従業員の企業からの切り離しが進むことにより、個人のもつ選択肢が増え、自律性が高まり、ひいては自己実現や新たなキャリアパスの開拓がもたらされるのだろうか。それとも、不確実性が高まり、方向性の喪失がもたらされ長期的プランが妨げられるのだろうか。

これらの問いに応えるため、本章では、仕事と雇用の柔軟化が最も顕著な一業種であるドイツのメディア産業について分析する。メディア産業では、仕事はプロジェクトごとに組織され、雇用はプロジェクト期間に限定される。統一サービス産業組合（Vereinte Dienstleistungsgewerkschaft：略称 Ver.di）や小規模の職業団体があるが、それらに加入する労働者は多くない。これらの組織の影響力は小さく、団体協約が実施されることはほとんどない。資格の規制はなく、キャリアパスは不透明である。このように規制緩和が極度に進んだ労働市場部門を詳しく検証することで、自己実現および市場調整のために労働者個人が戦略的に生き方を選択していく上で、どのような可能性と限界があるのか、明らかになるはずである。

以下、柔軟な就業調整を求められる労働者の就業履歴に加え、彼ら自身がリスクや不安定性をどのようにとらえているか、そしてライフステージによって彼らの選好がどう変化していくのかに焦点を合わせる。そして、雇用の柔軟化が進むなか、仕事や雇用に関する規制のみならず資格に関する規定をも欠く状況にあって、労働者は、変動する市場の需要や自らの選好に適応する能力を高めないでいるが、それによってむしろ、自らの選好が変わったり、不安定な労働市場下で個人が適応できる余地が制限されたりするという、インフォーマルな労働市場の閉鎖性につながっていることを示す。

2　ドイツにおけるメディア産業

2.1　データ

本稿のデータは、テレビ・映画産業で働くカメラクルー17名（うち女性6名）を対象とする半構造化インタビューと、職業団体、組合、雇用者側の代表者13名を対象とする専門家インタビューからなる。カメラクルーを対象とするインタビューは、彼らの居住するケルン（ドイツのメディア産業が集中する五つの都市の一つ）で行った(2)。被面接者を選ぶにあたっては、労働市場における垂直移動および水平移動の経験ならびに景気のアップダウンやメディア産業での労働経験を十分有していると思われる、就業年数が10～20年のプロジェクトワーカーに焦点を当てた（インタビューしたカメラクルー17名中の10名がそれに該当する）。また雇用状況や柔軟な働き方の必要性、フォーマルな職業訓練の機会増大の影響を、学卒後間もない労働者と年長の労働者の間で比較するために、被面接者の年齢構成にも配慮した（就業年数が10年未満のカメラクルーが4名、20年以上の者が3名）(3)。

インタビューでは、彼らの職歴と社会ネットワークの再構成を試みた。インタビューは自由なスタイルの導入的質問から始まり、職歴に関する語りが続いた。インタビュー中は、教育・訓練から実際の就業への移行、地位や職業、雇用形態の変化を再構成するために、必要に応じて詳細な質問を追加した。また将来の見通しや彼らのキャリアに関する期待についても尋ねた。これまでの経歴について質問した後、部下を採用する際に、どのような手続きで進めるかについても尋ねた。分析では、彼らの職歴や社会ネットワーク構造、ライフプランの見通しと採用経験について、初めに個々の事例を比較した後で、事例間の比較を行い、解釈した。

2.2　仕事と雇用

ドイツでは、一九八〇年代に公共放送の独占が崩壊した。民間放送事業者が認可されてからは、テレビ番組制作は分散化し、外部委託、下請けなどの進行によって劇的な変化が起きた（Baumann 2002a: Baumann & Voelzkow 2004）(4)。その結果、テレビ・映画コンテンツの需要が不安定化した。その直接的な影響を受けたのがプロジェクトワーカーであった。テレビや映画産業における雇用——特に独立系制作プロダクション市場において——は、そのプロジェクトの期間のみに限定され、採用は通常短期間で行われる。プロジェクト単位の雇用、すなわち有期労働契約に基づくフリーランスないし自営の働き方はいまや広がり、映画プロダクション会社で働く4万2400人の労働者の半分以上を占めるまでになった（DIW 2002: 一九九七年のデータによれば、視聴覚メディア産業で働く労働者の数は約10万1400人にも上る：DIW 1998: 21-3 in Baumann 2002b: 36）。その結果、彼らの訓練やキャリアは、企業によってではなく、短期間のプロジェクトを通して形成されるようになった。

こうしたプロジェクトワーカーの場合、将来の雇用や収入が不確実なことに加えて、仕事量の予測も難しい。プロジェクトの期間は、コマーシャルなら数日、映画なら6～8週間、テレビシリーズなら数ヵ月と多様である。撮影の日数は通常事前に決められているものの、労働時間は作業の予期せぬ遅れのために10時間から16時間へと変わるのは日常茶飯事であり、それゆえ労働者保護法で定められた限度をしばしば超えてしまう。加えて、地理的移動を求められることもある。さらに、プロジェクトへの過密な参加が求められる結果、仕事以外の活動に従事したり、責任を果たすことは非常に難しい状況にある。

テレビおよび映画産業への入職に関する雇用規制は、不十分である。映画の独立プロダクションへの入職経路は一様ではなく、職業訓練は実際に参加するプロジェクトにおいて上位のポジションにいる同僚の指示のもと、かなり非公式的に、オンザジョブ形式で行われる。

こうしたなか、一九九〇年代には、メディア関係の職業に特化した課程を創設する大学や職業訓練学校が出てきた。こうした動きは、インフォーマルな職業訓練や昇進に基づいた従来のモデルに対して挑戦的ではあるものの、メディア業界における訓練や入職の機会はいまも多種多様であり、資格制度は未だに統一されないままとなっている。

映画クルーは、カメラ、衣装、舞台装置などのさまざまな部門から成り、それぞれが非常に階層的に分化している。通常は、インターン、第二アシスタント、アシスタント、監督のようなポジションから成る。映画テレビ産業には独特の労働調整や労働規制が見られる。プロジェクト期間も雇用期間も短期であることから、官僚組織的構造は機能しにくい。クルーの職業訓練が統一されていないこともあり、職場で一定の職業規範をもとに作業を進めることは難しい（Apitzsch 2010a：標準化された労働調整・規制についてはMintzberg 1979：Stinchcombe 1959を参照）。そのため、制作会社はプロジェクトの各段階の締切の設定や予算の策定によって、制作の重要事項を管理する一方、作業過程の統括は部局のトップに委ねている。部門内や部門間での作業の調整はおもに非公式なやりとりであるか、ミンツベルク

（Mintzberg 1979）が相互調整と呼ぶものによって行われている。仕事の管理は、直属の上司や同僚によって個人的に、そして非公式的に行われ、結果的に作業の過程はきわめて双方向的になる。

このような不安定な環境の中で、どのように作業の調整を図り、またいかに労働意欲の高い優れた労働者を採用するかということが、差し迫った課題となっている（Marsden 2004）。しかし誰を採用するかを決めるにあたり、制作会社は不確定要素に直面する。採用者に求められる資格は非常に不均一であり、また制作会社は各部門の作業自体には携わっていないため、チームメンバーの過去の仕事ぶりについての知識を持ち合わせていないからである。そのため、制作会社は通常、スタッフの人事をその部門のトップに委ねている。カメラクルーの場合、採用はたいてい、元アシスタント、同僚、アシスタントたちにカメラの扱い方を教えた撮影装備のレンタル代理店等からなるインフォーマルな社会ネットワークに基づいており、個人的な知り合いを直接採用ないし推薦するかたちになっている。

採用過程でインフォーマルな社会ネットワークを用いることについては、標準化された訓練や資格がないため、インフォーマルな交流が職業資格における不確実性を軽減する機能を果たしているとの説明がなされてきた（Baumann 2002a）。しかし採用にあたっては、仕事で必要なスキル以外の能力や個性も重要な役割を果たしている（Apitzsch 2010b, 2010a）。カメラクルーのメンバーは、専門的資格よりも、むしろ似通った仕事態度やライフスタイルであるとか「同じような考え方をもっている」、友人であるとか仕事場で共に楽しく過ごせるといった、仕事の実用的な部分以外の（Dahrendorf 1956: Offe 1970）個別主義的な（Parsons 1951＝1974）基準に重きを置いている。したがって、採用の際には価値観の同一性（homophily）（Lazarsfeld & Merton 1954）が重視されるとともに、それが強い紐帯の重要な原動力にもなっている。その結果、メディア労働者のネットワーク内部では、ライフスタイルも、態度も、仕事上の交流も、時間とともにより同質的になる傾向にある。

結局のところ、監督たちは一部の撮影監督たちと作業をし、撮影監督自身も一部のカメラアシスタント候補の中から一緒に作業する者を選ぶ傾向にあるが、その際に決め手となるのは、共同作業においてどのような相互作用をもち、またどのくらいの期間、どのくらい親密に、一緒に仕事をしたのかである。このような世界で働く者たちの評価は、インフォーマルな推薦や直接知り合いであるといった関係に基づく個人ネットワークに依存しているのである。

3　メディア産業における雇用の柔軟化と生き方の志向

3.1　パーフェクト・マッチから幻滅へ

インタビュー調査では、メディア産業へ入職した動機を回答者たちに尋ねたところ、クリエイティブにかつ自律して文化作品を作り上げていく仕事への興味を挙げる者がいた。入職当初は、これまでの標準的な雇用形態とは大きく異なる独特の働き方は、魅力的に映るという。具体的には、ユニークな芸術作品の制作や短期間ではあるが情熱的な「同じ目的を共有する」人々との共同作業、空間的な柔軟性など、制限された期間内での仕事や雇用は、本質的な興味の追求や自己実現の促進、双方向的な性質の仕事と制作過程における公式ルールの欠如などが挙げられた。

しかし、標準的な雇用からの逸脱がどこまで受け入れられているかは、年齢や家庭環境によって異なる。キャリアの初期には短期的な雇用を歓迎していても、経験が長くなると、雇用と収入の不確実性を問題視する傾向が見られる。筆者のインタビューに応じたとあるフォーカスプラー（第一アシスタントカメラマン）による次のような発言は、このようなリスクに対する認識の変化を表している。

すべてが不確かです。大都市に住む独身の私にとってはすばらしい生活で、かなりうまくいっていたと思います。一年に五本映画を撮り、当時、収入はとてもよかったし、撮影の間の休暇もありがたかったです。ほかのフルタイム勤務の人たちより自由時間は多かったですし。何の保証も年金もないという欠点は、年をとってきて初めて見えてくるのだと思います。

また、入職したばかりの労働者は、プロジェクトチームを「大きな家族」と熱狂的に評しているが、経験が増すにつれてそれは日常と化してしまうようである。

映画を撮っている間はチームのメンバーすべてと親密な交流をもちますけど、撮影終了後には消えてしまいます。……初めの頃は、撮影している間、この「チームの友情」にもっと傾倒していたし、もっと親密な関係でした。でももうそんなことはないです。撮影中に「代わりの家族」に自分を本当に委ねてしまうことはもうないですね。……昔は面白いと思いましたが、ある時、二十本もの映画を撮ってからは、五、六週間親密になって、その後別れるということが珍しくなくなりました。（カメラアシスタント）

このようにプロジェクト型雇用の柔軟性に対する評価と受けとめ方が入職以降、変化することは、職歴が長い回答者全員の語りに見られた。さまざまなネットワークへの依存に加えて、柔軟性への要求、ライフスタイルの調整、将来の雇用や収入の不確実性と仕事と仕事以外のコミットメントとのバランスの難しさから、ほとんどの回答者は、映画プロジェクトの雇用以外の仕事を考えざるをえない状況におかれている。

3.2 キャリアの軌跡と生き方の選択における自由裁量

ドイツの映画産業では、これまで、専門的スキルは仕事をしながら身につけ、アシスタントから監督的ポジションに上がっていくなかで取得されてきた。上述したように、一九九〇年代から、フォーマルなトレーニング・プログラムやメディア関係のコースの数が増えているが（Baumann & Voelzkow 2004）、最初の職は、元同僚や上司、ほかの学生や教師（彼らも映画製作にしばしば関わっている）の推薦や直接的な採用を通して得ていた。こうした社会的つながりを介さない就職活動は、インターンシップによるアクセス以外はうまくいくことはなく、上記課程の卒業生たちが就職する際に、資格を問われることはほとんどなかった。雇用のチャンスを得て初めて形成されるインフォーマルなネットワークはきわめて重要であり、それがフォーマルな職業訓練への投資を妨げているようである。実際多くの回答者は、職業訓練と平行して映画プロジェクトで働いていただけでなく、職業訓練自体をやめて、アシスタントとして働く者もいた。職業訓練と労働市場への参加の境界線が非常に曖昧なのである。

仕事を得る上でインフォーマルなネットワークに頼りきってしまうことにはリスクが伴う。元上司による採用や推薦により、何らかのプロジェクトに参加するための支援がつねに得られるとの保証はなく、採用の透明性も高くない。加えて、そのようなネットワークを公然と利用しすぎれば、労働者たちの感情の基盤が侵されかねない。つまり人脈といった社会関係資本（social capital）の利用はオープンにはできないのである（Bourdieu 2001）。しかしながらネットワークを代替するものは限られている。

今後、別の仕事に声をかけてもらいやすくするような縦のつながりは、おもにプロジェクトの進行期間中、仕事中か仕事後の外出やつきあいの中で、強化されていく。これは、プロジェクトへの囲い込みが強く、また仕事のスケジュールが不定期であるため、仕事以外に何かをする時間が限られているためである。したがって、定期的に一緒に働いていない場合は、雇用の基盤そのものが脅かされかねない。雇用に関連した社会関係を強化し、安定的にすることが必要であるが、それにより、雇用やキャリア、そして収入を確保するための代替的な戦略の利用によって、昇進や仕事と生活のバランスをとることに制約が加わる。

昇進の機会は、それぞれの上司の移動によってポジションが空くか、もしくは彼らに推薦されるかにかかっている。同様の制約が、収入を確保するための代替的戦略にも影響を及ぼすのである。その一つの例は、「多様化」戦略（Menger 1999; O'Mahony & Bechky 2006）、すなわち、同じ映画やテレビ産業の中の異なる部局のポジションや職業、部門で働くことである。もう一つの例は緩やかな紐帯を築くこと（Granovetter 2002＝2006）、またはほかの上司との交流を強化することである。さらに、別の雇用機会を得るために職業訓練に投資することも、このような柔軟な労働市場では合理的な戦略であるといえるだろう（VoB 2001）。しかし、これらの戦略は既存の労働市場構造と衝突する。なぜなら、それらはプロジェクトワークにおいて繰り返し共同作業することを難しくするからである。定期的な交流がなければ、垂直的な関係は安定せず、浸食され、労働者を保護する機能は失われてしまうのである。

労働時間が予測不能であることとプロジェクトへの関わり合いの強さは、プロジェクト労働者の仕事とプライベートの両立を妨げている。さらに、彼ら／彼女らが、映画産業以外の人々とつきあうことは難しい。仕事以外でのつきあいは、映画産業へのコミットメントや仕事にいつでも対応できる体制づくりという意味で、よくは思われていないのである。

友達であれ、家族であれ、子どもであれ、注意をそらすものは生産的ではありません。……私の知っている女性の撮影監督で成功している人は、映画のことを一五〇％考え、映画の中に生き、映画のためなら何でもしています。家庭をもっている人はひとりもいません。女性の撮影監督は、成功したければ、家族をもってはいけないんです。（フォーカスプラー）

筆者の調査では、子どもをもちながら職を得ることの難しさを、自分自身やほかの映画関係労働者の経験として指摘した回答者がほかにもいた。制作会社側も同僚も、撮影中に子どもの病気により休みを取り、一時的に働けなくなることに不安を抱いているという。特に女性労働者にあてはまることであるが、育児などで休業すると、上司が別の労働者と定期的に仕事をするようになり、復帰しようとしても締め出されてしまう可能性がある。家族を形成することは就業機会の喪失につながりかねない。

聞き取り調査から得られたデータからは、メディア産業のプロジェクトワーカーが退職年齢に達する以前に労働市場から退出するであろうことが推測できる。調査からは、成功したキャリアを築いたか否かにかかわらず、当事者の多くは、テレビと映画産業から離れることを考えていることがわかった。これは、不確実性や柔軟であることについての労働者自身の考えが、年を取るとともに変化することと、仕事と生活の調和が難しいという問題によって説明できるだろう（3・1節参照）。

しかしながら、フォーマルに――そして特にインフォーマルに――獲得したスキルや社会関係資本の移転が限定的であるために、このような特殊な労働市場から退出することは難しいのが現状である。ドイツの場合、映画産業以外で仕事を得るためには、正式な資格が不可欠である。そのため、転職はまれであり、あったとしても、しばしば明確な資格を必要としない職業（たとえば、バーテンダー、ウェイター／ウェイトレス、自転車の宅配業者など）や映画産業内の限定的なニッチな職種（たとえば、大学や職業訓練校の教員。ただし大学卒の学位をもたない技術的専門家が職を得ることは例外）への転換である。

4　自律的な職業キャリアへの転換？

本章では、雇用の規制緩和や柔軟化が労働者のキャリアや自らの生き方のとらえ方にどのような影響を与えるのかについて考察した。そのためにまず、雇用関係の規制緩和や労働市場の柔軟化が労働者のニーズに応えているのか否かという議論について検討した。続いて、ドイツ労働市場において典型的な雇用規制や求職手段に関する規制が存在しないメディア産業を取り上げ、そこで働くプロジェクトワーカーとメディア産業の労働市場に関する専門家へのインタビュー調査に基づいた実証分析を行った。調査からは、次の二点が明らかとなった。

第一に、仕事と雇用条件の評価において年齢が決定的に重要な意味をもつことである。時期的・空間的柔軟性、「同じ目的を共有する」同僚との強固で集中的な関わり合いと双方向的なつきあい、そしてインフォーマルな性格の強い雇用調整や人事採用、といった標準的な雇用からの逸脱は、新規労働者の選好と一致するようにみえる。しかし、こうした特徴は、雇用の安定、プロジェクトへの参加・収入・キャリアの予測可能性といった、後のキャリアの過程で顕著となる労働者のニーズや価値観とはマッチしない。また労働者が、家族や業界外の人々との関係、さらなる職業訓練やプライベートでの趣味など、仕事以外の事柄に打ち込むこととも相容れない。キャリアの進歩や職業の地位にかかわらず、30歳代と40歳代の回答者たちが映画産業以外の新たなキャリア戦略を考え始めているのはそのためである。

第二に、近年、市場のあり方や個人がどのような働き方を選好するのかが変化し、個々の労働者がそうした変化に柔軟に対応すべく何らかの戦略を取るにあたり、労働市場という制度がきわめて重要であることが明らかとなった。具体的には、極度に規制緩和され柔軟な労働市場では、労働者の選択肢がほとんど広がっていないことがわかった。自由化、柔軟化により、資格や仕事や雇用条件に関する規制が欠如し、労働規制は上司や同僚によって行われるようになっている。その結果、インフォーマルかつ閉鎖的な労働市場ができあがっている。これにより不安定な労働市場におけるさまざまな不確実性が若干ながら軽減されているとはいえ、プロジェクト型雇用の柔軟性が高まるにつれて、仕事以外のことに取り組むことは難しくなるなど、非常に硬直した状況がもたらされている。将来的に仕事の依頼があってもそれに限定的にしか応じられない状況があれば、労働者、とりわけ家族責任の負担が大きい女性労働者は、それに敏感に反応するだろう。雇用や収入の不確実性を取り除く上で、仕事において個人的なネットワークに頼るという支配的な論理はまた、仕事以外のニーズや活動、人間関係のために別の戦略をとることを難しくしている。このような状況では、より安定した部門に移動するにせよ、自己実現のために役立つと考えられる職業に転職するにせよ、労働者の流動性が制限されていることには変わりがない。

注

(1) キャリアに関する回顧的・横断的調査では、若年層に企業間・職業間の移動に対する好意的な評価や期待を抱く傾向があることが示唆されている（Mayer, Grunow & Nitsche 2010）。一方、不安定な雇用にある人々がいかに自己の人生や経歴の不確実性について考え、乗り越えているかという点については、そのような人々が標準的な生き方や人生からかなり逸脱しているようにみえるにもかかわらず、普通の人生経歴やその志向は規範として高く評価していることが指摘されている（Schiek 2010）。

(2) ドイツ国内における映画とテレビ産業は、ケルンのほか、ハンブルグ、フランクフルト、ベルリン、ミュンヘンといった少数の都市に集積している。

(3) 本稿では、映画・コマーシャル製作に携わるカメラクルーから成る同質性の高い集団に焦点を絞って考察する。またほかの職業との比較のために、衣装係、大道具係、照明係、事務、編集、経営といった部署で働くプロジェクトワーカーおよびドキュメンタリーやニュースの製作に携わるカメラクルー16名、建築家24

名、建築関係の専門家3名にもインタビューした。

（4）過去において独立系制作会社は少なく、おもに第二ドイツテレビ（ZDF）という公共の放送局が利用するだけであった（Kauschke & Klugius 2000: 50）。しかし一九九〇年代に入ると、競争が激化し、公共放送局は契約による制作をよりいっそう増やしていった（Sydow & Staber 2002; Elbing & Voelzkow 2006）。その結果、映画制作に特化した多くの中小企業からなる企業群やサプライヤーが成長し、非典型雇用への転換がもたらされた。

文献

Apitzsch, B., 2010a, *Flexible Beschäftigung, neue Abhängigkeiten. Projektarbeitsmärkte und ihre Auswirkungen auf Lebensverläufe*, Frankfurt a. M.: Campus.

———, 2010b, "Informal Networks and Risk Coping Strategies in Temporary Organizations: The Case of Media Production in Germany," *Forum Qualitative Sozialforschung/Forum: Qualitative Social Research*, 11(1), http://nbn-resolving.de/urn: nbn: de: 0114-fqs100145（2012. 1. 13）.

Baumann, A., 2002a, "Informal Labour Market Governance: The Case of the British and German Media Production Industries," *Work, Employment and Society*, 16(1): 27–46.

———, 2002b, *Path Dependency or Convergence? The Emergence of Labour Market Institutions in the Media Production Industries of the UK and Germany*, Unpublished Thesis, Florence: EUI.

Baumann, A. & H. Voelzkow, 2004, "Recombining Governance Modes: The Media Sector in Cologne," Crouch, C. et al.（eds.）, *Changing Governance of Local Economies: Responses of European Local Production Systems*, Oxford: Oxford University Press, 261–82.

Beck, U. & E. Beck-Gernsheim, 1993, “Nicht Autonomie, sondern Bastelbiographie,” *Zeitschrift für Soziologie*, 22(3)：178–87.

Blossfeld, H. P. & K. U. Mayer, 1988, “Arbeitsmarktsegmentation in der Bundesrepublik Deutschland. Eine empirische Überprüfung von Segmentationstheorien aus der Perspektive des Lebenslaufs,” *Kölner Zeitschrift für Soziologie und Sozialpsychologie*, 40(2)：262–83.

Bosch, G., 2004, “Towards a New Standard Employment Relationship in Western Europe,” *British Journal of Industrial Relations*, 42(4)：617–36.

Bourdieu, P., 2001, “The Forms of Capital,” Granovetter, M. & R. Swedberg (eds.), *The Sociology of Economic Life*, Boulder/Oxford：Westview Press, 357–75.

Brose, H. -G., U. Holtgrewe & G. Wagner, 1994, “Organisationen, Personen und Biographien. Entwicklungsvarianten von Inklusionsverhältnissen,” *Zeitschrift für Soziologie*, 23(4)：255–74.

Brückner, H. & K. U. Mayer, 2005, “De-Standardization of the Life Course：What It might mean ? And If It means Anything, Whether It Actually Took Place ?,” Ross, M. (ed.), *The Structure of the Life Course: Standardized ? Individualized ? Differentiated ?*, Amsterdam：Elsevier, 27–53.

Dahrendorf, R., 1956, “Industrielle Fertigkeiten und soziale Schichtung,” *Kölner Zeitschrift für Soziologie und Sozialpsychologie*, 8(4)：540–68.

DIW, 2002, *Film- und Fernsehwirtschaft in Deutschland 2000/2001*, Berlin：Deutsches Institut für Wirtschaftsforschung.

Dörre, K., 2005, “Prekarisierung contra Flexicurity. Unsichere Beschäftigungsverhältnisse als arbeitspolitische Herausforderung,” Kronauer, M. & G. Linne (eds.), *Flexicurity. Die Suche nach Sicherheit in der*

Flexibilität, Berlin: Edition Sigma, 53–71.

Elbing, S. & H. Voelzkow, 2006, "Marktkonstitution und Regulierung der unabhängigen Film- und Fernsehproduktion. Staat, Verbände und Gewerkschaften im deutsch-britischen Vergleich," *Industrielle Beziehungen*, 13(4): 314–39.

Erlinghagen, M. & M. Knuth, 2002, *Auf der Suche nach dem "Turbo-Arbeitsmarkt": Zwischenbericht an die Deutsche Forschungsgemeinschaft (DFG) zum Projekt "Restrukturierung des Arbeitsmarktes. Disaggregierte Längsschnittanalysen mit der IAB-Beschäftigtenstichprobe"*, Gelsenkirchen: Institut Arbeit und Technik.

Giesecke, J. & J. P. Heisig, 2010, "Destabilisierung und Destandardisierung, aber für wen? Die Entwicklung der westdeutschen Arbeitsplatzmobilität seit 1984," *Kölner Zeitschrift für Soziologie und Sozialpsychologie*, 62(3): 403–35.

Granovetter, M. S., 2002, "The Strength of Weak Ties," Scott, J. (ed.), *Social Networks. Critical Concepts in Sociology*, London/New York: Routledge, 60–80.（=2006 大岡栄美訳「弱い紐帯の強さ」野沢慎司編・監訳『リーディングス　ネットワーク論――家族・コミュニティ・社会関係資本』勁草書房.）

Grunow, D. & K. U. Mayer, 2007, "How Stable are Working Lives? Occupational Stability and Mobility in West Germany 1940s–2005," *CIQLE Working Paper*, 2007-3.

Kauschke, A. & U. Klugius, 2000, *Zwischen Meterware und Maßarbeit. Mark- und Betriebsstrukturen der TV-Produktion in Deutschland*, Gerlingen: Bleicher Verlag.

Keller, B. & H. Seifert, 2006, "Atypische Beschäftigungsverhältnisse: Flexibilität, soziale Sicherheit und Prekarität," *WSI-Mitteilungen*, 59: 235–40.

Kohli, M., 1985, "Die Institutionalisierung des Lebenslaufes. Historische Befunde und theoretische Argumente," *Kölner Zeitschrift für Soziologie und Sozialpsychologie*, 37(1): 1–29.

———, 2007, "The Institutionalization of the Life Course: Looking Back to Look ahead," *Research in Human Development*, 4(3-4): 253–71.

Kratzer, N. & D. Sauer, 2003, "Entgrenzung von Arbeit. Konzepte, Thesen, Befunde," Gottschall, K. & G. G. Voß (eds.), *Entgrenzung von Arbeit und Leben. Zum Wandel der Beziehung von Erwerbstätigkeit und Privatsphäre im Alltag*, München und Mering: Rainer Hampp Verlag, 87–123.

Lazarsfeld, P. F. & R. K. Merton, 1954, "Friendship as Social Process: A Substantive and Methodological Analysis," Berger, M., T. Abel & C. H. Page (eds.), *Freedom and Control in Modern Society*, New York: D. Van Nostrand, 18–66.

Lehndorff, S., et al., 2009, "From the 'Sick Man' to the 'Overhauled Engine' of Europe? Upheaval in the German Model," Bosch, G., S. Lehndorff & J. Rubery (eds.), *European Employment Models in Flux: A Comparison of Institutional Change in Nine European Countries*, Houndsmills, Basingstoke: Palgrave Macmillan, 105–30.

Marsden, D., 2004, "The 'Network Economy' and Models of the Employment Contract," *British Journal of Industrial Relations*, 42: 659–84.

Mayer, K. U., 2001, "The Paradox of Global Social Change and National Path Dependencies: Life Course Patterns in Advanced Societies," Woodward, A. & M. Kohli (eds.), *Inclusions and Exclusions in European Societies*, London/New York: Routledge, 89–110.

Mayer, K. U., D. Grunow & N. Nitsche, 2010, "Mythos Flexibilisierung? Wie instabil sind Berufsbiografien wirklich und als wie instabil werden sie wahrgenommen ?," *Kölner Zeitschrift für Soziologie und Sozialpsychologie*, 62(3): 369–402.

Menger, P. -M., 1999, "Artistic Labor Markets and Careers," *Annual Review of Sociology*, 25: 541–74.

Mintzberg, H., 1979, *The Structuring of Organizations: The Synthesis of the Research*, Englewood Cliffs: Prentice Hall.

Moldaschl, M. & D. Sauer, 2000, "Internalisierung des Marktes - Zur neuen Dialektik von Kooperation und Herrschaft," Minssen, H. (ed.), *Begrenzte Entgrenzungen*, Berlin: Edition Sigma, 205–24.

O'Mahony, S. & B. A. Bechky, 2006, "Stretchwork: Managing the Career Progression Paradox in External Labor Markets," *Academy of Management Journal*, 49(5): 918–41.

Offe, C., 1970, *Leistungsprinzip und industrielle Arbeit*, Frankfurt a. M.: Europäische Verlagsanstalt.

Parsons, T., 1951, *The Social System*, New York: The Free Press.（=1974 佐藤勉訳『社会体系論』青木書店.）

Pelizäus-Hoffmeister, H., 2008, "Unsicherheiten im Lebensverlauf um 1900 und 2000," *Aus Politik und Zeitgeschichte*, 33(4): 25–31.

Pongratz, H. J., 2004, "Ergebniserwartungen und Sicherheitsbedürfnisse von Beschäftigten in Gruppen- und Projektarbeit," Pongratz, H. J. & G. G. Voß (eds.), *Typisch Arbeitskraftunternehmer ? Befunde der empirischen Arbeitsforschung*, Berlin: Edition Sigma, 209–28.

Sauer, D., 2002, *Neue Zumutungen an Arbeitskraft im Prozess kapitalistischer Restrukturierung*, http://www.isf-muenchen.de/pdf/cogito-sa.pdf (2011. 12. 3)

Schiek, D., 2010, *Aktivisten der Normalbiographie. Zur biographischen Dimension prekärer Arbeit*,

Wiesbaden: VS Verlag für Sozialwissenschaften.

Stinchcombe, A. L., 1959, "Bureaucratic and Craft Administration of Production: A Comparative Study," *Administrative Science Quarterly*, 4(2): 168–87.

Streeck, W., 1995, "German Capitalism: Does It Exist? Can It Survive?," *MPIFG Discussion Papers*, 95/5.

———, 1996, "Lean Production in the German Automobile Industry: A Test Case for Convergence Theory," Berger, S. & R. Dore (eds.), *National Diversity and Global Capitalism*, Ithaca/NY: Cornell University Press, 138–70.

Struck, O., et al., 2007, "Instabile Beschäftigung. Neue Ergebnisse zu einer alten Kontroverse," *Kölner Zeitschrift für Soziologie und Sozialpsychologie*, 59(2): 294–317.

Sydow, J. & U. Staber, 2002, "The Institutional Embeddedness of Project Networks: The Case of Content Production in German Television," *Regional Studies*, 36(3): 215–27.

Voß, G. G., 1998, "Die Entgrenzung von Arbeit und Arbeitskraft. Eine subjektorientierte Interpretation des Wandels der Arbeit," *Mitteilungen aus der Arbeitsmarkt- und Berufsforschung*, 31(3): 473–87.

———, 2001, "Der Arbeitskraftunternehmer und sein Beruf," Werner, D. & P. Kupka (eds.), *Globalisierung, veränderte Arbeitsorganisation und Berufswandel*, Nürnberg: Institut für Arbeitsmarkt- und Berufsforschung, 155–72.

Ⅲ　結婚・家族観の持続と変容

7 働く独身女性のライフコース選択——「普通の逸脱」の日本的文脈

田中　洋美

1 戦後日本型ライフコースのジェンダー化とその変化

戦後日本で確立したライフコースには、そのパターンが男女で異なるという特徴があった。男性であれば一家のあるじとして稼ぐために、多くの場合、サラリーマンして働き、女性であれば専業主婦として家を守り家事育児に従事することが幸せな生き方であるとする考え方が、社会で幅広く共有された。その背景に、男女別の性役割規範とそれに基づく性別役割分業があったことはいうまでもない。このようなジェンダー化された人生観ないし幸福観が日本人の生き方に、そしてライフコースに影響を与えてきた。

一九八〇年代後半以降、そのような「戦後日本型ライフコース」(岩井 1999) に明らかな変化が見られるようになったが、より大きな変化が見られたのは男性よりも女性のライフコースにおいてであった(1)。女性の高学歴化（教育を受ける期間の長期化）および雇用労働化（賃金労働に従事する女性の割合の増加および賃金労働に従事する期間の長期化）である。加えて近年、未婚化・晩婚化・非婚化（結婚というライフイベントのタイミングの遅延ないし欠如）も急速に進んでいる(2)。

結婚行動の変化は男性にも見られる現象である(3)。しかし筆者は次の二つの理由から女性の場合に注目してきた。第一に、未婚化・晩婚化の指標とされる平均初婚年齢の上昇や未婚率の上昇が女性の場合においてより急激に起きているためである(4)。第二に、性役割とそれに関わる規範（ジェンダー規範と呼ぶ）の問題が挙げられる。日本では結婚しないことの社会的スティグマが男性よりも女性に対して強いという歴史的・文化的事情がある。戦前から「行かず後家」や「オールドミス」（加藤 2006）のように結婚しない女性を揶揄する表現が存在しており、戦後もそのような風潮に大きな変化はなかった。たとえば、一九八〇年代、25歳を過ぎても結婚しない独身の女性は「クリスマスケーキ」と呼ばれたことを覚えている人もいるだろう。二一世紀に入ると、「アラフォー」という表現が特に40歳前後の独身の女性をさす言葉として使われるようになったが、一見中立的にみえるこの言葉には、仕事もプライベートも求める女性を「わがまま」「注文が多い」ととらえる社会のまなざしが反映されている（田中 2008）。このように、一定の年齢に達しても結婚しない女性には特別な関心が向けられ、独身男性の場合とは異なる意味が付与されてきたのである。

これら二つの理由を相互に関連づけて考えると、次のような問題設定が可能となる。すなわち、昨今結婚しない女性が増えており、その数が増えている。それにより彼女たちは珍しい存在ではなくなりつつある。しかしながら、女性の生き方を規定する規範は果たしてどこまで変容しているのだろうか。結婚せずに働くという伝統的な規範にフィットしない生き方をしている彼女たちは、どこまでそのようなジェンダー規範やそれに基づく社会的制約ないしスティグマから自由になったといえるのだろうか。

本章では、「普通の逸脱」という概念を手がかりに現代日本社会における働く独身女性の位置づけを考察し、上記の問いへの答えを探りたい。「普通の逸脱」(normal deviance)とは、アメリカの社会学者フォーサイスとジョンソンが用いた用語である(Forsyth & Johnson 1995)。フォーサイスらは、一九九〇年代、アメリカで独身者が増加したとき、中年の独身者がもはや珍しくなくなり、その意味では「普通」の存在となったが、同時に、結婚規範が持続するなかで彼らは今もどこか「逸脱」した存在であることを指摘した。つまり数が増えても、彼らを逸脱ととらえる社会的まなざしに大きな変化はないというのである。

本章では、結婚しない女性に対するさまざまな揶揄が存在してきた日本において近年、未婚化・晩婚化・非婚化が進むなか、結婚せずに元来女性の務めとは見なされてこなかった賃金労働に長期にわたって従事する女性たちが、どこまで結婚しない女性に対するスティグマから自由であるのか、また彼女たちがおかれた状況が「普通の逸脱」であるのかどうか、そうだとしたら、それはどのようなものなのかを検討する。考察にあたっては、筆者が二〇〇九年四月から二〇一〇年三月にかけて行った東京都内で働く独身の女性を対象とするインタビュー調査のデータを用いることとする。そして調査に応じた女性たちの結婚観や仕事観を検討するとともに、彼女たちが自分自身の生き方や世間一般でいわれる独身女性の生き方について、主観的にどのような意味づけをしているのか探ることとする(5)。

2　都市で働く独身女性調査――調査概要

筆者が東京という都市で調査を行ったのには二つの理由がある。第一に、東京は日本において未婚化・晩婚化・非婚化が進行している地域の一つである。平均初婚年齢、未婚率に関するデータを見ると、両者とも東京都のデータは全国平均より高く、また神奈川県、埼玉県、千葉県といった首都圏内の地域や大阪府と比べても若干高い水準で推移している（総務省統計局『国勢調査』一九五〇～二〇〇七年参照）。

第二に、新しいライフスタイルには、都市部でまず始まり、徐々にそれ以外の地域に拡散していくという傾向がしばしば見られる。ゴードン（Gordon 1994＝2010）は、一九九〇年代前半にオーストラリア、アメリカ、フィンランドにおいて独身女性に関する調査を行ったが、同調査からは、オールドミス（英語では old maid）に変わる新しい独身女性のイメージが都市部で形成されていることが明らかとなっている。この研究の中でゴードンは、自ら独身者として生きる道を選び、仕事や日々の暮らしを楽しみ、生き生きとした人生を歩む彼女たちをシティシングル（city single）と呼び、都市において広がりつつある女性の新しい生き方にポジティブな意味合いを込めている。これは、かつてのオールドミス、すなわち結婚できない、あるいはしない「変わった」（odd）存在として見なされていた独身女性のイメージとは大きく異なっている。このように女性の生き方においても都市がもつとされる「先駆性」からも、筆者は日本最大の都市である東京で調査を行うことを重視した。

ただし、その「先駆性」については一定の留保が必要である。都市において新しい考え方や生き方が生まれても、それがつねに既存のものに取って代わるとは限らない。ゴードン（Gordon 1994＝2010）によれば、彼女が調査した国々のシティシングルは社会的に「変わった」存在ではないものの、結婚という制度に従わないため「悪い」（bad）女であると見なされているという。これは、好ましいと見なされる女性像にフィットしない独身女性たちを嘲るような社会的まなざしが形を変えて再生産されていることを示唆しており、数が増えて「普通」になってもどこか「逸脱」した存在であるというフォーサイスとジョンソンの指摘にもつながる。筆者が東京という都市空間に着目したのはまさに都市のもつこのような先駆性と持続性（歴史性）ゆえであり、現在の社会変化について変容だけでなく持続という側面も踏まえて考える上で興味深い事例となりうるのではないかと考えたためである。

調査にあたっては、東京都内で賃金労働に従事する独身女性のうち、次の三つの条件にかなう者を探した。

⑴ 現在の東京都の平均初婚年齢もしくはそれ以上であり、50代以下であること。
⑵ 高卒以上の学歴をもつこと。
⑶ 経済的に自立していること。

⑴については、特に三〇代～四〇代を中心に探した。⑵については、高卒以上とはしたものの、近年高卒が当たり前となっており、また女性の未婚化などには女性の高学歴化が影響を与えているとの見方もあることから、四年制大学・短期大学卒業者を中心に探した。これは、一般的に高学歴ほど意識・行動ともに「先駆的」で結婚しないといった「逸脱」への寛容性が高いので、そのような高学歴層に焦点

をおくことにしたためである。(3)については、特に親元同居の場合、賃金労働が経済的にひとりで生活することのできる収入に結びついていない場合もある。そのようなケースは除外した上で、フルタイムで働く者を中心に正規雇用者と非正規雇用者の両方を探した。居住関係については、親元同居の者とそうでない者をバランスよく選定するように配慮した。

インフォーマントの選定にあたっては、雪だるま式サンプリングを行った(6)。その結果、20人の働く独身女性に半構造化インタビュー調査を実施した（表7・1）。

年齢は、20代が1名（29歳）、30代11名、40代7名、50代1名であった。1名（離婚経験者）を除き、全員未婚であった。職業は、会社員15名、うち3名は契約社員ないし派遣社員、うち3名はクリエイティブな職種であった（アートディレクター2名、TV局のプロデューサー1名）。自営業は2名（デザイン関係2名）、その他、大学の研究補佐2名（ともに大学院修士号取得）、法律事務所勤務（パラリーガル）1名、栄養士1名、ヨガインストラクター1名であった。また大半は転職経験者であった。最終学歴については、大卒が11名、修士課程（ないし博士前期課程）修了2名、短大卒5名、専門学校卒2名であった。パートナーシップについて見ると、インタビュー当時、20名中、5名は付き合っている相手がおり、うち2名は一緒に暮らしていた。居住地は、都内の者が9名で、残りも首都圏（神奈川5名、埼玉3名、千葉2名、群馬1名）であった。居住形態は、ひとり暮らし9名、親元同居7名、兄弟姉妹と同居中2名、先述の同棲中2名であった。また現在はひとり暮らしであるが、過去に同棲をしたことがある者が4名いた。大半は賃貸物件に居住していたが、身内の所有する住宅に住む者が2名、自分で購入した住宅に住む者が2名いた（それぞれマンション、一戸建て）。

データ収集にあたっては、ゴードンの研究に触発され、香港で同様の研究を行ったグとグ（Ng & Ng 2009）に依拠し、香港調査で用いられたトピックガイドに、ライフヒストリー、ジェンダー規範、社会ネットワークに関する項目を加え、東京調査用のトピックガイドを作成した(7)。インタビュー内容はインフォーマントの同意の下、録音し、音声データを文字に起こす段階で、話し手を特定できないように個人情報の匿名化を行った。

質的内容分析を行った結果、筆者のインタビュー調査に協力した女性たちの生活は個々それぞれでありつつも、(1)生活満足度、(2)職業意識、(3)結婚・家族観、(4)交友関係、(5)フェミニスト意識、(6)趣味、(7)親子関係について次のような特徴が見られた。

(1) 現在の生活には満足している。
(2) 職種や雇用形態にかかわらず仕事にやりがいを感じ、一生働き続けたいと思っている。
(3) 結婚について肯定的なイメージを抱いている者が多い（20人中17人が結婚願望を抱いていた）。
(4) 同性の友人との交友関係があり、特に同じような独身の女性とつきあいのあることが多い。
(5) 男女平等やフェミニズムへの関心は総じて薄い。伝統的な性役割を受け入れている者もいる。
(6) 趣味があり打ち込んでいる者がいる一方で、趣味のない者は、職種に関係なく仕事に何らかのやりがいを見いだしている。
(7) 親と同居の場合、親（特に母親）と仲が良い。ひとり暮らしの場合、親の近くに住む者がいる一方で、実家が遠い場合は疎遠な場合もある。

本調査で用いるデータがこのような特徴をもつことを念頭におきつつ、以下、当該女性たちの意識に

表7.1 インフォーマントのプロフィール

名前	年齢	配偶関係	交際相手	居住状況	居住地	職業	最終学歴	調査日
アイコさん	36歳	未婚	有	妹とふたり暮らし	神奈川県	会社員	修士修了	2009.4.9
アヤコさん	57歳	未婚	無	ひとり暮らし	東京都	芸術家（自営業）	大学卒	2009.4.10
エリカさん	34歳	未婚	無	ひとり暮らし	東京都	会社員	大学卒	2009.4.23
エミさん	29歳	未婚	無	ひとり暮らし	神奈川県	会社員	大学卒	2009.4.24
フミさん	31歳	未婚	無	ひとり暮らし	東京都	パラリーガル	大学卒	2009.4.26
ハナさん	34歳	未婚	有	ひとり暮らし	東京都	会社員	大学卒	2009.4.29
カナさん	31歳	未婚	有	親元同居	神奈川県	大学研究職	修士修了	2009.4.30
カヨさん	31歳	未婚	無	弟とふたり暮らし	東京都	会社員	大学卒	2009.4.30
ケイコさん	37歳	未婚	無	ひとり暮らし	東京都	栄養士（契約社員）	大学卒	2009.5.7
マリコさん	30歳	未婚	有	現在付き合っている彼と同居	東京都	大学研究職	修士修了	2009.5.8
モモエさん	42歳	未婚	無	親元同居	千葉県	会社員	専門学校卒	2009.5.9
ナミさん	43歳	離別	有	現在付き合っている彼と同居	神奈川県	会社員	専門学校卒	2009.5.21
ナナさん	34歳	未婚	有	親元同居（両親，姉，義兄，甥，姪）	東京都	会社員（派遣社員）	短大卒	2009.5.25
レイコさん	44歳	未婚	無	ひとり暮らし	神奈川県	会社員	大学卒	2009.6.12
リサさん	30歳	未婚	無	親元同居	群馬県	会社員（契約社員）	大学卒	2009.11.30
サキさん	41歳	未婚	無	親元同居	東京都	会社員	大学卒	2009.12.9
サオリさん	49歳	未婚	無	ひとり暮らし（母親の近傍）	東京都	会社員	短大卒	2009.12.11
サヤカさん	46歳	未婚	無	親元同居	埼玉県	会社員	短大卒	2009.12.14
セイコさん	49歳	未婚	無	ひとり暮らし（母親の持家）	東京都	ファッションデザイナー（フリーランス）	短大卒	2009.3.12
トウコさん	36歳	未婚	無	ひとり暮らし	神奈川県	ヨガインストラクター	短大卒	2009.3.19

（注）名前は仮名，その他のデータはすべて調査時のものである

焦点を当てながら、独身女性とは社会的にどのような存在なのか考察する。

3　働く独身女性は「普通の逸脱」か——東京の独身女性の場合

本稿の冒頭で述べたように、20代後半はもとより、30代やそれ以上の年代の女性に占める独身女性の割合は確実に増えた。今やメディアに登場する女性や、われわれが日常生活のさまざまな場面で出会う女性の中に独身者は少なくないことを実感しているのは筆者だけではないだろう。果たして独身女性は「普通」の存在になったのであろうか。筆者の調査に応じた女性たちの語りからは、その「普通さ」(normalcy) があくまで限定的であることがうかがえる。

3.1　独身女性に対する社会的まなざし—当事者の主観的認識

考察にあたり、まず手始めに、女性が結婚しなくなったことについて、また結婚せずに働き続けている女性について、彼女たち自身がどのようにとらえているのかを見ていこう(8)。

最初の事例として、サオリさん (49歳) の語りを取り上げる。サオリさんはベテランの会社員である。独身女性についてどう思うか尋ねたところ、次のような回答があった

今はそんな普通にみんな思うんじゃないんでしょうかね。ま、職があって働いていれば。うん。そんなに特別なこととは思われてないように思います。……でも身近で、例えば同じマンション

で、似たような歳（で）、明らかにちょっと下かなっていうお子さんのいる奥様たちは、どうしていいのかわからない、じゃないかなっていう感じはします。……ほんとに似たような歳で結婚してる人で友達じゃない人は、どう（接）していいのかわからないでいるなとは思います。あたしもそんなにすごく、うまくこう、ちょっとしゃべったりとかできないからかもしれないんです（けど）、エレベーターの中でもなんか、黙ったまま上がっちゃうとか。なんかそういうのがきっと奥さん同士だったりとかすれば、共通の話題とかもっとしゃべれるのかなと思うんですけど。うん。うん、そうですね、……どう対応していいのかしらって思われてるような気はします。〔（ ）は筆者の補足〕

この女性は、直接何かを言われたことはないが、近所に住む同世代の既婚女性との（非言語）コミュニケーションにおいて、自分のような結婚していない女性に対してどう接していいのかわからないという空気を感じ取っていることがうかがえる。本人が認めるように、思い込みの可能性もあるが、彼女自身がそのように感じているという点が興味深い。

次に別の女性の語りを見てみよう。サキさん（41歳）は、大手企業の一般職として長年働いてきた。「普通」という言葉こそ使っていないが、結婚しない女性が珍しくなくなっているという社会変化を感じると答えている。

（以前には）「あの人、まだ独身よ」とか、「なんとかだから結婚できないのよ」とかっていう言葉をすごい聞いたような気がするんですけど。まあ自分が今そうなってるから周りが聞こえないようにしているのかもしれないですけど。周りにも（独身の女性は）多いですし、そこまでは……言われなくなってるような気はするんですけど。

サキさんが当事者であるために、独身女性について批判されていたとしても、それが彼女の耳に直接入ってこないのかどうか、それとも彼女自身が感じているように、独身女性が増えることで一定の社会変化が起きているのかどうか、ここでは明らかにすることはできない。しかしサオリさん同様、本人がそのように感じていることにここでは注目しておきたい。

一方で、独身女性について以前ほど批判されなくなったが、それが実質的な社会変化を伴っているわけではないと述べる女性もいた。

皆さん、口では結構（結婚しなくても）いいんじゃないと言っていると思うんですけど、……この間、宮沢りえが結婚した時も、やっと女としての幸せをりえちゃんは手に入れたみたいな、なんか言っているのを見て、やっぱりそっかみたいな。やっぱり結婚して、子どもを産むのが女の一番の幸せって考え方の人っていうのがみんな多いんだなって思いました。（ケイコ、37歳）

この語りからは、女性が結婚しないことが表面的には受け入れられつつある一方で、女性の幸せを結婚と出産に見いだす「伝統的な」考え方が今も存在していることがうかがえる。女の幸せは結婚にあるとする社会意識を感じているのは、この女性だけではない。

（結婚していない女性）は、……こう若干、哀れまれて、そこまではいかないにしても、なんとなくそんなイメージを持たれているかもなあと思う。（マリコ、30歳）

たぶん、気の毒とか思われているような気がします。（モモエ、42歳）

うーん、やっぱりかわいそうだと思ってると思います。いつまでも独りでかわいそう、独りでかわいそうって。うーん、それが一番いやなんですよね。全然自分かわいそうじゃないんですけど……絶対思ってると思います。だって何かにつけて言われますからね。（レイコ、44歳）

これらの語りからは、「哀れ」「気の毒」「かわいそう」という表現には、結婚した女性の対極にいる結婚していない女性は不幸せであり、哀れむべき存在であるという考え方を、当事者の女性たちが感じ取っていることが明らかである。

このような独身女性のとらえ方は、ゴードン（Gordon 1994＝2010）が調査した豪・米・フィンランドには見られなかった。一方で、以下に取り上げる語りは、ゴードンの調査で指摘されていた独身女性を「悪い」女とするとらえ方が日本にも存在する可能性があることを示している。

サヤカさんは東京丸の内に本社を構える大手企業社員である。一般職として入社し、途中総合職へのコース切り替えを打診されるも、考えた挙げ句、それを断ったという。一方、ハナさんは、広告代理店に勤務するコピーライター／アートディレクターである。忙しい業界にあって一生懸命かつ楽しく仕事に取り組んでいる。

（独身女性って）あまりよくは思われてないと思います。やはり日本は今、何ていうんですかね、女性も自立してきましたし、結婚しないで仕事をバリバリやってくっていう人も増えてはいますけども、結局はまだ古い。会社もそうですけど、古い体質があるので、女性はやっぱり結婚して、なんか家庭を作って守るべきっていうふうに思ってる人が多いと思います。（サヤカ、46歳）

風当たり強いですよね、今だに。ほんとに。……やっぱし、昔、……そうだったから仕方がないとは思うんですけれども、かわいそうだとか、何で結婚しないんだろうねとか。で、性格に問題があるからだっていう、そういう悪口系と。あと、ほんの少しですけれども、女性が働いていて、私よく言われるのは、選り取りみどりなんだろう、取っ替え引っ替え、楽しんでいるからなんだろうみたいなことを言われるんですよ。で、贅沢したくて、男性をそういう目で見て選ぼうとするから売れ残るんだよ、みたいに言われたりするので。（ハナ、34歳）

ここでは、サヤカさんは、「あまりよくは思われていないと思（う）」とやんわりと表現しているのに対して、ハナさんは、より強い表現を用いながら、自らが経験した働く女性に対する「風当たりの強さ」について語っている。ハナさんの語りからは、結婚しない女性に対するスティグマが今も存在していること、そして結婚すべきという価値観だけでなく、女性が結婚せずに「性的関心」をもつことを批判する態度を読み取ることができる。

とはいえ、女性が結婚せずに働くことをよしとしない風潮が、必ずしもハナさんが経験したようなあからさまな揶揄というかたちをとるとは限らない。次の語りからは、そのような生き方を真っ向から否定する事なく、かつ完全には受け入れないという、「ソフトな排除」のかたちをとりうることがうかがえる。

社会的にいいように、まぁ、いいとは思われていないと思うんですね。あまりに否定的な気はないと思うんですけど、かといって、それを決して勧めているわけではないと思いますね、すごく。（エミ、29歳）

ここまで（独身で）来ると好きに（やっているけれど）、まぁ、時々と思うのは、蚊帳の外の自由さと、やっぱりこう、発言権のなさはあるよね。だから、干渉もしてこないけど、こちらから干渉もできないみたいな。（アヤコ、57歳）

エミさんは、一般企業の人事総務部門で働いている。彼女の語りからは、社会において否定も肯定もされない独身女性という存在が浮かび上がってくる。アヤコさんは、ものづくりのアーティストであり、活動していくなかで自分の作品を販売する会社をつくったという起業家でもある。彼女の語りに見られる、独身女性として生きる上で謳歌している自由が「蚊帳の外の自由」であり、「発言権のなさ」とセットになっているという表現には、結婚しないという生き方自体は「否定」されないものの、そのような生き方をする女性が真に社会的に受け入れられてはいない様子を見ることができる。

以上のような複数の語りからは、東京の働く独身女性の生き方が表立って批判されることはなくなったものの、彼女たちが今も周辺化された存在であるというアンビバレントな社会状況を読み取ることができる。それは、彼女たちが決して規範の面で「普通」になったことを意味するのではないことを示唆している。本音と建前を使い分ける日本社会においては、独身女性に対する嘲りが当事者である女性たちの耳に直接入ることは今ではめったにないのかもしれない。しかし彼女たちの語りを見ると、「本音」らしきものがオブラートに包まれたようなかたちでやんわりと彼女たちの耳に入る、あるいは実際に「音」として入らなくても、彼女たちがそのような社会のとらえ方を敏感に肌で感じ取っている様子がうかがえる。

そのような社会状況にあって、彼女たちは、独身女性に対する独特のまなざしと自らの生き方に、どのように折り合いをつけているのだろうか。

3.2 社会的まなざしと自らの生活とのずれ――当事者の対応

調査では各インフォーマントに、社会的な独身女性のイメージについて彼女たち自身はどう思うかも尋ねた。その問いに対する彼女たちの語りを見ると、社会的なイメージと彼女たち自身の生活の間のずれの存在が浮かび上がってくる。

マリコさんは、修士号取得後、理系大学の研究室でリサーチアシスタントとして働いている。モモエさんは、専門学校卒業後、小売販売業を営む老舗ショップに就職、現在は広報を担当している。

ほんともうみんなが抱いているイメージとしての（哀れな）人もいるんだろうけど、たまたま（私の）周りにはいないし、私自身もそうは思っていないけど、そういう人も一定の割合ではいるんだと思うし、そういう人の方がイメージ的に強いですよね。（マリコ、30歳）

そんなふうに見えるかもしれないなとは思いますけれども。私は私で楽しくやっていこうかなと思っていますので（笑）そんなには……言うほど気の毒ではないかもしれないです。（モモエ、42歳）

こうした語りからは、当事者の女性たちが、自分たちの実際の生き方と一致しない独身女性イメージが社会に存在していることを感じ取っていることを示している。では、彼女たちはそのような「ずれ」にどう対応しているのだろうか。筆者の調査に応じた女性たちの語りからは、少なくとも二つのパターンが見られた。世間一般のとらえ方を拒絶するタイプとそれを受容するタイプである。そして前者については少なくとも干渉に対して静かに抵抗する場合と毅然とした態度で臨む場合の二つが見られた。

筆者の調査に応じた女性たちの大半は自分の生活に満足していると述べていた。この事自体が、「哀れ」といった独身女性のイメージと一致するものではない。しかしそのようなイメージに基づき当事者の女性たちの生活や生き方に干渉してくる人々が彼女たちの周囲に存在することがある。そのような干渉について拒絶反応を見せる女性がいた。在京テレビ局でディレクターとして働くレイコさんとアーティスト兼起業家のアヤコさんである。

（かわいそうって）言われますねえ。うーん。そうそうそう。だから、それは言われるのいやだからね、だから婚活するからするからって（笑）。そう言って、言わないと、なんかもうなんか言われるから。（レイコ、44歳）

私的にはさ、もうちょっと結婚とかさ、考えられないけど、時々こうなんか（周りが）気を遣ってくれてるのか、「ああ、まだまだ」みたいな。それと、向こうは結婚について聞く時には、一人って寂しいだろうなって思っているんだろうなって。世間はね、世間的にはね、思ったりもするし。（こちらからは）ほっといて欲しいって言えないでしょ。まぁ、態度はほっといて欲しいになるけどね。（アヤコ、57歳）

この二人の女性はともに、周囲からの干渉にうんざりしている様子であった。また干渉への対抗の仕方はそれぞれ異なっているが、いずれも真っ向から対抗するものではない。こうしたいわば「静かなる抵抗」とは異なり、周囲の干渉を力強くはねのけて我が道を行く生き方を実践している女性もいる。

自分がかわいそうだと思ったら、それは満足してないってことじゃないですか。それは満足する方向へ行くと思います。結婚して子どもを産むことに対して、満足が得られるって自分が思っていたら、そうしてたと思うし。でも、そうじゃなくて、満足する仕事があったり、自分で、自分が好きなように生きてゆくことが、満足なので。特に、うーん、悲観的な考えはないですね。自分が今、独身であることに対して。（エリカ、34歳）

（周りがいろいろと言ってきても）好きに言ってな、って感じですね。もうそれにはやっぱり味方がいるからですね。全然今はそういう方も多いですし。働いている女性の中には必ず出会いますからね。結婚してなくて、自分と歳が変わらなくて、もっと上の方もいたりとか。で、やっぱり生き生きと仕事をしていて。そういうのを見ていて、何が悪いのって、何にも悪くないし、孤独感もないんですよ。あっ、やばい、私だけじゃない、どうしようみたいなのもなんか全然ないです。
（ハナ、34歳）

エリカさん、ハナさんは別々の広告代理店で勤務しているが、ともにアートディレクターである。この二人の女性の語りからは、周りがなんと言おうと自分には関係ないという強い意志を見ることができる。エリカさんの場合は、自分で満足できる生き方をしていれば、ハナさんの場合は、「味方」がいるから周囲の干渉も気にならないという。前者は自分の生き方への確固たる自信が、後者は友人や先輩といったロールモデルの存在が力となっていることがわかる。

一方で、周囲の人々や世間の干渉に対して逆に理解を示す者もいる。筆者の調査では、社会がそう見ているのは仕方がない、自分もそう思う、社会意識も独身女性の立場も両方わかる、と述べる女性が複数いた。

パラリーガル（弁護士業務補佐）として法律事務所に勤務するフミさん（31歳）は、先に取り上げた女性たちと同じく、「そう思う人には思わせておけばというふうに思います」と述べつつも、世間が独身女性に対して特別なとらえ方をしていることについては、次のような考えを語った。

自分がもう少し若かった頃に、自分自身もある程度の年齢で未婚の女性に対して、そういうふうにちょっと奇異の目ということではないですけれども、どうしてなのかなっていうふうに見ていた憶えはあるので、あのー、なんていうのか、自分自身の中にもそういう考え方があるのかなっていう風に（思い）ます。……（世間の独身女性のとらえ方は）うーん、なんともまぁ仕方がないことですし、別にそれに対して怒りがあるわけでもないですし、だからといって、自分が結婚するというわけでもないので、無関心といえば無関心なのかもしれないです。

この語りからは、自らの中に世間のとらえ方と同じものが内面化されていることを認めているところに特徴がある。そして世間のとらえ方およびそれを内面化した自らの規範意識と自らの独身女性という立場との間の折り合いをつけるために、世間の干渉に対して無関心という立場をとっているようにみえる。

それらの折り合いをつけるための方法は「無関心」以外にも存在する。筆者のインフォーマントの中には、社会的な規範が求める生き方とその規範に従わないで生きることの両方に一定の意義を見いだす者もいた。

結婚しなくても、やってけるんだったらそれはそれで、あたしは別に、必ずしも結婚しなくちゃいけないっていうふうには思わないです。ていうかそういう、日本の将来で、やっぱり、子ども、家庭をもって、子どもをつくるのはやっぱり大切なことだと思うので、そういうふうにまわりが言う気持ちもわかります。（サヤカ、46歳）

私はどちらかといえば、（人に生き方を）強要はしないけど、そういう風に生きていけるんだったら、結婚した方がいいんじゃないかなっていうふうに思いますね。……（結婚すべきと思われるのは）しょうがない気もしますよね。……それを女性の自立っていうふうにとらえれば、（結婚しない生き方も）良しと言う人もいるんじゃないかなって思うんですね。なんだけど子どもが少ないとか、出生率とかになっちゃうと、やっぱり結婚も必要だよねって思っちゃうんで、難しいですよね。どっちなんだろうな。絶対こうとは言い切れないですけど、なんか、どっちの気持ちもわかるかなみたいな。（エミ、29歳）

この二人の女性はいずれも、個人が自分で自分の生き方を認める自由を認めつつも、結婚して子どもを持つことをよしとする考え方も理解できるとし、それを受け入れている。これは、彼女たち自身の意識の水準においては、個人の生き方の自由をよしとする考え方が結婚すべきという伝統的な社会規範と共存していることを示している。その意味においては、彼女たちは、個人主義の一辺倒な謳歌でもなく、伝統的な規範に固持するのでもなく、きわめてプラグマティックに結婚というライフイベントのないライフコースを歩んでいるといえる。

4　プラグマティックなライフコース選択と社会変化の可能性

本稿では、戦後日本型ライフコースの変化を牽引してきた社会集団の一つである女性の生き方の変化を取り上げた。筆者が行った東京都内で働く独身女性に関するインタビュー調査の結果をもとに、結婚せずに働く女性が「普通の逸脱」である可能性を検討するとともに、そうであるとしたらそれがどのような状況であるのか明らかにすることを試みた。

独身女性については「かわいそう」といった見方が今も存在する。筆者が出会った女性たちは日々の生活を独身として過ごすことをむしろ肯定的に受け止めていたが、同時に、自分たちが結婚している女性たちとはどこか違う存在であることを微妙に感じ取っていた。

また彼女たちの語りからは、結婚しない女性を逸脱と見なす独特のまなざしが今も消え去っていないことが明らかとなったが、そのようなまなざしが存在することに加えて、自分を完全に肯定することが難しい限りにおいて、彼女たちの行動が「変化」を求める活動や自らの社会的評価を高めるための努力につながることもないのだろう。

当事者の中には、独身女性に対する社会のとらえ方と自らが独身女性であることとの折り合いをつけるにあたって、世間体に縛られることなく自分なりに満足の行く生き方をすることに意義を見いだし、それを実践している者がいた。しかしながら、なかには結婚に女の幸せを見いだし、結婚しない女性を社会の周辺に位置づけるような伝統的考え方を受け入れつつ自らは結婚していない女性として生きるというライフコース選択をしている者もいた(9)。そのようなプラグマティックな行動が、東京の働く独身女性のライフコース選択の特徴であり、彼女たちの「普通の逸脱」を特徴づけているのではないだろうか。

こうしたライフコース選択の背景には、女性たちが社会的な規範のもつ「力」に真っ向から対抗し、新しい独身女性像を生み出していくことを可能とするような言説空間が、彼女たち自身の語りにおいて、ひいては日本社会においても、非常に限られていることも関係しているようにみえる。筆者のインタビュー調査に参加した女性たちのうちフェミニズムについて知っていると答えた者は大学で社会学を専攻した者などごく一部に限られていたし、男女平等についても、「当たり前」という意見もなくはなかったが、それは「絵に描いた餅」であるだとか、所詮は「無理」であるといった回答が見られた。こうした回答は、「逸脱」した生き方をする女性に向けられるまなざしを自ら疑問視するまでに、当事者の女性たちの側に社会批判的な意識が形成されているとはいいがたいことを示している。事実、彼女たちの大半は、自らの生き方を社会的に問うことなく、あくまで私的な選択の結果として受け止めている。このような現状を肯定しがちな姿勢からも、社会的な規範のもつ「力」をはねのけようとするよりも、むしろそれを受け入れつつ、限られた範囲内で生き方の自由を享受し、あくまで穏やかに自分の生き方を模索するという、きわめて受動的なライフコース選択が行われている現状が浮かび上がってくるのである。

そのような生き方が「社会改革」よりも「現状維持」の側面をもつことについて、価値判断を下すことは本章の目的ではない。筆者としては、これまで結婚を選択してこなかった女性たちが自らの生き方や同じような境遇の女性たちの生き方にどのような意味づけをしているのかを描き出したかっただけである。とはいえ、受動的なライフコース選択が生き方の多様化を限定的にしていることは否定できない。

いずれにせよ、本稿が描いた東京という都市で働く独身女性のライフスタイルや生き方は、既存の価値観にとらわれずに積極的に独身という生き方を選択するという欧米の「シティシングル」と一部重なりながらも、それとは異なるより多層的な様相を伴っていることが明らかとなった。その多層性についてのより詳細な分析は、また別の機会に譲ることにしたい。

謝辞　筆者の行ったインタビュー調査には、多くの方々のご協力を得た。なかでもインタビューに応じてくださった方々の厚意なくして本調査が成立しえなかったことはいうまでもない。記して感謝する。なお本調査は、筆者の関わる東アジアの独身女性調査（共同研究者：呉華孔、平田由紀江）の一部である。

注

（1）岩井（1999）は、ライフコースの変化が特に大きかった社会集団として、女性と高齢者を挙げている。

（2）個人のライフコースは政策や制度の影響を強く受ける（Kohli 1985）。日本において女性の生き方が大きく変わり始めた一九八〇年代前後に、一九七五年の国際女性年および第一回世界女性会議以降の国連による女性の地位向上のための取り組みや、それに刺激を受けて国内の女性運動が盛り上がったこと、その結果としての女性差別撤廃条約の署名（一九八〇年）・批准（一九八五年）や男女雇用機会均等法の制定（一九八五年）といった政治的展開があったことは偶然ではない。阿藤（1997）：Kobayashi（2011）など参照。

（3）近年、収入水準の低い男性の「結婚難」の問題が指摘されている。山田（2006）、白波瀬（2005）など参照。

（4）男性の場合、一九七五年に27歳、一九八五年に28・2歳、二〇〇五年に29・8歳と1歳以上上昇するまでに10年ほどかかった。女性の場合、一九七五年には24・7歳、2年後に25・0歳となり、その後1歳上昇するまでには15年かかったが、以後は26・0歳から27・0歳になるまでに8年、27・0歳から28・0歳になるまでには5年しかかからなかった（東京都 2005：第二章）。また未婚率が急激に上昇し始めた一九七五年のデータを基準に上昇率を計算すると、一九九〇年の年齢階級25～29歳および30～34歳の女性ではともに0・46であり、男性の場合（24～29歳：0・08、30～34歳：0・31）よりはるかに高い数値となっている。

（5）主体による主観的な意味構築に関する分析であるという点で、本章はバイオグラフィー研究に位置づけられる。バイオグラフィー研究については、本書2章（ダウジーン論文）参照。

（6）事前にサンプリング・マトリックスを作成し、上述した世代、学歴、雇用形態、居住状況といった属性ごとに1～3名程度見つけるようにした。このサンプリング・マトリックスに沿って、インタビュー調査の対象者として適当な人物へのアクセスをもつと思われる「ゲイトキーパー」をまず選定し、その人物らを通して対象者を見つけるという方法を採った。一定の「理論的飽和」（Glaser & Strauss 1998. 訳書 1996）に至ったとの判断をもって、サンプリングを終了した。

（7）紙面の都合上、質問項目を掲載することはできない。詳しくは、Tanaka & Ng（2012）参照。

（8）対象者の氏名は仮名、年齢は調査時のものである。以下も同様。

（9）Trimberger（2005）によれば、アメリカでは、独身女性に対する否定的なイメージを当事者の女性たちが内面化する傾向は、年齢が高いほど強く認められるという。

文献

阿藤誠 1997「日本の超少子化現象と価値観変動仮説」『人口問題研究』53(1)：3-20.

Forsyth, C. & E. Johnson, 1995, "A Sociological View of the Never-married," *International Journal of Sociology of the Family*, 25(2)：91-104.

Glaser, B. G. & A. L. Strauss, 1998, *Grounded Theory: Strategien qualitativer Sozialforschung*, Bern：Huber.（訳書 1996 後藤・大出・水野訳『データ対話型理論の発見――調査からいかに理論を生みだすか』新曜社.）

Gordon, T., 1994, *Single Women*, London：Macmillan.（＝2010 熊谷滋子訳『シングルウーマン白書――彼女たちの居場所はどこ？』ミネルヴァ書房.）

岩井八郎 1999「戦後日本型ライフコースとその変化―女性と高齢者を中心に」『組織科学』33(2)：33-46.

加藤千香子 2006「近代日本のオールド・ミス」金井淑子編著『ファミリートラブル――近代家族／ジェンダーのゆくえ』明石書店.

Kobayashi, T. (ed.), 2011, *Different Perspectives on Biographies*, Tokyo：Hitotsubashi University Graduate School of Social Sciences.

Kohli, M., 1985, "Die Institutionalisierung des Lebenslaufs：Historische Befunde und theoretische Argumente," *Kölner Zeitschrift für Soziologie und Sozialpsychologie*, 37：1-29.

Ng, C. W. & E. G. H. Ng, 2009, "Single Working Women in Hong Kong：A Case of 'Normal Deviance'?," Chan, K. , A. S. Ku & Y. Chu (eds.), *Doing Families in Hong Kong*, Leiden：Brill.

白波瀬佐和子 2005『少子高齢社会のみえない格差――ジェンダー・世代・階層のゆくえ』東京大学出版会.

総務省統計局・政策統括官（統計基準担当）・統計研究所　各年『国勢調査』データ http://www.e-stat.go.jp/

(2011. 10. 8).
田中亜希子 2008『満足できない女たち——アラフォーは何を求めているのか』ＰＨＰ研究所.
Tanaka, H. & C. W. Ng, 2012, "Individualization of Marriage and Work Life Choices: A Study of Never-married Employed Women in Hong Kong and Tokyo," *Asian Women*, 28(1): 85–119.
東京都 2005「次世代育成支援東京都行動計画（前期）平成一七年四月」http://www.fukushihoken.metro.tokyo.jp/kodomo/katei/jisedai/zenki/index.html（2010. 9. 4).
Trimberger, E. K., 2005, *The New Single Woman*, Boston: Beacon.
山田昌弘 2006『新平等社会——「希望格差」を超えて』文藝春秋.

8 テレビドラマにみるライフコースの脱標準化と未婚化の表象
——『アラウンド40』と『婚カツ！』を例に

クリスティーナ・岩田ワイケナント

はじめに

本章では、近年のテレビドラマにおける未婚化・晩婚化の表象をジェンダーの観点から分析する。三人の女性の結婚をめぐる葛藤を描いた『アラウンド40～注文の多いオンナたち』と結婚問題を男性のパースペクティブから描く『婚カツ！』という二つのドラマを題材に、超少子高齢化の時代に「結婚」と「幸せ」がどこまでリンクされているのか、またジェンダーごとに結婚の位置づけ・意味がどのように異なるのかを問いたい。

両ドラマは、結婚という同じテーマを扱いつつも、その据え方は対照的である。

前者は二〇〇八年春にＴＢＳ系列で毎週金曜日の夜10時に放映され、当時の40歳前後の女性を指す「アラフォー」という新語を流行させた話題のドラマである。結婚をめぐるさまざまな問題がライフスタイルや価値観が異なる三人の女性の視点から描かれ、この年齢層の生き方が多様な様子が明瞭に表現されている。以下の分析が示す通り、『アラウンド40』からは結婚や幸せはあくまでも個人の問題で、社会が干渉すべきではないというスタンスが読み取れる。

一方、二〇〇九年春にフジテレビ系列に放映された『婚カツ！』は、結婚は就職活動をするように計画的・慎重に進めないともはやできないと主張する山田昌弘と白川桃子のベストセラー『「婚活」時代』(2008) にインスピレーションを受けている。結婚を男性の視点から描く数少ないドラマの一つであるが、『婚カツ！』においては、結婚と「男らしさ」が密接に結びつけられており、前出の『アラウンド40』で描かれた女性の場合ほど主人公（の男性）には選択肢がない。『婚カツ！』においては、以下論じていくように、個人の幸せというより、社会の存続という重いテーマがドラマの中心にある。

両作品に見られる結婚とジェンダー表象の違いに、ライフコース研究の視点も取り入れながら迫っていきたい。

1　メディア分析の重要性と理論的アプローチ

家族、学校、友人などと同様に、メディアは社会化のエージェントである。メディアの種類により、社会的位置づけや消費の仕方は異なるが、ニュースメディアもテレビドラマのようなエンタテインメントも《世の中を説明しようとしている》という共通点をもち、また知の生産・拡大に一役買っている。そのメカニズムについて、フーはドラマの再帰性が視聴者の注目を引きつけ、登場人物とのアイデンティフィケーションを可能にする重要な要素だと指摘する（Hu 2010）。たとえば、登場人物が自分のおかれている状況について深く考え、悩みや希望などを言葉にする場面やそのような内容のナレーションがきわめて多いため、視聴者は自分に直接語りかけられているかのような気持ちになる。言い換えれば、登場人物のそういった「メタ思考」は視聴者が自分自身の価値観や社会のあり方について考えるきっかけとなりうるという（Hu 2010: 212）。そこから生まれるテレビドラマの影響力について、メディア学者の伊藤守は次のように述べている。特に「九〇年代のドラマは若い視聴者を引きつける強い力があった。当時の10代後半から20代の女性にとって、ドラマを見ることは日常の生活に対する淡い夢や恋愛関係に関する思いとしっかり結びついていて、大きな楽しみの一つでした。またニュースは見なくてもドラマを見ることだけはまだ習慣化していた」（伊藤 2009: 99-100）。この年齢層の女性たちは「今でもテレビドラマを消費する主な年代」（同：100）であり、本章で論じるドラマのターゲット層とも一致する。

テレビドラマは短期間で消費される娯楽である。また、そのストーリー展開はある程度パターン化されている。テレビドラマのストーリーには、問題の発見から始まり、コミュニケーションアップでいくつかの妨げを乗り越え、最後により良い状況で落ち着くという展開をたどるものが多い。また、完全なハッピーエンドで終わる作品は実は少ない、という点も特徴的である。後者の特徴はドラマをよりリアルに感じさせる効果をもつ。それは、視聴者が関心をもち続け、毎週作品を見てくれるように制作側が狙った結果なのかもしれない。また、テレビドラマはエンタテインメントであり、番組のスポンサーからも多様なオーディエンスからも、幅広く受け入れられる必要がある以上、ラディカルな社会批判はできない——また、期待されない——ともいえる。しかし、フーが指摘する通り登場人物も多様なので、たとえば上記の「メタ思考」——視聴者に訴えかける登場人物の希望や悩みなど——によって、社会規範に問いかけることはたしかに可能である（Hu 2010: 197）。

以上の議論からは、ドラマの内容分析では、物語の中で何が「問題」とされ、その問題がどのように「解決」されるのかに注目することが重要であることがわかる。ドラマが視聴者の「淡い夢や恋愛関係に関する思いとしっかり結びついていて」も、当然、そこに現実がそのまま反映されているわけではない。むしろ、ドラマの製作者側が現実に起きている出来事やトレンドに敏感に反応し、自分の世界観に合わせて解釈した上で、視聴者に物語というかたちで提供する。言い換えれば、ドラマは制作された時代の社会状況とその価値観を反映すると同時に、表象を通じて新たな現実を創造し、人々のさまざまな問題の認識に影響を与えうるという二つの側面をもっている。

以上、テレビドラマの特徴について述べたが、本章では、『アラウンド40』と『婚カツ！』を事例として取り上げ、そこで描かれる結婚をめぐる葛藤を結婚言説の一部と見なして、両作品の内容分析を行う。本章を通じて、ライフコースの脱標準化の一環である未婚化・晩婚化（本書1章嶋﨑論文、7章田中論文参照）について考える上で、こうしたメディア分析が有意義なアプローチであることを示すことができると考えている。

また以下の議論では言説分析を行うが、ミシェル・フーコーの研究を参考にしたヴィラの定義に従い、次のように言説をとらえることとする。

（言説とは）思考や談話のシステムであり、認識の仕方を決めることによって、われわれの世界の認識自体を構成する。ポスト構造主義的な言説概念は、言語が現実を描写するという考えを拒否し、既存の事実や物をありのまま映し出すのは不可能としている。言説理論において、言語はイデオロギーや歴史から自由になることができないし、権力から自由になることもできない。言説は、現実を創造するという意味で生産的なのである（Villa 2003：20）。

こうした言説の創造性は、抽象的な概念から具体的なものまですべてを表現し、意味を与えることによって、われわれが認識しうる世界をある意味で創造するところにある。たとえば『アラウンド40』が放映された時に40歳前後だった女性たちは、もちろん「アラフォー」という名称でくくられる前から存在していた。しかしドラマをきっかけに、その年齢層の女性を対象・ターゲットにした出版物が数多く市場に出て、新聞や雑誌でも頻繁に取り上げられることによって、一九六三～七三年生まれの女性たちは「アラフォー」として創造されたのである。現実には言葉を介して認識されるという意味で、「アラフォー」は言説的構成物だといえる。次節以降では、「アラフォー」はどのように構築されるのか、そして未婚化・晩婚化が二つのドラマにおいてどのように位置づけられているのかを分析していく。そのためにはまず「結婚」――戦後日本で標準化された男女のライフコースの中で不可欠のライフイベント――がテレビドラマにおいてどのように描かれてきたのかを思い出す必要がある。

2　過去二十年のテレビドラマにおける「結婚」の表象の変遷

戦後の日本社会ではライフコースの制度化と標準化が進行し、男性に「サラリーマン」、女性に「専業主婦」という二つのジェンダー・モデルが用意された（1章嶋﨑論文、7章田中論文参照）。また男性稼ぎ主と専業主婦、そして子ども2～3人からなる家族構成も、いわゆる「標準家族」として社会の理念型となった。そこで結節点となったのが「結婚」である。この社会的背景からすれば、「現実に近い」ことを売り物にしている日本のテレビドラマにおいて結婚がきわめて重要なテーマとなり、「幸せ」ともしっかり結びつけられてきたことは至極自然なことであるといえよう。

しかし、近年においては、テレビドラマにおける結婚の位置づけが変わりつつあるようだ。たとえば九〇年代のいわゆるトレンディドラマの主題は「恋愛」であった。バブル景気時代にルーツをもち、バブル崩壊後もそのライフスタイルや価値観を演出し続けてきたこのジャンルの主たるターゲット層は、20～35歳の女性（いわゆるF１）であった。またストーリーの面ではその年齢層の女性のおしゃれな生活や洗練された消費文化が描かれるという特徴があったが、物語の中心的な主題は「恋愛」、そして「結婚」であった。たとえば、九六年『ロングバケーション』（フジテレビ）の南（山口智子）や二〇〇〇年の『やまとなでしこ』（フジテレビ）の桜子（松嶋菜々子）といったヒロインたちは、仕事もしたが、最終的な目標はあくまでも結婚であり、これらの作品では、いずれもヒロインが思いを寄せる相手と結ばれて話が終わる。結婚自体を人生の大きなゴールの一つとする考え方は、疑問視されることなく、次のライフステージへの自明のステップとして描かれている。

けれども、ゼロ年代以降、こうしたパターンに変化が生じつつある。ドラマのヒロインが結婚せずに、好意を寄せる相手がいても、必ずしも結ばれるかどうかはわからないというあいまいなエンディングの作品がかなり増えているのである。そのような主人公の出現の裏には、酒井順子（2004）のベストセラーがきっかけとなった負け犬ブームがあったのかもしれない[1]。七〇年代半ばのベビーブーム以降、独身者や離婚者の数が増加しているので、30~40代の非婚者はもはや珍しいことではない（国立社会保障・人口問題研究所 2011a）。しかし、結婚して子どもを産むべきだという価値観は大きくは変わっていない。30代で子どもを持たない未婚女性は、その生活を自分で選んだとしても社会的には「負け犬」と見なされる、開き直ってそう自称した方が、世間とうまくやっていけるというのが、酒井の主張だった[2]。

二〇〇〇年代には、酒井の著書のドラマ化（二〇〇五年、日本テレビ）をはじめ、多くのドラマに「負け犬」が登場し始めた。同時に、「仕事」という、長い間、女性の登場人物にとってサブテーマにすぎなかったものが以前より重要になってきている。たとえば二〇〇七年の『働きマン』（日本テレビ）では、女性の出世と恋愛の両立は不可能なものであり、そのことがヒロインのジレンマとして描かれる。他方、同じ二〇〇七年の『ハケンの品格』（日本テレビ）では、恋愛の部分が極端に抑えられている。同作品は、仕事がメインテーマとなった初めてのドラマといっても過言ではなかろう。ヒロインの大前春子（篠原涼子）は結婚どころか、恋愛さえしない。そのような「恋愛超氷河期」を生きる女性の悩みは、たとえば二〇一一年秋の人気ドラマ『私が恋愛できない理由』（フジテレビ）でも描かれた。

本章で扱う『アラウンド40』および『婚カツ！』では、結婚がメインテーマとなっている。しかし、どちらにおいても結婚は、「選択」の対象となっていても、「当たり前」のものではなくなっている点に変わりはない。むしろ興味深いのは、両作品ではそれを選ぶ自由度が男女で大きく異なることである。次節では、「人生の多様化言説」に関連させながら、両作品の違いを探ることとする。

3　『アラウンド40』にみる幸せの個人化

3.1　テーマとストーリー

『アラウンド40～注文の多いオンナたち』は、二〇〇八年に流行語大賞を受賞した「アラフォー」という言葉を流行らせたヒットドラマである(3)。ファッション業界で以前から使われていた、30歳前後の女性を指す「アラサー」にかけた造語で、その後でつくられた「アラフィフ」(50歳前後)や「アラカン」(還暦前後)という言葉のモデルとなった。また、「アラフォー」という言葉は、だれでも通過する年齢というより、特定のコーホートを指しており、二〇〇八年に40歳前後だった女性が、特定の時代に社会化され、共有するに至った経験を指している(田中 2008: 11-2)。ドラマの初回において男性のナレーションにより、この世代は次のように定義される。

「アラウンド・フォーティーと呼ばれる世代がある。……この世代は八〇年代のバブル経済の真っただ中で青春期を過ごしてきた。彼女たちは男女雇用機会均等法世代ともいわれる。仕事、恋愛、結婚、出産という多様な選択肢の中から自分の生き方を選べる世代の象徴だった。しかし現在、そんな時代を走り続けてきたゆえに、迷い多き人生の岐路に立たされようとしている。そんな彼女たちを人はアラウンド・フォーティー、略してアラフォーと呼ぶ」。

ドラマをきっかけに、「アラフォー」をテーマにした数多くの書物などが出版されたが、いずれも八〇年代半ばの男女雇用機会均等法以降に認められる女性の人生の多様化言説（本書1章嶋﨑論文参照）を出発点としている。つまり、女性が結婚する／しない、仕事する／しない、子どもを産む／産まないことを「選択できた」史上初めての世代だという認識が、「アラフォー」言説の重要な部分なのである。当然ながら、これは進む道を「選択しなければならない」ということも意味する。生き方を自由に選べるという発想から生まれる不自由こそが、『アラウンド40』のメインテーマかもしれない。

多くのドラマと同様、『アラウンド40』でも女性のトリオを中心に展開していく。精神科医の緒方聡子（39歳、天海祐希）、専業主婦の竹内瑞恵（39歳、松下由樹）、そして雑誌編集者の森村奈央（35歳、大塚寧々）の三人の女性が、多くの選択肢の中から「自分らしい」生き方を見つけようと格闘する。なかでも、本ドラマの中心人物である聡子は「40歳前後になっても好き勝手にやっているシングル」（田中 2008: 158）という「アラフォー」のイメージに一番近い。高級マンションに住む彼女は、仕事にプライドをもっており、おいしいものを食べたり、一人で高級温泉宿に泊まったりすることを趣味にしている。いつかは結婚して子どもも産みたいと漠然と考えているが、ドラマの初回では、周りの人に結婚を諦めている「可哀そうな女」と思われていることを知る。焦って登録した結婚紹介所のエージェントから、女性の「価値」はルックスでも、キャリアでもなく、年齢だけで決まると思い知らされ、ショックを受ける。結婚の目的は、夫婦がお互いを支えながら幸せに生きていくということより、むしろ出産におかれているのである。この価値観は、柳沢元厚生労働相が二〇〇七年の演説で少子化に触れた時に女性を子どもを「産む機械」や「生む装置」に例えたことを想起させる（Asahi.com 2007）。聡子はしかし、女性の使命は子どもを産むことだという考えに対して強い違和感を覚える。何度かお見合いした後は結婚紹介所を通じて相手を見つけることを諦め、自分のスタッフである年下の岡村恵太朗（藤木直人）とつきあい始める。

ドラマでは、聡子は結婚や出産とは別の道を選ぶことになる。しかし、彼女の結婚紹介所とのやりとりは、「アラフォー」に注目が集まった背景に、少子高齢化という社会問題があることに気づかせてくれる。

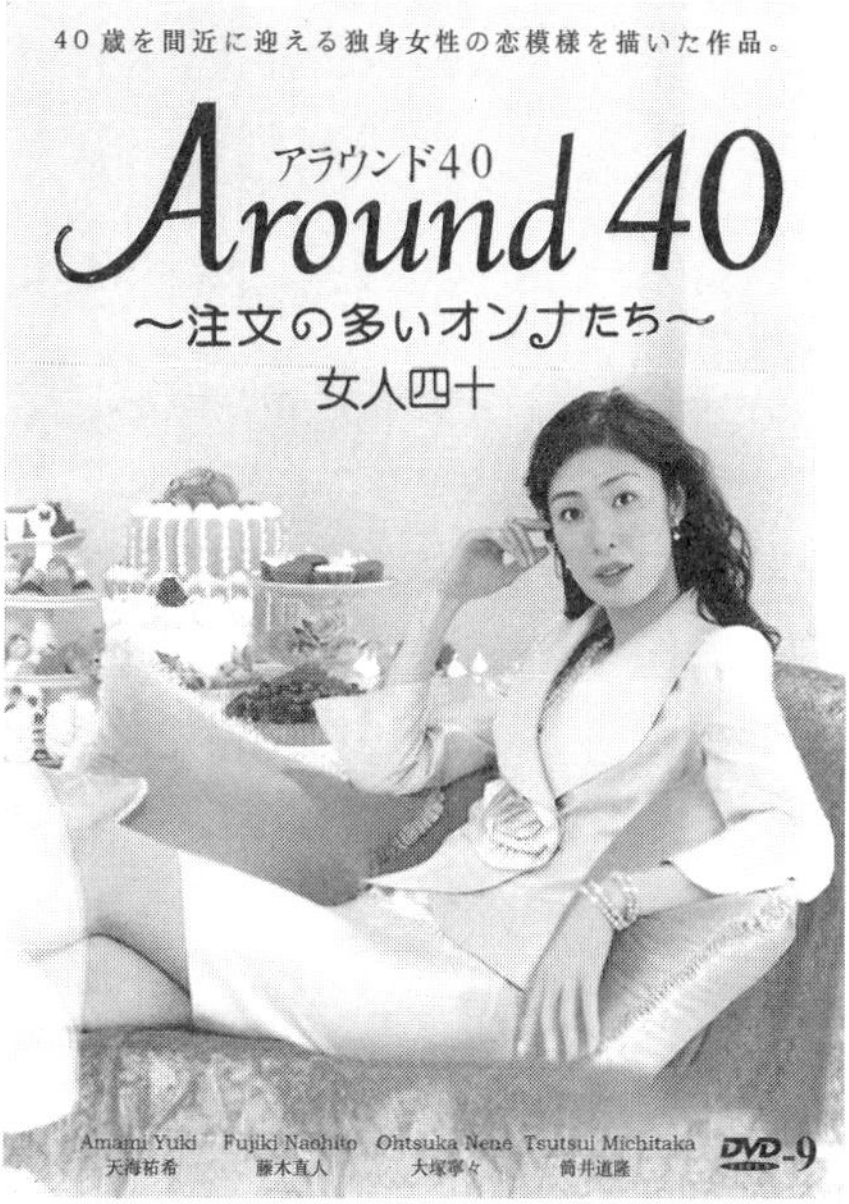

図8.1　『アラウンド40〜注文の多いオンナたち』
DVD　3ヵ国語版，TBS，2008年
「40歳を間近に迎える独身女性の恋模様を描いた作品」© Tokyo Broadcasting System Television, Inc. 2008

アラフォーを扱う書物やほかのドラマを見ても、「出産」が重要な記号となっていることは明白である。たとえば、『アラウンド40』と近い時期に、『4つの嘘』（テレビ朝日）と『コンカツ・リカツ』（NHK）という、40歳前後の女性の結婚問題をテーマにしたドラマが放映され、ちょっとしたブームが起きた。二〇一一年秋に放映された『ビターシュガー』（NHK総合）も「アラフォーもの」の部類に入っており、トレンドが続いていることを示している。どのドラマも結婚後に離婚が待っているかもしれない、結婚だけをゴールと考えるのは危険だと暗示する。にもかかわらず40歳前後の主人公たちが結婚問題で悩むのは、出産するにはぎりぎりのタイミングという焦りが彼女たちにあるからである。

北欧や中央ヨーロッパの多くの国では、出産の条件としての結婚は消えつつあり、現在は子どもの約半数かそれ以上が婚外子として生まれる（Eurostat 2011: 133）。しかし、近年の「できちゃった結婚」の増加が示すように、日本では出産と結婚は現在でも強く結びついている(4)。この結びつきこそが未婚化・晩婚化が少子化と関連づけられる理由であるかもしれない。また、まだ子どもが産める40歳前後の女性がこの人口減少時代に注目を浴びている理由でもあるのかもしれない。

しかし、ストーリーの展開を見てみると、標準化されたライフコースにおいて重要な「結婚」というイベントは、『アラウンド40』では必ずしも肯定的にとらえられていないことがわかる。たとえば35歳のファッション雑誌の編集者である森村奈央は、仕事がうまくいかなくなった時に、突然「結婚しない宣言」を撤回し、売れっ子ライフスタイル・プロデューサーのプロポーズを受け容れる。結婚によって奈央自身もセレブ入りしたことを理由に、新雑誌の編集長に選ばれる。「望むものすべてを手に入れて自分も成長する」（第3話　7分3秒）という、新雑誌が提案する「新しい幸せ」の象徴になろうとし、奈央は自分の不妊治療まで記事のネタにしてしまう。しかし妊娠はするものの、好きでもないのに結婚した相手との生活に対する不満が高まり、結局は離婚を決意する。奈央が結婚に失敗することは、どう解釈できるだろうか。

先に述べたように、「アラフォー」と呼ばれる女性が生き方を「選択できた」史上初めての世代だという認識は、「アラフォー」言説においてきわめて重要である。選択肢の増加とおそらく関連しているが、「欲望」も頻繁にこの世代の女性の特徴として挙げられる。放送作家の町田広美は次のようにコメントしている。

自分と同世代の日本の女たちだけが罹患する伝染病が発生すればいいのに。死に至る病。私も死ぬが、仕方がない。この女たちが去れば、世界の風通しはきっと少し良くなるだろう……《アラフォー》病というところか。死に至らずとも、欲望三割減……それほど強欲なのだから（浜田2009：13）。

奈央の例でわかるように、「注文の多いオンナたち」という副題をもっている『アラウンド40』もまた、40歳前後の女性は欲張りだという認識をある程度再強化している。奈央が新雑誌を提案する時のキャッチフレーズは「結婚も子どももキャリアも手に入れて、そして女であり続けること」である。

キャリアウーマンを主人公にする『働きマン』というドラマでも描かれているように、真面目に働いて出世することは、少なくともドラマの世界では、「男性」にしかできない。『働きマン』の主人公松方弘子（菅野美穂）は仕事中に女性ホルモンが多く含まれている納豆巻きを大量に食べることによって、自分の女性らしさを辛うじて保とうとする。そこでは、キャリアウーマンの「男性化」がパロディ的に強調される。女性でも出世の道を選ぶのなら、『働きマン』の主人公のように「男モード」に切り替えることが求められる。実際、テレビドラマに出てくるキャリアウーマンは、聡子のようなシングルが圧倒的に多い。キャリアと育児はもちろんのこと、仕事と結婚さえ両立できていない女性ばかりである。

しかし、「望むものすべてを手に入れて自分も成長する」という奈央の主張は、同世代の男性なら当たり前の目標を女性も同じようにもち、しかも女性は女性として女性らしく生きればいいという、ある意味で男女平等的なあり方を求めるようなものではない。奈央はプレゼンの際に、「女性というのは本来欲張り」だと少々挑発的に述べ、むしろ「欲張り」を売り物にしようとするが、失敗する。町田広美のいう「アラフォー」病までは行かないとしても、「欲張り女」の象徴である奈央は離婚後に仕事を失い、結局フリーランスライターとして働きながら子どもを一人で育てなければならないという結末を迎える。

多くのシングルマザーがおかれる現状を考えるとかなり厳しい暮らしのはずであるが(Hertog 2009)、奈央は「重要なのは見た目ではなく、中身だ」と理解しており、ドラマの前半よりもずっと幸せそうに見える。この展開は、結婚が幸せの前提ではないという主張としてポジティブに読み取ることができる。しかしそれと同時に、仕事上の戦略として家庭をもつことは許容されえない、また、結婚の動機は「恋愛」以外に考えられない、という規範の再強化としても解釈できるであろう。

後者の印象は、奈央を聡子と比べるといっそう強いものとなる。奈央と同様、聡子も仕事こそが自己実現のツールだと考え、プライベートを仕事の条件に合わせる。ちょうど岡村との結婚話がもち上がった時に、二人はそれぞれの仕事上の夢を実現するチャンスを与えられる。しかし、それを叶えるには遠く離れて暮らす必要がある。しばらく悩んだ末、二人は仕事を選ぶ。岡村はある施設で「心が傷ついた子どもたち」と大家族のように暮らし、そこでメンタルなケアを担当することになる。一方、聡子は総合病院の院長として、病院の存続を可能にし、すべての患者がカウンセリングを受けられる体制を確立することに成功する。また妊婦教室は自分で担当することにするが、それは間接的であっても聡子がマザーリングに関わっているという風に読み取れる。先に述べたように、奈央も編集長になることを夢としてもっていた。しかし、彼女の夢の内容は個人的な自己実現であるのに対して、聡子と岡村は、夢を叶えることで社会に大いに貢献している。『アラウンド40』では、女性のキャリア志向は職種によって評価が違うようである。

3.2　女性が働くこととライフコース

ところで「アラフォー」という言葉は、聡子と奈央のような独身キャリアウーマンを連想させる。しかし、エッセイストの田中明子は、このコーホートのほとんどの女性は実は専業主婦だと指摘している。「40歳前後になっても好き勝手にやっているシングル」は「従来より……目立ってきたという話で、この層、特に四〇代では断然既婚者の割合が多く、アラフォーのメインを占めるのは専業主婦であろう」（田中 2008：158）。『アラウンド40』の中で、この女性たちは竹内瑞恵に代表される。

第三の登場人物・瑞恵は、三人の中で、戦後に標準化されたライフコースに最も近い生活をしている。大学卒業後ＯＬとして働いたが、25歳で社内結婚をきっかけに寿退社し、母親業や主婦業に専念してきた。いわゆる「勝ち犬」ではある。けれども、テレビドラマに出てくる多くの主婦のように、自分の努力は家族からも社会からも評価されていないと感じ、不満を抱いている。現状を変えるには離婚しかないという結論に至り、自立の第一歩としてパートを始める。最初は苦労するが、そのうちに正社員に誘われるほど仕事が評価されるようになる。しかし、瑞恵の夫も息子もそれぞれ問題を抱えており、しばらく言えずにいる。結局、竹内家の人々は気持ちを正直に伝え合い、お互い歩み寄ることで危機を乗り越える。夫と息子は家事を手伝う約束をし、瑞恵は正社員のオファーを断るところで落ち着く。

日本の女性の労働力率がはっきりとしたM字型曲線を描いていることを考えると、瑞恵がパートというかたちで「社会復帰」するのは、従来の女性のライフコースに沿った生き方を反映しているといえる。瑞恵はこの結末をハッピーエンドと受け止める。彼女によれば、働きたいという気持ちの裏には「認めてもらいたい」、そして「ほかの母親と同じでいたい」という思いがあり、その両方を叶えるには正社員よりもむしろパートという働き方が良いからである。経済的必要にかられて、あるいはキャリア志向が新たに芽生えてきたからではなく、自分自身を満足させたかったために働いたのであり、正社員にならなくても彼女は幸せになれるというのである。

一九八〇年代以降に人生の多様化言説が広がり始めているが、その多様化は実は個人のライフスタイルのレベルにとどまったと嶋﨑は指摘する。つまり、「サラリーマン」と「専業主婦」という主たるライフコース・モデルは固定したままで、その周辺の選択肢が増えただけだというのである。「望むものすべてを手に入れて自分も成長する」（第3話7分3秒）という奈央のモットーを一番近いかたちで実現するのは瑞恵だとすると、『アラウンド40』においても、仕事を第一に考える聡子や未婚の母である奈央よりも、パートで働く主婦、瑞恵の生き方の方が肯定されているといえる(5)。「キャリアウーマン」や「シングルマザー」といった生き方は新たなライフコース・モデルというよりは公的ライフコースとしての「専業主婦」からの逸脱だという嶋﨑の主張は、『アラウンド40』の女性を見てもどこか納得するものがある。

4　『婚カツ！』にみる明るい未来の前提としての結婚

4.1　テーマとストーリー

次に、結婚問題を男性のパースペクティブから扱う数少ないドラマの一つである『婚カツ！』（フジテレビ、月曜夜9時、中居正広主演、二〇〇九年）を取り上げる(6)。このドラマは、主人公の年齢つまり「子どもを産める力」を問題にする「アラフォーもの」と異なるところに重点がおかれている。すなわち、男性の仕事の有無や結婚に対する意欲である。言い換えれば、男性の標準的なライフコースの中核にある「家族を養う力」が問われるのである。このドラマのメインテーマは少子化時代における「男らしさ」である。以下論じるように、それは結婚と就職に密接に結びつけられている。

『婚カツ！』のタイトルとなっている「婚活」という言葉は、「アラフォー」と同様に二〇〇八年の流行語である。この言葉には、結婚はもはや就職と同じように計画的に進めなければ実現できないという意味が込められている。就職活動（就活）にかけて「婚活」を造語した山田昌弘と白川桃子（2008）は、近年の結婚市場の「自由化」を労働市場の自由化のアナロジーとしてとらえている。八〇年代以降、ライフスタイルは多様化し、結婚を前提としない交際が出現した。さらに、男女の出会いの場が減っている一方、結婚相手に求める条件が非常に高まっている。不況や雇用の不安定化もあり、男女間でミスマッチが生じ、結婚したくてもできない人が増えているというのである。

日本では、六〇年代に恋愛結婚がお見合い結婚の割合を初めて上回ったといわれる。しかし、恋愛以外の諸条件も考慮に入れた上での結婚形態が長い歴史をもっていることを考えると、条件重視の「婚活」もその流れの一部であるととらえることができる。けれども「婚活」は、次の点において従来のお見合いと異なっている。すなわち、結婚紹介所などの民間企業だけではなく、行政までもが婚活イベントの企画などを通じて婚活をサポートしている点である。これは、婚活が個人のレベルにとどまらない問題であることを示している。未婚化・晩婚化という標準的なライフコースからの逸脱現象が少子化の大きな要因であるといわれるなかで、結婚が社会の存続に関わる問題だという認識の強まりが、『婚カツ！』というドラマに表れているのである。

まず、ストーリー内容を簡単にまとめておこう。34歳の主人公雨宮邦之（中居正広）は勤めていた会社を軽々と辞めるが、直後にリーマンショックが起きてしまうため、再就職は予想以上に難しい。そこで、区役所が臨時職員を募集していることを知る。既婚者のみが対象なので、邦之は彼女さえいないにもかかわらず、面接時に近々結婚する予定だと嘘をつく。採用はされるものの、三ヵ月以内に嘘を現実にしなければならないため、婚活に励む。そうしているうちに、同じ条件で採用された61歳の元サラリーマン同僚桜田周五郎（橋爪功）も実は独身であることが判明する。怪しまれずに婚活イベントに出られるように、二人は所属している少子化対策課が区民の婚活をサポートすべきだと主張し、相談窓口を開いたりして、さまざまな出会いの場を提供するようになる。

二人の提案の裏には、職を確保したいという個人的な動機があるものの、それが実現する過程で、邦之と桜田が少子化の原因について説明し、未婚化・晩婚化を社会問題視する場面がいくつかある。ドラマの中では区長を説得する設定となっているが、画面には邦之の顔がアップで映るので、視聴者に直接語りかけているかのような印象を与える。

さらに、このドラマでは少子化が地域社会の崩壊や街の空洞化という、多くの視聴者にも身近なものとなっている社会問題と結びつけられる。昭和の面影が色濃く残った邦之の地元、さくら地蔵商店街は買い物客の減少に悩み、シャッター街に変身しつつある。ドラマの第一話で再開発の企画が浮上する。立ち退きをどうしても避けたい邦之は少子化対策課のほかのメンバーと一緒になって、さくら地蔵商店街を「婚活タウン」として再生させようという案を住民たちに出し、説得する。結婚をこのようにわかりやすい「未来」の象徴として街づくりの材料とすることによっても、結婚や出産はもはや個人だけの問題ではないことが再び強調される。

『アラウンド40』の初回でも、緒方聡子が自転車で仕事に通う姿の背景に、未婚化・少子化に関す

図8.2　『婚カツ！』DVD BOX　フジテレビ，2010年

「不景気で職を失った雨宮邦之は，実家のとんかつ屋を継ぎたくないために，区の臨時職員の採用時に，自分は既婚であると嘘を付いてしまう」

る統計――「35～44歳の未婚女性の割合」が一九八六年の男女雇用機会均等法を境に約三倍に増加したことや、初子出産年齢が過去三十年間の間に高くなったこと――が映し出される。『アラウンド40』のストーリーも、未婚化、晩婚化そして少子化を背景に展開していくが、ストーリーの焦点はこれらの社会問題ではなく、むしろ個人の幸せに当てられており、結婚は幸せの前提にはならない。前述のように、妻・母親・働く女性という三つの役割を果たしうるのは主婦の瑞恵だけである。しかし、それが条件付きの「節度のある幸せ」だとしても、結婚よりも仕事を選んだ聡子も離婚した奈央も、ドラマの最後では「幸せ」だと言う。ドラマの後半に向けて「私が幸せかどうかは、私が決める」と聡子が何度も言うことが端的に示しているように、『アラウンド40』において幸福はきわめて個人的なものである。

一方、『婚カツ！』では結婚は明るい社会の未来への第一歩として据えられるため、それが誰もがめざすべきゴールとして位置づけられてしまう。たとえば、元サラリーマンの桜田は若い頃、結婚して家庭をもつ暇も必要もないと考えていた。しかし、定年間近にリストラされてからは、人生において仕事がすべてなのではなく、本当の幸せは結婚にしかないのではないかと思うようになり、30歳以上年下の女性にプロポーズする。ずっと結婚に興味がなかった人でも還暦を迎えてから結婚するという展開は、結婚しない限り、人生は完成しないという風にも読み取ることができる。実際、同性愛者一人と片思い中の一人を除いて、『婚カツ！』に登場する男性は全員、ドラマが進行していく過程で見事に好きな相手と結ばれる。

4.2 男性の働き方とライフコース

このドラマにおいて結婚が男性が一人前と見なされるための大前提となっていることは、いわゆる草食男子についての表象でも明らかである。

草食男子という言葉は、広く知られているように二〇〇六年に深澤真紀が造語し、二〇〇九年に新語・流行語のトップテンにランク入りした。バブル崩壊後の長い不況の中で育った草食男子は、性欲から消費欲まで、あらゆる欲望が低下したといわれ、控えめで優しいという、これまでおもに女性に対して使われた言葉で描写される。草食男子は従来の男らしさから遠くかけ離れている。

邦之の弟は、年上の彼女に堂々とプロポーズする「肉食男子」の代表だが、邦之自身はとんかつ屋を経営する父親が作るとんかつ定食のキャベツしか食べない、絵に描いたような草食男子である。しかし、少子化対策課で働く以上、結婚の意義を宣伝しなければならなくなる。自分の職を守るために必死に説明するが、その結果相談に来た草食系男子何人かは邦之がオーガナイズした婚活イベントに出て、見事に結婚相手を見つける。結局、邦之も「転向」する。ドラマの最終回に、さくら地蔵商店街の婚活タウンとしての再オープンの日に、公衆の面前で幼なじみ（上戸彩）にプロポーズし、草食系から脱皮する。そして結婚宣言のおかげで、区役所との契約を更新することができる。

邦之が臨時職員であることは別にして、『婚カツ！』では、男性の標準的ライフコース通りの生き方が再強化されているといえるであろう。以上見てきたように、仕事や結婚は男性が一人前と見なされる前提となり、幸せの条件となる。しかし、それだけではない。少子化対策課の課長、二瓶匠（谷原章介）という邦之の幼なじみの例を見れば、さらに積極性や頼もしさが男性に求められることがわかる。二瓶は公務員で既婚者ではあるが、ドラマの後半までは仕事でもプライベートでも負け続けている、誰にも尊敬されない弱い男として描かれる。もうすぐ父親になるということを知った時に初めて自己主張ができるようになり、明るく元気にふるまう。言い換えれば、『婚カツ!』が主張する「男らしさ」は、仕事や家庭をもち、同僚や家族に尊敬される存在になるという一昔前と変わらないものである。

おわりに

本章では、『アラウンド40』と『婚カツ!』という対照的なドラマを取り上げ、結婚の表象について分析した。その結果、主人公の性によって結婚の据え方が異なることがわかった。『アラウンド40』では、結婚や出産が本当に女性を幸せにしてくれるのかというきわめて個人的な問いに焦点が当てられているのに対して、男性を中心人物とする『婚カツ!』では、結婚が個人だけではなく、社会の存続そのものに関わる問題として描かれている。つまり、男性は「公」、女性は「私」の領域に属するという、近代的なジェンダー空間が再構築・再生産されているのである。

また、この二つのドラマの比較からは、女性の方が生き方を選ぶ自由度が高いように表象されていることが明らかになった。望むものすべてを手に入れることができなくても、(節度のある)幸せへの道はいくつか提案される。それに対して、男性の場合は就職と結婚に偏っており、それ以外の幸せを選ぶ自由は与えられていない(7)。「アラフォー」言説においては、現在40歳前後の女性たちが結婚や仕事、出産について「選択できた」史上初めての世代だという認識が重要である。男女雇用機会均等法の成立後に認められる人生の多様化言説は、実は女性に限られたものだったと本書1章で嶋﨑論文が指摘しているが、『アラウンド40』と『婚カツ！』もまたそのパターンに合致する。

しかしその一方で、両作品には共通点もある。それは、結婚がもたらす人生の「絆」が強調されていないことである。たしかに、邦之が区役所の相談窓口に出て結婚の長所について説明する際、結婚は支え合うことを意味するという。ただし、その時点で本人は職を守ることしか考えがなく、最後に結婚に踏み出すのも、周りからのプレッシャーに応じたという印象を視聴者に与える。『アラウンド40』では、聡子の恋人である岡村恵太朗は、最終回でははっきりと「子どもが欲しくて結婚するんじゃありません。緒方先生と結婚したいんです」と発言するが、聡子と話し合った上で、精神的に支え合うためには結婚にこだわることも一緒に暮らすことも必要ない、という結論に至る。このように、評価こそは異なるが、両ドラマにおいて、結婚はきわめて形式的なものとして描かれているのである。

東日本大震災を機に、結婚に対する考え方が少なからず変化したという(8)。テレビドラマが現実における出来事に敏感に反応することを考えれば、ポスト3・11の時代に「アラフォー」や「婚活」の世代の結婚像・家族像もその時代状況を反映した言説的構成物として表象されるのであろう。

注

（1）「負け犬」は二〇〇四年度のユーキャン新語・流行語大賞の候補となっている。

（2）現在の働くシングル女性のライフコース選択については、本書7章田中論文を参照。

（3）『アラウンド40』放送期間：2008. 4. 11〜6. 20 TBS金曜日22時／脚本：橋部敦子／出演者：天海祐希、松下由樹、大塚寧々／平均視聴率：14・7％。このドラマについてはFreedman & Iwata-Weickgenannt（2011）も参照。

(4) たとえば北欧では婚外出産は婚内出産をはるかに上回っているのに対して、日本では婚外出生率がきわめて低く、戦後はつねに1~2%に留まっている。国立社会保障・人口問題研究所(2011b)を参照。
(5) ドラマのターゲット層に主婦が多いことも、この描き方に関連していると思われる。
(6)『婚カツ!』放送期間:2009.4.20~6.29 フジテレビ月曜日21時/脚本:龍居由佳里、森ハヤシ/出演者:中居正広、上戸彩/平均視聴率:10・5%。視聴率が月9ドラマ史上最も低いことが話題になったが、同時に録画率はおおむね好評だったとする報道もあった(Jcastニュース 2009)。
(7) 本章では、ジェンダーごとに結婚の意味づけが異なることを示すという主旨から二つのドラマに限定して比較考察を進めたが、従来のライフコースから逸脱した男性主人公が登場する作品も複数存在することも言及しておきたい。たとえば、離婚する男性を描いた『結婚できない男』(フジテレビ 2006)や、『パパ・サバイバル』(TBS 1995)、『明日はだいじょうぶ』(フジテレビ 1998)、『アットホーム・ダッド』(フジテレビ 2004)は、男性が一人で子育てをしたり、主夫になるドラマである。
(8) たとえば、被災地では離婚を希望する人が増加傾向にある一方、直接的な被害が少なかった首都圏では結婚願望が高まっているという報告がある(産経ニュース 2011.10.3)。また、地震が起きて間もない時に、東京近辺では結婚紹介所の入会者数が急増し、婚約指輪などのブライダル需要が増加したという(たとえば Asahi.com 2011, 産経ニュース 2011.5.29 などを参照)。帰宅困難になったり、計画停電など地震の影響を受けたことを通じて、関東圏でも少なからぬ人々が「絆」の大切さを痛感したと推察できる。

文献

『アラウンド40~注文の多いオンナたち』DVD 2008 TBS.
朝日新聞 2007.1.28「〈女性は子ども産む機械〉柳沢厚労相、少子化巡り発言」http://www.asahi.com/special/

060926/OSK200701270070.html（2012. 3. 22）.

朝日新聞 2011. 5. 15「震災後、増える結婚相談—指輪売れ行きも増」http://asahi.com/national/update/0514/OSK2011051400084.html（2012. 3. 22）.

Eurostat, 2011, “Europe in Figures—Eurostat Yearbook 2001,” http://epp.eurostat.ec.europa.eu/cache/ITY_OFFPUB/CH_02_2011/EN/CH_02_2011-EN.PDF（2012. 3. 22）.

Freedman, A. & K. Iwata-Weickgenannt, 2011, “‘Count What You Have Now. Don't Count What You Don't Have’: The Japanese Television Drama *Around 40* and the Politics of Women's Happiness,” *Asian Studies Review*, Vol. 35: 295–313.

浜田奈美 2009. 1. 7「アラフォー世代　飽くなき欲求」朝日新聞朝刊 13面.

Hertog, E., 2009, *Tough Choices: Bearing an Illegitimate Child in Japan*, Stanford, CA: Stanford University Press.

Hu, K., 2010, “Can't Live without Happiness: Reflexivity and Japanese TV Drama,” Yoshimoto, M., E. Tsai & J.- B. Choi（eds.）, *Television, Japan, and Globalization*, Ann Arbor: The University of Michigan, 195–216.

伊藤守 2009「ポスト・トレンディドラマ時代の〈働く女性〉像」『ＰＯＳＳＥ』3号: 99–113.

Jcast News 2009. 5. 22「低視聴率にあえぐ中居〈婚カツ！〉 なんと録画ランキングでは大人気」http://www.j-cast.com/2009/05/22041727.html（2012. 3. 22）.

国立社会保障・人口問題研究所 2011a『人口統計資料集 2011』Ⅵ結婚・離婚・配偶関係別人口 表6—23 性、年齢（5歳階級）、配偶関係別割合: 1920〜2005. http://www.ipss.go.jp/syoushika/tohkei/Popular/Popular2011.asp?chap=0（2012. 3. 22）.

—— 2011b『人口統計資料集 2011』Ⅳ出生・家族計画 表4—19 嫡出でない子の出生数および割合: 1925〜

2009. http://www.ipss.go.jp/syoushika/tohkei/Popular/Popular2011.asp?chap=0（2012. 3. 22）.
『婚カツ！』ＤＶＤ ＢＯＸ 2010 フジテレビジョン.
酒井順子 2004『負け犬の遠吠え』講談社.
産経ニュース 2011. 5. 29「《絆》求めてパートナー探し─指輪、紹介サービスなどブライダル需要増加」http://sankei.jp.msn.com/economy/news/110529205200008-n1.htm（2012. 3. 22）.
産経ニュース 2011. 10. 3「離婚相談が増加傾向に　結婚志向強まる一方で」http://sankei.jp.msn.com/life/news/111003/trd11100308180011-n1.htm（2012. 3. 22）.
田中亜紀子 2008『満足できない女たち──アラフォーは何を求めているのか』ＰＨＰ研究所.
山田昌弘・白川桃子 2008『「婚活」時代』ディスカヴァー・トゥエンティワン.
Villa, P.-I., 2003, *Judith Butler*, Frankfurt a. M./New York：Campus Einführungen.

9　妻のいない場所——村上春樹『ねじまき鳥クロニクル』における〈僕〉の時空間

日高　佳紀

はじめに

本章では、現代文学に見られるライフコースと〈家庭〉の問題が、居住をめぐる表象に描き出される様相を考察する。

検討したいのは、村上春樹『ねじまき鳥クロニクル』であるが、この作品は、失業して自宅で家事をしながら過ごす一人の男——〈僕〉が、さまざまな問題に直面していく内容を描いた長篇小説である。第一部「泥棒かささぎ編」、第二部「予言する鳥編」がともに一九九四年四月に刊行され（村上 1994a, 1994b）、第三部「鳥刺し男編」は翌一九九五年一二月に刊行された（村上 1995b）。『風の歌を聴け』（1979）でデビューした後、『ノルウェイの森』（1987）で社会現象になるほどのブームを巻き起こし、その後も注目作を発表して今や「世界文学」の作家とも目されるようになった村上春樹にとって、「ターニング・ポイント」と評されてきた作品である。

この長篇の原型になったのは、上記の単行本が刊行される八年ほど前に発表された『ねじまき鳥と火曜日の女たち』(1986)という短篇小説である。ひとまとまりの完結した物語として、働かずに家庭にいる男を描いたこの作品は、『ねじまき鳥クロニクル』冒頭に、若干の修正のみを施して、ほぼそのままの本文で一章を成して収まっている(村上 1994a)。長篇全体を俯瞰するかのように置かれたこの章は、全体の構成からするとやや異質な趣をもつと同時に、物語を通して現れる要素を含み、さまざまな予感に満ちている。

先行して発表された短篇小説を長篇に仕立て直すのは、村上春樹がしばしば用いる手法であり、これ自体はめずらしいことではない(1)。しかし、両者の間が八年にも及んでいる点は注目に値する。この期間に、『ノルウェイの森』の大ブレイクを経験した村上春樹は、その喧噪から逃れてギリシア、アメリカといった場所での長期にわたる海外生活を送りながら、『ダンス・ダンス・ダンス』(1988)、『国境の南・太陽の西』(1992)といった長篇を相次いで発表した。すなわち、『ねじまき鳥クロニクル』は、『ノルウェイの森』以前の初期作品が発表された時期を端緒に、その後の多様な作品が書かれた時期を経て、長篇へと結実した作品なのだ。そのような意味でも、作家としての転換期を表す作品と位置づけることができるのである。

村上春樹自身、一九九五年頃を境に、社会に対する自らの位置をデタッチメント(関わりのなさ)からコミットメント(関わり)に転換させたことをくり返し述べている(村上春樹・河合隼雄 1996 など)。たしかに、この時期をはさんで刊行された『ねじまき鳥クロニクル』(2)には、従来の村上作品でほとんど扱われることのなかった階級や権力といったものに対する内容が、物語の主要な要素となっているのである。そして、〈僕〉の闘争の起点であり、第一部・第二部の中心的なテーマに据えられているのが、同じく従来の作品でほとんど触れられることのなかった、〈家庭〉に対する意識である。

この物語では、〈家庭〉をめぐる問題を扱うことを通して、個人の社会的位置や価値、さらには社会システム全体への問いかけが試みられている。したがって、物語に含み込まれた社会性を抽出するためには、物語における〈家庭〉の質と、それに対する〈僕〉の意識の変容を明らかにしていかねばならない。

このような視点からすると、物語における〈僕〉の居住空間が〈妻のいない場所〉として設定されていることは留意すべき点であろう。なぜなら、ここでの〈妻のいない場所〉とは、第一部では失業によって、そして第二部では妻の家出によって、もたらされたものにほかならないからだ。職業と婚姻という、男性の標準的なライフコースにおける社会的価値の決定要素を〈僕〉が喪失していく過程が、居住空間の変質を通して表されているのである。

『ねじまき鳥クロニクル』は、短篇の発表時と長篇化した完成版の刊行時、そして、物語の現在時と読まれる現在、といったかたちで、一九八〇年代と一九九〇年代が折り重なった時間構造をもつ。本章では、一九八〇〜九〇年代――いわゆるバブル経済、冷戦構造の終焉、といった、戦後社会を支えた価値体系が大きく変質した時期――を内包するこの物語において、男性のライフコースの組み換えと当事者の意識が交差する地点とはいかなるものなのか、検討してみたい。

1　閉じないことによって閉じる物語

物語は、一九八四年から一九八六年という時期を背景としている。八年間勤務していた弁護士事務所を辞めた〈僕〉＝岡田トオルは、雑誌編集者の妻・クミコの収入で、次の仕事に就くまでの期間を暮らしている。ある日、夫婦の飼っていた猫が姿を消したため、自宅裏の〈路地〉を探して歩きまわることになる。その過程で出会った少女・笠原メイや猫探しの手助けをするという加納マルタ・クレタ姉妹とのエピソード、さらに元陸軍中尉の間宮からもたらされたノモンハンでの戦争体験などが描かれているのが第一部である。第二部では、妻のクミコが失踪し、それをきっかけに、クミコの兄・綿谷ノボルとの葛藤、路地の空き家にある涸れ井戸の底での内省と超常体験、加納クレタとの交わりといった出来事が相次ぎ、それらを経た結果〈僕〉が妻を救い出す決心を固めるところまでの顛末が描かれる。

物語はいったんここで収束する。後述するように第一部と第二部が同時に刊行された際に第三部は予定されておらず、また、十分な準備と構想を経て書き上げられた第一部・第二部に対して、短期間でまとめられた第三部は、その設定においても、第二部までとの間に著しい差異が認められる。ここではナツメグという女性の導きで超常的な力を身につけた〈僕〉が、世俗の権力者となった綿谷ノボルと直接対決し、離ればなれになったままのクミコと力を合わせて、ノボルを死に至らしめるまでの物語なのである。

第一部・第二部と第三部の間の切断について、村上春樹は、第三部完結後に応じたインタビューをもとに自身でまとめた記事の中で次のように述べている。

僕は実を言うと、第二部を書き終えた時に、これでこの小説はもう終わりだと思ったんです。もちろんそこでは何も解決していません。問題がどんどんふくらんでいって、謎がますます深まっていって、そこで急に物語が終わる……。でも僕はそれでいいと思ったんですよ。僕の考える「閉じない小説」というもののある種の極限的な形というのかな、この話はこう終わるかしないと確信したんです。解決をする必要がどこにあるんだ、という風に。そこには闇の力というのがあって、**もののごとというのは、ある種の高まりの中で、闇の力の中に引き込まれていって、それでいいんじゃないかと、僕は思ったんですね。あるいは逆に、世界というのはそのように成立しているものなんじゃないのかと**（村上 1995a：274．太字は原文、傍線は引用者による。以下も同様）。

もともと『ねじまき鳥クロニクル』は、「閉じないことによって閉じる物語」つまりオープンエンディングな物語であり、第二部までに仕掛けられた多くの謎の解明は読者の解釈に委ねられているというのである。そうした「わくわくする理不尽な部分」を、村上春樹はエラリー・クイーンの推理小説になぞらえて「読者への挑戦」であったとする。

たしかに第二部までの物語にはさまざまな謎が仕掛けられており、その謎解きの解釈を呼び込む構造になっている。そもそも、なぜクミコは家出したのか。また、妊娠したクミコが堕胎を決心した際に〈僕〉に伝えようとした「何か」とは一体どういうことなのか。また、クミコの妊娠の相手は本当に

〈僕〉だったのか。クミコは〈僕〉との離婚を本当に望んでいるのか。綿谷ノボルとクミコの関係はどのようなものなのか。ほかにも、〈路地〉や〈路地〉の空き家の秘密、第二部結末部で現れるギターケースの男は何者なのか、電話をかけてきた〈謎の女〉は本当にクミコだったのか……など、まさに謎が謎を生むような構造であり、それぞれの局面で読みの解釈が求められるのである。

加藤典洋は、『ねじまき鳥クロニクル』のもつこうした構造を指して、「平凡な家庭小説の面影と、謎が謎を呼ぶ仕掛けにとんだエンターテイメント・フィクションという二つの側面」をもつ小説であるとする。小説は終わっても物語は終わらないといった「物語性と小説性の分裂という問題」（加藤 1996）を見ているのだ。この指摘にしたがえば、当初「第三部を書くつもりは」なく、もともと「答えを用意していなかった」という村上自身が第三部を執筆する動機とした「第一部、第二部で自分で仕掛けた謎に対して、自分で答えてみたい」（村上 1995a）という創作モティーフは、「エンターテイメント・フィクション」としての作品の要素に何らかの結着をつけようとした、と理解してよいだろう。

しかし、ここではあえてこの物語の謎解きの要素についての言及は避け、むしろ、〈家庭〉をめぐる物語を社会的情況へと接続する際に何が仕掛けられているのか検討し、物語と時代とが切り結ぶ様をとらえることを目的とする。村上春樹自身の「第一部と第二部というのは一つの独立した作品」（村上 1995a）であるという言葉にしたがって、第三部をひとまず別の物語としておきたいのだ。

こうしてみると、第一部・第二部は〈妻のいない場所〉として設定された居住空間において、〈僕〉が〈主夫〉として生活し（第一部）、その後、失踪した妻との生活を振り返りながら妻を捜す決心に至るまで（第二部）の、所与のものとは異なったかたちで自らの〈家庭〉を〈僕〉が見いだしてゆく物語と考えることができるだろう。ここからは、「平凡な家庭」＝標準的なライフコースに沿った人生から逸脱することで逆にその存在価値に気づいた〈僕〉の、その崩壊に抗おうとする姿が浮かび上がってくるのだ。第二部までに仕掛けられた謎の多くが、結婚、出産、離婚といった、ライフイベント・ライフコースの展開期をめぐっているのも、この視点からとらえておくべきである。次節から、その具体的な内容について、検討を加えてみよう。

2　ライフコースからの逸脱と見いだされた〈家庭〉

物語は、一九八四年六月から始まる。〈僕〉は、勤務先の「法律事務所」での「ひとくちでいえば専門的使い走り」といった仕事を辞めて失業中の身である。離職〜転職を大きなライフイベントと考えるなら、まさにその転換点にいるわけだが、積極的に職探しをすることもなく「人生にとっての休暇のようなもの」を暮らしている。

そもそも離職の経緯についても、「四月の初めに僕はずっとつとめていた法律事務所を辞めたが、それは特に何か理由があってのことではなかった」と、特別な「理由がない」ということのみが示されている。〈僕〉が仕事を辞めたのは、「辞めるなら今しかない」という決断に突き動かされた結果であり、「人生がそこでずるずると終わってしまう」といった焦燥に駆り立てられるような「三十歳」という年齢に達したことが、離職を決意したおそらく唯一の「理由」なのである。

ここでの〈僕〉の焦りは、何らかの目的意識や、あるいはそれが達成できないことによる苛立ち、といったこととは別の衝動である。〈年齢〉という外的な要因からもたらされた意識によるものであり、自らの主体的な選択によって一つの職業にアイデンティファイしようというのではなく、むしろ、アイデンティティを職業に見いだすことができないという状況こそが〈僕〉の離職の「理由」なのだ。こうしたアイデンティティの不在と離職、そして、いつでも次の仕事に就くことができる、といった感覚は、職業に固執しない「自由」を選択する、いわゆるフリーターの心性にきわめて近い。事実、フリーターの発生は八〇年代後半のバブル期であるとされている。この時期の過剰な好景気に裏打ちされた、多種多様な職業の選択可能性と、それに連動した、〈就職＝アイデンティティの固定化〉を遅延させたい、という若者の意識が、「自由」な生き方として認知されるようになったのだ。この構造は、転職する代わりに〈主夫〉として家事をこなし、その過程で〈家庭〉を見いだすことになる、という〈僕〉の意識と一致する。以下、その流れを確認してみよう。

まず留意すべきなのは、一九八四年に三十歳になる男、すなわち一九五四年の四月生まれという以外に物語の前史というべき〈僕〉の情報がほとんど語られていないことである。一人っ子であること、すでに母を亡くしていること、そして、大学時代の成績があまり芳しくなかった、といった程度のことが断片的に示されているのみなのだ。一方、妻のクミコに関しては、両親の出自や性格、兄弟の年齢構成、といった家族の情報が具体的に細かく設定され、ほかに祖母と二人きりで過ごした幼少時の体験が、両親や兄弟との家族関係や彼女自身の性格に大きな影響を与えたことまでが語られていく。テクストを家族や〈家庭〉の物語として読むなら、むしろ、前提として与えられているのは、〈僕〉ではなくクミコの情報の方なのである。

〈僕〉個人は、クミコの家族との比較から「地位もなければ金もなく家柄もない、学歴もぱっとしなければ、未来の展望だってほとんどないに等しい、無一文の二十四歳の青年」として「彼らの娘と結婚するにはおよそ相応しくない人間」と意味づけられているのである。〈僕〉はクミコの家族を枠組みとした社会的な価値体系の中で評価される存在なのだ。結婚の許可を得るために初めてクミコの家庭を訪ねた場面で、彼女の両親との間に次のようなやりとりがある。この部分は、社会的価値ということでの〈僕〉の置かれた位置を如実に物語っている。

僕はその時法律事務所で働いていた。司法試験を受けるつもりなのかと彼らは訊いた。そうするつもりだ、と僕は言った。実際にそのときにはまだ、かなり迷いはあったにせよ、せっかくだから少し頑張って試験に挑戦してみようかというつもりもあったのだ。しかし僕の大学での成績を調査すれば、僕がその試験に合格する見込が薄いことは一目瞭然だった。要するに僕は彼らの娘と結婚するにはおよそ相応しくない人間だったのだ（村上 1994a : 108–9）。

すなわち、クミコの家＝綿谷家の女婿になるために、司法試験合格という〈資格〉が必要であるということを〈僕〉は内面化しているのである。結果的には、クミコの両親の篤い信頼を得ていた占い師・本田の推薦によって結婚を許されることになるわけだが、〈僕〉自身、クミコの両親にそう告げたように、司法試験にパスさえすれば将来の展望も開ける、ということを認識している、ということでもある。そして、この時はまだ「せっかくだから少し頑張って試験に挑戦してみようかというつもりもあった」はずなのだ。実現したかどうかということはべつにして、大学の法学部を卒業し、法律事務所で働きながら司法試験合格をめざす、というのが、少なくとも社会的なレベルでの〈僕〉の選択肢として設定されている。「地位もなければ金もなく家柄もない、学歴もぱっとしな」い〈僕〉が、〈結婚〉を申し込むために自らの社会資本を示す際、司法試験合格をめざしている、ということを述べた意味は小さくないのだ。

こう考えると、30歳になって法律事務所を辞めることにしたのは、〈僕〉が「司法試験合格」によって得られたかもしれない自分の「未来」を完全にあきらめたことを意味するのである。そして、「何をするというはっきりした希望や展望」をもたずに仕事を辞めた〈僕〉は、クミコとの夫婦関係を〈家庭〉として意識するようなメンタリティに支えられることになる。

話の内容はともかく、彼女が食卓で熱心に仕事の話をしている姿を見るのは好きだった。家庭、と僕は思った。その中で僕らはそれぞれに振りあてられた責務を果たしているのだ。彼女が仕事場の話をし、僕は夕食の用意をして、その話を聞く。それは僕が結婚する以前に漠然と思い描いていた家庭の姿とはかなり違ったものだった。でも何はともあれ、それは僕が選んだものだった。もちろん僕は子供の頃にも自分自身の家庭を持っていた。しかしそれは自分の手で選んだものではなかった。それは先天的に、いわば否応なく与えられたものだった。でも僕は今、自分の意思で選んだ後天的な世界の中にいた。僕の家庭だ（村上 1994a : 101–2）。

この部分に示された〈家庭〉に対する〈僕〉の感覚は、一方が「仕事」、もう一方が「夕食の用意」といった「それぞれに振りあてられた責務を果たしている」という実感の上に成り立つものである。したがって、法律事務所で働いていた時には明確に意識されていなかったもののはずだ。この意味で〈僕〉は、理想の〈家庭〉を失業と同時に得た役割分業の上に見いだしていると考えてよい。このような〈家庭〉に対して、〈僕〉は、従来抱いていたイメージとの差異を述べ、さらには両親との関係で「否応なく与えられた」ものとも異なっていることを強調するのである。単に「先天的」か「後天的」かといったことの差異のみならず、自らの「意思」によって「選択」した結果としての、従来予想した姿とは異なった〈家庭〉像が現れているのだが、従来の男女の役割分業が反転したもの、というだけではない切断がある。ここに〈僕〉の「選択」が強調されていることの意味がある。

共働きのかたちから〈僕〉が家事を専ら担当する——この作品当時はまだ一般的ではなかった〈主夫〉というべき位置に立つことで、〈僕〉の意識する〈家庭〉そのものが変質していると考えるべきであろう。問題は、そうした変化がいかなるかたちで物語に表象されるか、という点である。〈僕〉が〈主夫〉として関わる〈妻のいない場所〉の特質を、居住空間の質的変化に着目しながら、次節で検討してみよう。

3　〈路地〉から〈井戸〉へ

物語の舞台となっている〈僕〉の居住空間は、叔父から格安の家賃で借り受けているという世田谷の一軒家である。ここに妻と二人で暮らしているわけだが、飼っていた猫の姿が見えなくなったことをきっかけに、居住空間が自宅裏の〈路地〉へと拡大し、やがては空間のあり方そのものが変質していくことになる。

物語に設定された〈路地〉とは、庭からブロック塀を乗り越えないと行けないようなところにある、本来の意味での路地とは性格の異なった空間である。それは「何とも呼びようのない代物」であり、実のところ、路地どころか「道ですらない」。

道というのは入口と出口があって、そこを辿っていけば然るべき場所に行きつける通路のことだ。しかし路地には入口も出口もなく、両端は行き止まりになっている。それは袋小路でさえない。少なくとも袋小路には入口というものがあるからだ。近所の人々はその小径をただ便宜的に路地と呼んでいるだけの話なのだ。路地は家々の裏庭の間を縫うようにして約三百メートルばかりつづいていた（村上 1994a：26）。

すなわち、この「便宜的に路地と呼」ばれる「小径」は、住居と住居の間の境界上にかろうじて存在する空間にすぎないのである。地図上にも載るかどうか微妙な、都市空間の中で忘れ去られた場所、といったものだ。「かつては入口と出口があり、通りと通りを結ぶ近道としての機能を果たしていた」〈路地〉が現在のかたちになったのは、「高度成長期になってかつて空き地であった場所に家が新しく建ちならぶようになっ」た結果、「まるで放棄された運河のように」なってしまったためである。〈路地〉

は、高度成長という日本の戦後を象徴する出来事によってもたらされた歪みがそのまま置き去りにされた空間なのである。ここにはポスト高度成長期としての八〇年代の表情が織り込まれている。この付近に数年にわたって住みながら、〈僕〉は〈路地〉を意識することさえなかった。ところが、失踪した猫の居場所としてクミコが探索を求めたこと――それこそ〈妻のいない場所〉で最初に〈僕〉に課せられた仕事だ――で、〈路地〉は物語空間の表層に現れてくるのである。

〈僕〉が猫の探索のために〈路地〉に入って間もなく、この空間を象徴する次のようなやりとりがある。

「近所の人?」と娘が訊いた。
「そう」と答えて、自分の家の方向を指さそうとしたが、それが正確にどちらの方向に位置しているのかわからなくなっていた。奇妙な角度に折れ曲がった曲がり角をいくつも通り抜けてきたせいだ。それで僕は適当な方角を指さしてごまかした(村上 1994a: 32-3)。

〈路地〉にいる〈僕〉は方向感覚を喪失している。物語空間の中で方向を見失うことは、空間の異質性を表すことに繋がるだろう。この空間感覚は、ねじまき鳥の声によって表象される〈時の推移〉の異質性とも重なる。〈路地〉を流れる時間はここを舞台とする物語の時間そのものということになるわけだが、それは、「ねじまき鳥」の啼き声によって「巻かれる時」として設定されたものであり、それ自体、日常性から切断されている。

問題は、〈僕〉が日常を暮らす自宅家屋とすぐ隣接する場に、こうした異空間が設定されていることだ。ここへの連続性が示されることで、安定していると思われていた彼らの日常の脆弱さ、そして生活の場としての居住空間の曖昧さをも表すのである。〈路地〉の存在は、〈僕〉のライフサイクルの変化と連動して、やがて〈僕〉の居住空間そのものを変質させていく。

こうした〈路地〉の異質性を象徴するのが、路地に面した空き家に存在する涸れ井戸である。

日常の生活の場である住居から、「塀を乗り越えて」裏側に足を踏み入れた〈僕〉は、路地ならぬ〈路地〉をさまよう。そこで出会ったのが、やはり水が涸れて井戸本来の機能を喪った〈井戸〉なのである。「出口のない路地」と「水のない井戸」、「飛べない鳥」はひとつながりのものとして〈僕〉に認識される。

〈僕〉がこの〈井戸〉の存在を意識し、やがてその内部に下りていくことにするのは、結婚後もつきあいの続いていた本田から聞かされていた「流れに逆らうことなく、上に行くべきは上に行き、下に行くべきは下に行く。上に行くべきときには、いちばん高い塔をみつけてそのてっぺんに登ればよろしい。下に行くべきときには、いちばん深い井戸をみつけてその底に下りればよろしい。」という言葉に導かれたためであるが、本田の死後、遺言に従って〈僕〉のもとを訪れた間宮の戦争体験をめぐる物語が大きな意味をもつ。

間宮と本田は、かつて従軍したノモンハン戦争の戦友である。間宮は、ノモンハンでともに諜報活動を行った際に本田から「必ず生きて帰国できる」という予言を受けたが、ソ連軍に捕らえられ、味方の将校が受けた血の惨劇を目の当たりにし、自らも砂漠の涸れ井戸に投げ込まれたのである。結果的に、難を逃れていた本田によって救出されるのだが、それまでの数日間のうちに、井戸の底で間宮は、一日のうちの一瞬間だけ「強烈な光」を浴びるという体験をした。

井戸の底での間宮の体験は、死と隣り合わせになった状況と、それを実感させる地底の暗闇といった制禦された空間が前提条件となった現象である。ここで感得されているのは、光のなかで身体が流動化し「何かがここで見事にひとつになったという」強い「生」の実感であった。本田の予言通り、生きて帰国した間宮だが、その過程で遭遇した戦争の惨状にも心を動かされず、また、帰国してからもすっかり人生の意味を喪ってしまったという。

この間宮によってもたらされた物語は、第二部で妻の失踪という出来事に直面した〈僕〉を涸れ井戸に籠もって内省する行為へと導く。間宮がノモンハンで体験したことの超常性は、最も身近で、かつまた、自らを価値づける指標でもあった〈妻〉を知ろうとする行為へと接続されるのである。それはまた、〈僕〉にとって〈妻のいない場所〉の意味を探ることでもあるのだ。

4　〈僕〉のさがしもの

第一部がいなくなった猫を探すために〈僕〉が〈路地〉を見いだしていく内容だったのに対し、第二部は、クミコが家出するところから始まる。しかし、物語が猫探しから妻探しへと単純に移行するわけではない。第二部の内容は、妻の失踪という出来事に直面した〈僕〉が、妻が姿を消した理由を探す物語なのだ。正確に言うと、〈僕〉はクミコを探すための行動をほとんど何も起こしてはいないのである。綿谷ノボルから家出の理由とクミコが離婚を希望していることを聞かされた〈僕〉は、〈井戸〉に籠もって暗闇の中で内省する。そこで、八年前の出会いから結婚生活に至る〈記憶〉を振り返り、妻がいなくなったという事態を意味づけようとするのである。すなわち、〈妻のいない場所〉で自らの主体を〈家庭〉のうちに見いだし始めていた〈僕〉にとって、〈妻探し〉とは、妻の居場所を求めると同時に、結婚以来の〈妻〉の未知の部分を知ろうとすることでもあるのだ。

井戸の底で〈僕〉は、結婚三年目にクミコが妊娠した時のことを思い返す。「注意深く避妊していた」〈僕〉にとって「文字通り寝耳に水」だったこの出来事に対し、クミコと出会う前の学生時代につき合っていた女性との間で妊娠と中絶という事態を体験し罪の意識を負ったことのある〈僕〉は、出産と育児の可能性をもちかける。しかし、クミコは否定的な返答をしたばかりか、出産か中絶かの判断を任せてほしいと言い、結局、〈僕〉の札幌出張中に堕胎手術を受けるのである。この出来事において〈僕〉は、出産に対する決定権がなく、また、父親になることもないのだ。

こうした妻との生活を意味づけ直すかのような回想の直後、〈僕〉は夢の中のホテルの一室で〈謎の女〉と交わる。そして、壁を抜けて、〈井戸〉に戻るという超常的な体験をするのである。

すでに述べたように、〈僕〉が〈井戸〉を見いだし、やがてそこを内省の場所に選んだのは、本田と間宮というノモンハンの戦争体験を共有する者たちに導かれたからであった。この意味で、ノモンハンと〈路地〉とは〈井戸〉を媒介にしてつながり、また、もう一つ別のレベルの異空間へと接続されるのである。夢という〈僕〉の潜在意識の向こう側から壁を通り抜けて〈僕〉は〈井戸〉の闇の中に戻る。

しかし、壁の向こう側――〈僕〉がたどり着いた「２０８号室」とされるホテルの一室は、妻のいる場所ではない。その一室は、クミコとの生活の場とは全く異質の空間であり、そして、この物語において、二度にわたって加納クレタと交わった場所なのである。

ここに至って物語は、妻・クミコとの生活を回復をめざすことから、クレタという別の女性を見いだしていく方向へと、転回し始めるのである。

第一部で猫探しのために会った加納マルタの妹として登場したクレタは、第一部と第二部で二度にわたって〈僕〉と夢の中で性的な交渉をし、その果てで自らを「意識の娼婦」であると言明する。第一部でも〈僕〉はクレタと性的な交渉をする夢を見ているが、第二部のクミコが姿を消したことがわかった日の夜、最後にクミコと接したときの「ワンピース」の記憶とともに、クレタと交わる夢を見ていたのだ。それらは、いずれも自宅の部屋ではなく、見覚えのないホテルの一室での出来事であるが、この時の〈僕〉の最終的な性交の相手は、クレタではなく、物語の冒頭で僕に電話をかけてきた〈謎の女〉なのである。

ふと気がつくと部屋の中は真っ暗になっていた。僕は部屋の中を見廻してみたが、ほとんど何も見えなかった。……

それは電話の女の声だった。僕のからだの上に乗って、今僕と交わっているのはあの謎の電話の女だった。彼女はやはりクミコのワンピースを着ていた。僕の知らないあいだにどこかで加納クレタとその女とが入れ代わってしまったのだ（村上 1994b：48)。

この場面は、プールで泳いでいた〈僕〉が啓示を受ける第二部の最終場面への伏線となっている。そこで〈僕〉は〈電話の女〉がクミコであり、謎の電話はクミコが助けを求めてかけたものであったに違いないという確信を得るのだが、もともとクレタとクミコとは、年齢、身体のサイズ、さらに綿谷ノボルとの関わりにおいて交換可能な「分身ともいうべき存在」（加藤 1996）として設定されている。クレタから綿谷ノボルとの交渉過程を聞かされていたことと考え合わせれば、結果的に、クミコが姿を消した理由を求める〈僕〉にとってクレタの存在は、クミコからのメッセージを間接的に受け取るための媒介者であったとみることもできるだろう。

夢の中で〈僕〉は、クミコ――クレタ――〈謎の女〉という三者のイメージを重ねながら交わったわけだが、第二部の後半に至って、〈僕〉とクレタとは、ついに現実の性交渉を果たす。その結果、クレタは〈僕〉に「加納クレタ」という名を捨てて、ギリシアのクレタ島に渡って新たな自分を見いだす決意を語る。そして〈僕〉にも「ここはもういるべき場所ではない」として、クレタ島に一緒に行くことをもちかけ、一度は〈僕〉もその提案に同意するのである。

以上のように、第二部の後半に至って、妻に去られた〈僕〉が、クミコからクレタ（という名前だった女性）へと移行する方向へと物語は進んでいくのである。

しかし、結局のところ、こうした内容で物語が結実することはない。第二部の最終局面になって綿谷ノボルの政界進出のニュースがもたらされるなか、いったんはクレタ島に行く決心をした〈僕〉だったが、街で〈ギターケースの男〉と邂逅し、その後を追う途中で、何の脈絡もなく、クミコの失踪の要因が数年前のクミコの妊娠にあるということを「ふと」確信する。そこに自分の知らない〈何か〉があるのだと思い至るのだが、それがいったい何であるのか、ということは〈僕〉にはわからないし、物語においてもその〈何か〉は、所在だけが示され、内容は謎のまま残されることになる。

その後〈ギターケースの男〉に襲われた〈僕〉は逆に男を打ち倒し、その場を立ち去る。この暴力シーンを経て、〈僕〉は、綿谷ノボルに象徴されるような邪悪なものから「逃げる」のではなく対峙しながらクミコを救い出すことを決意し、クレタ島行きを取りやめるのである。

5　物語への抵抗

冒頭で述べたように、本章での考察は、『ねじまき鳥クロニクル』に仕掛けられた謎を解釈することを目的とはしない。むしろ問いたいのは、物語の構成が〈僕〉の意識の変容過程にどう作用しているか、そして、〈僕〉の存在を通して表された男性のライフコースの変質が八〇〜九〇年代の時期の社会情況とどう関わっているか、ということである。

第二部の最終場面で、〈井戸〉に見立てたプールに浮かびながら〈僕〉は、冒頭から電話を通して日常に介入し、あるいは、加納クレタとすり替わって夢の中で性交し、さらには、壁の向こう側からともにこちら側の〈井戸〉へと壁抜けをした〈謎の女〉こそ、クミコであるという啓示を受ける。こうした空間の越境行為を引き起こすのが間宮の物語の力にほかならない。そしていうまでもないが、この物語は〈僕〉の認識を通して、われわれ読者にも享受されることになる。

第一部の前半部分に、この物語における〈僕〉の位置が象徴的に表される箇所がある。

「ねえ、ねじまき鳥さん」と笠原メイは言った。「あなた失業していたのよね？　まだ失業してるの？」

「まだしてる」

「真面目に働くつもりはあるの？」

「あるよ」、でも自分の言ったことにだんだん自信が持てなくなってきた。「わからない」と僕は言いなおした。「なんというか、僕には考える時間が必要じゃないかっていう気がするんだ。自分でもはっきりとはわからないし、だからうまく説明もできないんだけど」（村上 1994a：140）

あらためて述べるまでもないが、「失業」とは、職業という社会的アイデンティティを喪うことである。しかし、ここで引用した箇所の〈僕〉の意識は、そうしたアイデンティティの喪失状態とはとても呼べるようなものではない。笠原メイに問われるままに、〈僕〉は「失業」状態の継続を認めているのだ。むろん、この時点での〈僕〉は、妻との間の役割分業によって〈家庭〉を見いだし、〈主夫〉ともいうべき別のアイデンティティに緩やかに身を置いている。しかし、第二部で妻の家出という出来事に直面するため、このアイデンティティさえも〈僕〉は喪失することになるのだ。

第二部を仮に、〈僕〉のアイデンティティ回復と新たな自分探しの物語と考えるなら、妻の分身ともおぼしき存在からもちかけられた「クレタ島」行きと、加納クレタとかつて呼ばれた女性との生活こそが、物語の結末に準備されていてもよかったはずだ。しかし、前節で確認したように、物語は、そうした結末を裏切っている。〈僕〉はクレタの「予言」をいったんは受け入れながらも、最終的に〈妻のいない場所〉に留まり続ける決意をするのである。

こうした、幾重にも仕掛けられたアイデンティティ喪失と、不在の妻を介したややいびつなかたちでの〈僕〉の自分探しは、いったい何を表していると考えるべきなのだろうか。

冒頭で紹介した、物語の原型ともいうべき短篇『ねじまき鳥と火曜日の女たち』が発表された一九八六年が、行政においていわゆる「男女雇用機会均等法」が制定され施行されようとする時期にあたっていることは、今日から振りかえると興味深い事実である。むろん、この法律の施行が直接的・間接的に創作のモティーフになっているなどということを述べたいのではない。しかし、同時代性といった緩やかな背景を念頭に置くとすれば、男性が仕事を辞めて、自らの意志で〈家庭〉をとらえようとするこの作品の設定には、時代の変わり目に対する意識が濃密に反映されていると考えられるのである。

すなわち、七〇年代のオイルショック、ベトナム戦争の泥沼化などに如実に現れた冷戦構造の行き詰まりといった、戦後社会が抱える課題を通り抜けた後、八〇年代においては、政治的正しさ《ポリティカル・コレクトネス》が過剰に求められる一方で、現実的な政治の行き詰まりとともに、のちのグローバリゼーションのもとになる経済優位の時代の基礎がつくられつつあった。この過渡期において、男性が〈主夫〉として家事を担当するという物語の設定には、従来の性役割分業体制とは異なった、新たなライフスタイルの提示と、それに伴う男性のライフコースの変化が表されていると考えてよい。

しかし、この設定は、九〇年代に至って完成された長篇小説『ねじまき鳥クロニクル』第一部・第二部における、〈路地〉と〈井戸〉、そして、〈ねじまき鳥の声〉によって表象された物語の時空間へと展開する際、〈妻のいない場所〉で男性が自らの主体によって、従来型の物語を幾重にも突き崩すことが仕掛けられている。

とすれば、物語の〈謎〉に対する解釈可能性をそのままに開くことで、つまるところ、どの物語を選び、細部の断片と結びつけるか、という選択は、読者それぞれの物語に対する主体化の過程に委ねられることになるだろう。ここにこそ、『ねじまき鳥クロニクル』に仕掛けられた「読者への挑戦」と、情況に対する村上春樹の関《コミットメント》わりの契機を認めることができるのだ。

付記 『ねじまき鳥クロニクル』本文の引用は、新潮文庫（二〇一〇年 改版）に拠った。

注

（1）たとえば、村上（1980と1983, および1983と1987）など。また、『ねじまき鳥クロニクル』の場合も、第一部・第二部刊行後に、第三部の一部分となる村上（1994c）が発表されている。

（2）村上春樹の転換の契機となったのが、一九九五年一月の阪神淡路大震災と、同年三月の地下鉄サリン事件である。たしかに『ねじまき鳥クロニクル』においても、第一部・第二部から二つの事件を経た後に発表された第三部に至って、権力者に対峙する〈僕〉の姿勢は、より明瞭に打ち出されている。

文献

加藤典洋 1996『村上春樹イエローページ2』荒地出版社.

村上春樹 1979『風の歌を聴け』講談社.

――― 1980「街と、その不確かな壁」『群像』11月号.
――― 1983「螢」『中央公論』1月号.
――― 1985『世界の終りとハードボイルド・ワンダーランド』新潮社.
――― 1986「ねじまき鳥と火曜日の女たち」『新潮』1月号.
――― 1987『ノルウェイの森』講談社.
――― 1988『ダンス・ダンス・ダンス』講談社.
――― 1992『国境の南・太陽の西』講談社.
――― 1994a『ねじまき鳥クロニクル 第一部』新潮社.
――― 1994b『ねじまき鳥クロニクル 第二部』新潮社.
――― 1994c「動物園襲撃（あるいは要領の悪い虐殺）」『新潮』12月号.
――― 1995a「メイキング・オブ・『ねじまき鳥クロニクル』」『新潮』11月号.
――― 1995b『ねじまき鳥クロニクル 第三部』新潮社.
村上春樹・河合隼雄 1996『村上春樹、河合隼雄に会いに行く』岩波書店.

10　リスクとしての子ども？——日本のサラリーマンにみる子育ての意味の揺らぎ

多賀　太

1　男性の仕事と子育ての葛藤

戦後の日本社会では、男性の標準的なライフコースを象徴する、ある一つのシンボルが、広く社会に共有されてきた。「サラリーマン」である。サラリーマンと専業主婦と数人の子どもからなる家族が「標準家族」と呼ばれるなか、高度経済成長期から一九九〇年頃にかけては、サラリーマンにとって結婚後に子どもをもうけることは、あえて選択したり決断したりするというよりも当たり前のことだった。長期安定雇用と年功序列賃金に守られて安定した収入を期待でき、育児の大部分を妻に任せることができたサラリーマンは、数人の子どもを育てることにそれほど負担を感じる必要はなかった。

しかし、近年の社会の変化は、サラリーマンにとって、子育ての負担を増大させ、子どもを持つことの自明性を揺るがしているように思える。

第一に、雇用労働者の賃金が伸び悩む一方で、高学歴化や生活水準の上昇にともない、一人の子どもを育てあげるのに必要な費用が上昇してきた。文部科学省の「学校基本調査」によれば、一九八〇年代には30％台で推移していた大学・短大進学率は、一九九〇年代から急増して二〇〇九年には56・2％にまで達し、専門学校も含めた高等教育進学率は75％を超えている。また、同じ文部科学省の二〇〇八年度「子どもの学習費調査」によれば、一人の子どもが高等学校を卒業するまでにかかる一般的な教育費（基本的な生活費は除く）の総額は、幼稚園から高校まですべて公立に通った場合で約550万円、すべて私立の場合は約1660万円である。さらに大学に進学すれば、国立大学で約350万円、私立大学理系学部では一般的に500万円以上もの学費を必要とする。一方、国税庁の「民間給与実態統計調査」によれば、一九八〇年に350万円程度だった男性給与取得者の年間平均給与額は、一九九〇年に500万円を超えてしばらく550万円前後で推移していたが、今世紀に入って徐々に下がり始め、二〇〇九年には再び500万円を下回っている。女性の賃金も伸び悩むなかで、サラリーマンの父親に対する子育て費用を稼ぐことへのプレッシャーはかなり強まっていると思われる。

第二に、従来はその大部分を母親が担ってきた子どもの身の回りの世話に、父親の積極的な参加が求められるようになってきた。一九九九年に旧厚生省は、少子化対策の一環として、「育児をしない男を、父とは呼ばない」というスローガンを打ち出して父親の育児参加の啓発を図った。その十年後には、積極的に育児をする男性を指す「イクメン」という言葉が流行し、二〇一〇年には厚生労働省が働く男性の積極的な育児参加の気運を高めることを目的として「イクメンプロジェクト」を開始した。また、こうした動きと並行して、男性たちの間でも、実態はともかくとして、子どもの身の回りの世話は父母がともに担うものであるという意識が主流になってきている（総理府 2000；矢澤ほか 2003）。依然として稼ぎ主としての役割を担いながら、新たに育児責任も期待されることで、働く母親だけでなく子どもを持つサラリーマンも、仕事と子育てをめぐる葛藤と無縁ではいられなくなってきた。

第三に、その一方で、結婚して子どもを持つことに対する社会的な圧力はむしろ弱まっている。政府の「男女共同参画に関する世論調査」によれば、「結婚しても子どもを持つ必要はない」という考え方への賛成派は、一九九二年には30・6％にすぎなかったが、二〇〇九年には42・8％にまで増加しており、特に、20代では63・0％、30代でも59・0％がこの考え方に賛成している（内閣府 2009）。つまり、現代の日本においては、子どもを持つことは、当たり前のことから個人が意識的に選択すべきことへと、その性格を変化させつつある。

では、こうした変化のさなかにあって、当のサラリーマンたち自身は、子育ての負担や仕事と子育ての葛藤についてどのように感じており、そうした葛藤に対してどのように対処しているのだろうか。また彼らは、子どもを持つことをどのように意味づけているのだろうか。本稿では、サラリーマンの生活事例の考察を通してこれらの点を明らかにする。

2　研究動向と調査方法

一九九〇年代までは、日本における子育て研究のほとんどは、母親に焦点を当てたものであった。しかし、父親に育児参加を期待する社会的気運が高まるなか、二〇〇〇年代になると、社会学、心理学、教育学、家政学などのさまざまな分野で、父親の子育てに関する実証研究が顕著に見られるようになり、近年ではそうした研究動向を紹介する論文も多く見られるようになった（石井クンツ 2009；大野・柏木 2011など）。

ただし、父親の子育てに関して前節で述べたような問いが追究されている研究はそれほど多くない。父親の子育てに関する実証的研究の大部分を占めるのは、質問紙調査に基づく量的研究である。それらの中には、長時間労働など、父親に葛藤をもたらす構造的要因を指摘しているもの（松田 2002）や、典型的な葛藤のタイプを明らかにしているもの（矢澤ほか 2003；冬木 2003）、葛藤への対処方法に焦点を当てたもの（末盛 2010）などが見られるが、量的データから父親たちの主観的世界の具体的な様子をうかがい知るには限界がある。

一方、近年では面接調査を用いて父親の主観的側面にアプローチする質的研究も徐々に増えてきたが（Ishii-Kuntz 2003；平川 2004；堀 2005；船橋 2006；庭野 2007；小笠原 2009など）、それらにおいても、分析の焦点が父親の葛藤や子どもを持つことの意味づけよりも夫婦間の育児分担の実態に当てられていたり、積極的に育児に参加する父親のみが対象とされていたりする傾向が見られる。

そこで本稿では、これらの先行研究の知見もふまえながら、面接調査によって得られたサラリーマンの生活事例に基づき、彼らの具体的な生活の文脈に即して、前節で掲げた問いに答えてみたい。次節で検討する事例は、二〇〇四～〇七年にかけてサラリーマン層を中心とする合計55名に対して実施された二つの調査プロジェクトを通して収集されたものである(1)。両調査ともに、事例の収集にあたっては、おもな質問項目だけをあらかじめ決めておき、それをきっかけとして自由に語ってもらう「半構造化面接」と呼ばれる手法を用いた。対象者のタイプによって質問内容を若干変更したり、調査の進行とともに質問の仕方や枠組みに改良を加えたりしたものの、すべての対象者に対して、生育歴、職業生活、家族生活、社会生活、価値観と展望のそれぞれについて詳細な聴き取りを行った(2)。

3　サラリーマン男性の生活事例

3.1　育児ができない悩み

一言で「仕事と育児の葛藤」と言っても、その内実は多岐にわたる。職業役割と家庭役割の葛藤に関する先行研究の枠組み（松田 2006 など）を参考にしつつ、父親たちが、仕事と育児の葛藤をどのようなものとして感じているのかという点に注意しながら各事例を比較した結果、彼らの葛藤の感じ方には大きく分けて次の二つのパターンが見いだされた。一つは、職業責任の遂行が育児参加に制約をもたらしていると感じるタイプの葛藤、すなわち「仕事のせいで育児ができない」という感覚である。もう一つは、育児責任の遂行が職業活動に制約をもたらしていると感じるタイプの葛藤、すなわち「育児のせいで仕事ができない」という感覚である。

まず、「仕事のせいで育児ができない」と悩んでいる父親の事例から検討してみよう。30歳代前半のアキオさんは、九州の国立大学大学院を修了した後、ある中央省庁にいわゆる「キャリア組」として入省し、関東地方にある当該省庁管轄下の事務所で課長を務めている。同い年の妻、5歳と4歳の息子とともに、間取り3Kの官舎で暮らしている(3)。

正規の勤務時間は午前8時30分から午後5時であるが、彼が実際に帰宅しているのは通常夜中の1時か2時である。場合によっては職場に泊まることもある。土日に職場に出かけて行ったり、自宅で仕事をしたりすることも多い。管理職なので残業代は支給されない。こうした働き方は、アキオさんに限られない。面接を行った中央省庁勤務の国家公務員8名は、みな似たような状況であった。民間企業に勤務するほかの対象者の大多数も、これほど苛酷ではないにせよ、長時間の残業が常態化していたり、仕事を自宅にもち帰ったりしていた。

アキオさんと妻は、九州で彼が大学院生であった時に地域のサークルで知り合い、彼が入省して二年目の秋に結婚した。妻は、専門学校を卒業後、九州の会社で経理の仕事をしており、結婚後も仕事を続けたがっていた。しかし、当時アキオさんは関西地方の勤務であったし、その後も頻繁に転勤することがわかっていたので、妻は仕方なく仕事を辞めた。現在でも妻は働きたいとの意志をもっているが、夫は「超」長時間労働であり、小さな子ども二人を抱えているので、今は無理だと諦めている。

こうしたなかで、アキオさんにとっての最大の悩みは、長時間労働のため育児に十分関われないことである。週末に休みが取れたときには、家族と一緒に買い物をするほか、子どもを入浴させたり、外に遊びに連れて行ったり、子どもに本を読んでやったりしている。それでも、平日の家事・育児は妻に任せざるをえない。

できれば、もう少し家庭のほうを重視したいなと思うんですけど、なかなかそうはいきません。ほとんどかみさんに任せっきりみたいになっています。……（職場から）たまに電話すると、（妻が）「早く帰ってこい。早く帰ってこい」と言いますから、（現状に）満足はしていないと思いますけど、ある程度はしょうがないと思っているんじゃないでしょうか。

今の職に就いている限り、昇進したり部署が変わったりして仕事の質は変わっても、定年まで労働時間はたぶんほとんど変わらないという。かといって、「金を稼いでくるのは男の仕事だと思っています」という発言からもうかがえるように、稼得責任を果たすためには、現時点で今の仕事を投げ出すことは考えられない。こうしてアキオさんは、仕事と育児という二重の役割期待を内面化しながらも仕事優先の生活を送らざるをえない状況のもとで、罪悪感にさいなまれている。

父親の育児参加の規定要因に関する調査研究は、日本の父親の育児時間が、父親の性別役割分業観よりもむしろ時間的余裕に左右される傾向にあることを明らかにしている（松田 2002）。アキオさんの事例はその典型である。彼は、育児に参加しようという意志はもっているが、あまりに労働時間が長すぎて、少なくとも平日の育児参加は物理的にほぼ不可能である。こうした職業責任の遂行による育児参加の制約により、「仕事のために子どもと十分にふれあいがとれないこと」や「育児に対する妻からの期待には応じられていないこと」に心理的な負担を感じている父親が少なくないことは先行研究でも指摘されている（冬木 2003）。

こうした「仕事のせいで育児ができない」というタイプの葛藤から生じるストレスを軽減するための方法としては、大きく分けて次の二つが考えられる。一つは、「不足感」を感じない程度に育児に参加できるよう労働時間を減らすという方法である。しかし、管理職として広範囲かつ膨大な業務に責任を負っているアキオさんの場合、現在の職責を果たすうえで、労働時間をこれ以上減らすことは難しい。かといって、家族内で唯一の稼ぎ手である彼にとって、収入の低下につながる異動を申し出ることも難しいし、ましてや「仕事を辞める」という選択肢は事実上ありえない。

もう一つの方法は、「夫は稼ぐ責任、妻は育児責任」というふうに、夫婦間の役割の違いを「割り切って」考え、「稼ぎ手役割」を果たすことによって「父アイデンティティ」を保とうとするというものである。そう考える父親の方が、育児責任も果たそうとする父親よりも「育児関与の不足感や負い目を感じる割合が低い」傾向にあることも指摘されている（矢澤ほか 2003: 92, 147–8）。しかし、家庭内で唯一の稼ぎ手でありさえすれば、こうした「割り切り」が簡単にできるというわけではない。アキオさんの妻は、働きたいのに、夫の職業役割を優先させて働くのを我慢している。このことに対する「妻への申し訳なさ」が、彼の「割り切り」を難しくして、葛藤の度合を高めているように思える。

アキオさんのようなタイプの父親は、育児をめぐる理想や規範意識と現実の間のギャップによって、育児参加が少なくても、いやむしろ、育児参加が少ないからこそ、育児に関する悩みを抱えている。こうしたタイプの父親が少なからずいるという実態をふまえるならば、「育児をしない男を、父とは呼ばない」のスローガンに代表されるように、父親の育児参加の促進を「父親の意識改革」に求めるタイプの言説は、問題を生じさせている社会的背景を覆い隠すばかりか（広田 2006: 183）、父親たちをますます精神的に追い詰めてしまう危険性ももちあわせているといえよう。

3.2 仕事ができない悩み

父親が主な稼ぎ手である家庭では、一般には、家族の収入を確保するために父親の仕事は何にもまして優先されるので、父親の育児参加も「仕事と摩擦がない限りにおいて実践され」、あくまで「仕事優先の基本は貫かれる」(舩橋 2006: 151-2) とされてきた。先に述べた父親の「育児ストレス」研究(冬木 2003) においても、多くの父親たちが「仕事のせいで育児ができない」というタイプの葛藤に由来するストレスを感じているのに対して、「育児のために我慢している」「育児のために仕事が犠牲になっている」といったタイプのストレスを感じている父親は少ないことが示されている。これは、父親の大半が、家庭における主な稼ぎ手であることにより「仕事と摩擦がない」範囲内での育児参加にとどまっているからだと考えられる。

とはいえ、父親は育児のために仕事を犠牲にすることが全くないというわけではない。調査対象者の中にも、仕事をある程度犠牲にして育児に参加した結果、「育児のせいで仕事ができない」と悩んでいる事例が確認できた。ここでは、2名の事例を取り上げて、葛藤の具体的な様子を見てみよう。

30歳代後半のアツシさんは、東京にある政府系の研究機関で主任研究員を務めている。10歳の娘と生後2ヵ月の息子がおり、国際線の客室乗務員である妻は育児休業中である。

妻は、仕事で一度に一週間から十日間ほど続けて家を空ける。そのため妻の出張中は、ベビーシッターを雇ったりしながらも、保育園の送り迎えや身の回りの世話など、娘の育児のほとんどを彼一人で担当してきた。また、小学三年生の時から娘を学習塾に行かせているが、やはり妻の出張中は彼が仕事を早く切り上げて、娘の送り迎えをしている。こうしたことが可能なのは、彼の業務における自己裁量の余地が大きいからである。

しかし、労働時間を削っての育児遂行は、彼に葛藤をもたらした。娘が生まれてしばらくの間は、彼は家族生活に対して相反する感情をもっていた。一方で、家族ができたことで、自分が頼られる満足感を感じたが、他方で、「自己犠牲的な感覚」を感じることもあったという。

　一人目の子が産まれた直後というのは、やっぱりこう、何て言うんですかね。家族のために、自分が犠牲になっていると思っているようなところが大きくて、もっと自由な時間があれば、好きな仕事でもなんでも、もっと打ち込めるのにという思いが強かったんです。

独身の時は、時間もお金も自由に使えたし、自分の好きな研究をやって成果を上げていくことを中心に生活を組み立てていたが、子どもが生まれるとそうはいかなくなった。業績主義の度合が高まるほど、家族をもつと仕事に使えるエネルギーと時間が少なくなり、職業上は不利になる。つい最近までは、仕事に集中できる独身者を羨ましく思っていたという。

もう一人の事例が、アツシさんと同じく30歳代後半のシュウタロウさんである。彼は、大手家電メーカーの生産管理部門で課長級の地位にあり、一歳年下の家事専業の妻、11歳と7歳の娘の四人で九州北部の都市で暮らしている。

彼の妻は、結婚前は会社員だったが、毎日遅くまで残業があり、お互いの職場が離れていたため、体力的にこれ以上仕事を続けるのは無理だと判断し、結婚を機に退職した。結婚以来、家事はほとんど妻が行っており、彼がするのはゴミ捨て程度である。育児についても、当初は、妻から積極的に参加するようせかされていたが、彼には妻ほどうまく育児ができず、そのことに妻も満足できなかったため、彼の参加は「手伝い程度」にとどまったという。

それでも、長女が生まれて間もない頃、シュウタロウさんは、仕事と育児の両立をめぐって深刻な「危機」を経験している。当時彼は、九州北部の事業所で国内営業を担当していたが、毎週火曜日から金曜日まで、約六百キロ離れた大阪に出張するという日々を送っていた。そのため妻は、週四日、生まれたばかりの娘の世話をひとりで行わなければならなかった。妻の不満と不安がつのり、夫婦げんかが絶えなくなった。彼も精神的に不安定になって、何をやっても体がだるく感じられるようになった。そして、このまま何もしなければ仕事と家庭の両方を失ってしまうとの危機感を抱いた。

仕事もそのときすごく忙しくて、家庭でも子どもが産まれて忙しくて。まあそういう状態で、両立なんかできないなと思って、会社に言いました。「内勤にしてくれ」と。そりゃあ、決断がいりましたよ。かなり勇気を持って言いました。だけど、このままだと、もう駄目。仕事も家庭も両方失ってしまうなと思ったから。

将来のキャリアを考えたとき、与えられた仕事を断ることにはかなりの抵抗があったが、仕事も家庭も両方失ってしまうよりはましだと思い、苦渋の選択の末に、彼は営業職から出張のない内勤に移してもらうよう会社に申し出た。内勤になったことで、家庭で過ごす時間が増え、家族関係はある程度落ち着いてきたが、彼自身、二年間くらいは元気のない時期が続いたという。

彼らの事例は、一見すると、先行研究の知見に反しているように見える。なぜなら、家庭での主たる稼ぎ手、または唯一の稼ぎ手であるにもかかわらず、ある程度仕事を「犠牲にして」育児に参加しているからである。

しかし、注意深く見てみると、彼らは、育児参加のために労働時間を減らしてはいるものの、それは当面の雇用と収入には影響のない範囲にとどまっており、そうした選択が「家庭の収入を確保する」という目的に支障を来しているわけではないことがわかる。彼らが何かを「犠牲にして」いるとすれば、それは「業績」や「キャリアアップの可能性」、あるいは「職場での体面」などであろう。たしかに、長期的に見ればこれらの要素が雇用の安定や収入に影響を及ぼす可能性は否定できない。しかし、彼らが感じている「不満」は、「稼げない」ことによる不満というよりも、むしろ仕事を通した「自己実現」や「社会的成功」が阻害されていることへの不満である。

子育ての主たる責任を負うために、やむをえず仕事を辞めた女性から見れば、彼らは、仕事を失わず稼ぎ手としての役割を果たせているだけましであり、そうした不満は贅沢な悩みに思えるかもしれない。したがって、育児参加によって「社会的成功」のチャンスが縮小したことについての父親たちの不満を過度に強調すれば、結果的に、母親たちが置かれてきたより深刻で不公平な現状を見えにくくさせることには注意が必要である。

その一方で、彼らのそうした「不満」には、われわれの社会において職業領域が「男性領域」として定義されていることが関わっており、仕事を通した「自己実現」や「社会的成功」の阻害が、女性よりも男性のジェンダー・アイデンティティにより大きなダメージを与えがちであることもまた確かであるように思える。

3.3　葛藤克服のプロセス

では、父親たちはこうした育児をめぐる葛藤にどのように対処してきているのだろうか。ここでは、きわめて異なるプロセスで仕事と育児の間の葛藤を克服してきたアツシさんとシュウタロウさんの事例を引き続き見てみることにしよう。

先述のように、アツシさんは当初は、「家族のために自分が犠牲になっている」との不満を抱いていた。しかし、そうした生活を続けるうちに、彼の考え方は変化してきた。

研究者として大成したいのであれば、家族も持たないで、全身全霊を研究にかけるという生き方もあるでしょう。でも、結婚した時点で自分はもうその道を選んでないわけです。そして最近は、家族を犠牲にしてまで仕事で何かをやり遂げようというふうには思わなくなってきたんです。

子どもが生まれるまでは、仕事は自分のためだと感じていたが、次第に、仕事は家族生活を送るためのものでもあると感じるようになった。さらに、仕事以外に自分の存在意義を感じられる家族の存在をありがたく思うようになり、かつては羨んでいた独身者に対して、「一生仕事にしか自分の生き甲斐や存在意義を感じられないのは気の毒」との思いを抱くようになった。長女が生まれてから十年たってようやく二人目の子どもを持とうと決心した背景にも、そうした心境の変化がある。

合理的に考えていたのでは、子どもを持つという選択は絶対にできません。今では、子どもを育てることには、損得勘定を超えた、何ものにも代え難い喜びがあると感じています。

しかし、だからといって仕事がどうでもよくなったわけではない。限られた時間の中で、これからも最良の仕事をしていきたいと、アツシさんは考えている。

もう一人のシュウタロウさんの場合、先述のように、内勤職に異動して妻の育児をサポートする時間を確保したことで、家族関係は良好になったが、昇進に不利な選択をしたことを心から受け入れることができず、元気のない日々が続いていた。

しかし、次女もある程度大きくなって妻に精神的な余裕が出てくると、彼は、よりやりがいがあって昇進にも有利な営業職に戻りたいと思い始めた。同じ事業部門で一度断った職務に戻してもらうことは難しかったので、別の事業部門に異動を申し出て、そこで再び営業を担当することになった。さらに、面接調査の二年前には、社内で最も重要な部署の一つである生産管理部門に抜擢され、翌年には課長級に昇進した。現在、どんなに仕事の効率を上げても超過勤務は避けられず、少なくとも平日は毎日朝7時半頃から夜8時半頃までは会社にいなければならないが、仕事にはとてもやりがいを感じているという。そして、娘たちにたくさん習い事をさせてやるために多くのお金を稼ぐことが仕事の励みになっていると語る。

平日は仕事中心の生活で、ほとんどの家事・育児を妻に任せているが、週末には娘の塾の送り迎えをしたり、家族と一緒に買い物や外食をしたりしている。こうした自らの生活について、彼は次のように語っている。

今はもう、家族生活を犠牲にして仕事に没頭しているわけではありませんから、仕事と家庭生活をうまく両立できていると思います。

アツシさんもシュウタロウさんも、仕事と育児をめぐる葛藤を克服した後、現在では仕事と家庭生活の間でバランスが取れていると自らを評価している。しかし、彼らがそうした葛藤を克服してきた過程や、彼らの父親としてのアイデンティティのあり方はきわめて異なっている。アツシさんは、娘の誕生以来、一度減らした労働時間をそれほど増やすことなく、家庭責任を妻と共有している。彼の父親としてのアイデンティティにおいては、稼ぎ手役割と世話役割はほとんど対等なかたちで統合されている（庭野 2007）。他方で、シュウタロウさんは、娘たちの成長にともなって労働時間を増やしていき、家庭責任の大部分を妻に任せるようになった。彼の父親としてのアイデンティティにおいては、再び稼ぎ手としての役割が中心を占めるようになっている。

3.4 子どもを持たないという選択

対象者たちのなかには、アツシさんやシュウタロウさんのように、困難を抱えつつも仕事と育児の葛藤を克服し、子どもを育てることに積極的な意味を見いだしている父親は多く見られた。しかし、そうはいっても、子どもを持つことが、サラリーマンにとって、ますます経済的な側面にとどまらない負担をもたらしつつあることも事実であろう。そうしたなかで、個人の自由な生活や仕事をより大事にするために、子どもを持たないという選択をしてきた対象者も見られた。二人の事例を見てみよう。

30歳代後半のシゲトさんは、損害保険会社の関西地区にある支店に勤務しており、新築マンションを購入したばかりである。結婚して十年以上になるが、子どもはおらず、一歳年下の専業主婦の妻と二人で暮らしている。子どもを持つかどうかについて、彼は次のように語っている。

　子どもが欲しいといえば欲しいんだけど、いなくてもいいかな、みたいな感じ。正直悩んでいるところです。この歳になると、自分の考え方とか生き方を伝える人がほしいなと思う一方で、今ののんびりした生活も捨てがたい。嫁さんが「別に今いらん」といっているので、それに半分甘えて、「じゃあいいか」という感じで、子どもをつくっていないというのはありますね。

シゲトさんの場合は、子どもを持ちたくないという強い意志があるというよりも、今の生活パターンを変えたくないという消極的な理由で、結果的に子どもを持たないまま現在に至っている。

それに対して、50歳代前半のマナブさんは、積極的に子どもを持たない人生を選択してきたタイプである。

私は、意図的に子どもを持たなかったんです。理由は二つ。一つは、自分が、早く、うまく駆け抜ける人生を送りたかったから。もう一つは、子どもがいて本当に問題なくよかったという人は、世の中で二割くらいだろうと思うからです。複数子どもがいたらどちらかはうまくない。頭が悪いだけじゃなくて、家庭で問題を起こしたりもする。だから私は、結婚した時から子どもは持ちたくないと言っていました。家内もそれに賛成してくれました。

「早く、うまく駆け抜ける人生を送りたかった」と語るように、彼は、子どもを持たずに仕事に精力を傾けるという選択によって、結果的に、最初に入社した会社では同期でトップのスピード昇進を遂げ、その後転職して外資系企業日本法人のナンバー2の地位に就いている。

子どもを持つことが当たり前だった時代には、子育てに伴う負担は「仕方がないこと」であり、子育ての「失敗」を「不運」と見なすこともできた。しかし、子どもを持つかどうかは個人が選択すべきことであるとの考えが主流になった現在、子育ての負担や失敗は、その選択を行った個人が自己責任として全面的に引き受けるべきものと見なされる風潮が強まっているように思える。

さらに、子育てを全く妻に任せておけた時代には、男性は子育ての負担から逃れられただけでなく、子育ての失敗の責任を妻に押しつけることさえ可能だった。しかし、父親の子育て参加が当たり前とされる現在では、父親は子育てに伴う負担を引き受けざるをえないだけでなく、それが失敗した時の責任からも逃れられなくなっている(4)。

今や、子どもを持ちながらほとんど子育てに関われないのであれば、いっそのこと子どもがいない方が、社会から受ける否定的なまなざしの点でも、本人の罪悪感や不安感の点でも、ダメージが少ないかもしれない。そうしたなかで、たとえ子どもを育てるのに十分な経済力があっても、妻だけでなく、夫もまた子どもを持つことをためらうというケース（沼崎 2005）は、決して珍しいことではなくなっているように思える。

4　子どもを持つリスク

本稿では、サラリーマンの生活事例に基づいて、子育てをめぐる彼らの具体的な生活状況と子育てに対する彼らの意味づけ方を確認してきた結果、次の点が確認された。

第一に、男性の稼ぎ手責任がそれほど軽減されず、職業的成功が男性のアイデンティティを支える重要な要素であり続けている一方で、男性への育児参加の期待はますます高まっている。そうしたなかで、女性のみならず男性でも、仕事と育児をめぐる葛藤に直面することは珍しくなくなっている。しかも、そうした葛藤は、従来指摘されてきた「仕事のせいで育児ができない」という不全感だけでなく、「育児のせいで仕事ができない」という不全感によっても構成されている。

第二に、そうした子育てに伴う葛藤の解消は、仕事時間と育児時間のバランスの調整といった客観的条件の統制のみによってもたらされているわけではない。彼らは、そうした葛藤を克服する過程において、仕事の意味づけの変化や、親として子どもを育てることの意味づけの変化といった主観的世界の再構築も経験している。

第三に、したがって、彼らにとっての子どもを持つことの意味は、個人の人生を通して一貫したものであるというよりも、むしろさまざまなライフイベントの経験を通して不断に問い直され再帰的（reflexive）に形成されていくような性質のものである。そうしたなかで、子どもを持つことに伴う負担を意識して、結婚してもあえて子どもを持たないという選択をしてきた男性もいる。

本稿で示されたのは、あくまで経済的に比較的恵まれた中流階層サラリーマンの生活のごく一部の側面であり、ここで得られた知見が現代日本のあらゆる層の男性にそのまま当てはまるとは限らない。しかし、従来の日本社会において、理想的かつ標準的とされる男性の生き方を体現してきたサラリーマン層の生活に見られるこうした揺らぎは、女性やほかの層の男性を含めた日本人のライフコースの変化と持続を理解するうえでの一つの有効な定点になると考えられる。

子どもを持つということは、それが個人の人生にもたらす結果の不確実性を伴いながら時間と労力と金銭を投じるという意味では、「リスクを取る」ことにほかならない。もちろん、子育てのあらゆる側面を損得勘定だけでとらえようとする人はそれほど多くはないだろうし、本稿で取り上げることのできなかったほかの多くのサラリーマンの生活事例からも、仕事との両立でどんなに苦労しようとも、子育てを通して人間としての成長を感じ取ったり、そこから何ものにも代え難い喜びを見いだしたりしている様子がうかがえた。それでも、標準化されたライフコースが多様化し、生活のあらゆる面で自己選択と自己責任が強調される現代の個人化社会（Beck & Beck-Gernsheim 2001 : Bauman 2001=2008）においては、子どもを持つことの「リスク」の側面は、ますます大きくなってきているのではないだろうか。

注

（1）平成一六〜一八年度科学研究費補助金（若手研究B）「男性雇用労働者の生活構造の変化と持続に関する研究」（研究代表者：多賀太）と、二〇〇六〜二〇〇七年度シドニー大学と久留米大学の共同研究「グローバル社会における男性性、変化、葛藤」（久留米大学側研究代表者：多賀太、共同研究者：東野充成、佐々木正徳、村田陽平）。

（2）面接結果の記録とその分析方法の概略は次の通りである。調査に際しては、本文中に示した主要質問項目に沿って質問をしながら、ポイントをメモするとともに、本人の了承を得て会話の内容を録音した。分析に際しては、まず、録音された音声データをすべて文字化し、次に、文字化されたデータと面接時に調査者が取ったメモに基づいて、個人の生活史とその考察からなる対象者別の事例研究レポートを作成した。さらに、そうして作成された事例研究を横断的に読み直しながら、各事例同士の共通点と相違点を析出し、類型化を行った。なお、これら二つのプロジェクトならびに調査方法の詳細については、多賀編（2011）の付録に記載されている。

（3）対象者の氏名は仮名、年齢および生活状況は、すべて面接当時のものである。以下の事例も同様。

（4）本稿では、紙幅の制限もあり触れなかったが、近年の父親の子育て参加への期待は、乳幼児期の「世話」にとどまるものではない。特に都市部の高学歴層では、中学受験を中心とした子どもの学習・受験支援にも父親が積極的に参加すべきであるという風潮が見られ始めている（多賀 2011）。

文献

Bauman, Z., 2001, *The Individualized Society*, Cambridge: Polity Press.（＝2008 澤井敦・菅野博史・鈴木智之訳『個人化社会』青弓社.）

Beck, U. & E. Beck-Gernsheim, 2001, *Individualization: Institutionalization, Individualism and its Social and Political Consequences*, London: SAGE Publications.
舩橋惠子 2006『育児のジェンダー・ポリティクス』勁草書房.
冬木春子 2003「父親の育児ストレス」木脇奈智子編『育児をめぐるジェンダー関係とネットワークに関する実証研究』(平成13―14年度科学研究費補助金(基盤研究(C)(1)研究成果報告書) 48–57.
平川真代 2004「父親の育児参加と家族関係」『家族社会学研究』15(2): 52–63.
広田照幸編 2006『子育て・しつけ』日本図書センター.
堀聡子 2005「共働きカップルの育児分担―家事分担との関わりから」『家族研究年報』30: 64–80.
Ishii-Kuntz, M., 2003, "Balancing Fatherhood and Work: Emergence of Diverse masculinities in Contemporary Japan," Roberson, J. & N. Suzuki (eds.), *Men and Masculinities in Contemporary Japan*, London: RoutledgeCurzon, 198–216.
石井クンツ昌子 2009「父親の役割と子育て―その現状と規定要因、家族への影響について」『家計経済研究』81: 61–23.
松田茂樹 2002「父親の育児参加促進策の方向性」国立社会保障・人口問題研究所編『少子社会の子育て支援』東京大学出版会 313–30.
―― 2006「育児期の夫と妻のワーク・ファミリー・コンフリクト」『家族社会学研究』18(1): 7–16.
内閣府 2009「男女共同参画に関する世論調査」http://www8.cao.go.jp/survey/h21/h21-danjo/index.html (2012. 2. 25)
庭野晃子 2007「父親が子どもの「世話役割」へと移行する過程」『家族社会学研究』18(2): 103–14.
沼崎一郎 2005「家事・育児する男は少子化を止めるか?―変容する男性の結婚観・子ども観とその影響に関

する試論」『国際ジェンダー学会誌』3: 63–87.
小笠原祐子 2009「性別役割分業意識の多元性と父親による仕事と育児の調整」財団法人家計経済研究所『季刊 家計経済研究』81: 34–42.
大野祥子・柏木惠子 2011「養育する親としての父親」日本児童研究所編『児童心理学の進歩 二〇一一年版』金子書房 127–50.
総理府 2000「男女共同参画に関する世論調査—男性のライフスタイルを中心に」.
末盛慶 2010「職場環境と男性のワーク・ライフ・バランス—ジェンダー秩序が揺れ動く条件」松田茂樹・汐見和恵・品田知美・末盛慶『揺らぐ子育て基盤——少子化社会の現状と困難』勁草書房 161–81.
多賀太 2011「教育するサラリーマン」多賀太編 127–57.
多賀太編 2011『揺らぐサラリーマン生活——仕事と家庭のはざまで』ミネルヴァ書房.
矢澤澄子・国広陽子・天童睦子 2003『都市環境と子育て』勁草書房.

11 「新しい父親」の発見――積極的な父性のアンビバレンス

ミヒャエル・モイザー

1 父親への新たな関心

父性は、過去十年間、ドイツの家族政策をめぐる議論を決定づけてきた。近年さまざまなところで父親に対する関心が高まっており、仕事と家庭の両立は母親のみの問題ではないことが認識されつつある。少子化問題について論じる際に女性のみに目を向けられていたのが、今や子どもの社会化がうまくいくためには父親の育児参加が欠かせないといわれるほどである。

ドイツ連邦家族省の第七次家族報告（MBFSFJ 2006）では、かつてないほどに父性に注意が払われており、父性の政治的重要性の高まりをはっきりと読み取ることができる。さらに、ウルズラ・フォン・デア・ライエン（Ursula von der Leyen）家族大臣（当時）は、「新しい父親をドイツは必要としている」(1)などの発言で父性を新たに評価するとともに、「現代社会は父親役割や親を介護する息子の役割を高めることなしに存立しえないであろう」(Stern 2007) といった見通しを述べた。こうした発言は、父親の役割の見直しを内包していたが、世論に大きな反響をもたらした。

スカンジナビア諸国では三十年以上も前から、母親だけでなく父親も家族支援策の対象となっている。それが今や、ドイツのようにエスピン゠アンデルセンの福祉国家レジーム論の類型で保守主義型に属するとされる国においても、実践されるようになっている(Esping-Andersen 1990=2001)。また、政治の場における父性の再評価と同時に、家族研究やジェンダー研究でも父親が研究対象とされるようになっている(Tölke & Hank 2005)。

父性を新たに理解するための議論と研究が、今日発展していることは偶然ではない。伝統的な男性の人生設計は、一家の稼ぎ主としての父親役割に基づいてきたが、その基盤は揺らぎつつある。女性、とりわけ子どもをもつ女性の労働市場への参加が高まるにつれ、男性の人生設計も変更を迫られている(2)。また、雇用関係が不安定化し、正規雇用の職に就くことは、女性のみならず男性にとっても困難になっている(Lengersdorf & Meuser 2010)。

近年ドイツでは非典型雇用の割合が著しく増加した。そして現在、新たに結ばれる労働契約の2件に1件が有期労働契約となっている。非正規雇用に従事する者の多くは女性であるが、その増加率は、二〇〇五~〇九年の間で、女性より男性の方が大きかった。ただし、ごく短時間の労働のみに従事する者を見ると、二〇〇三~〇九年にかけて女性は9・5%増に対して、男性は19・8%増であった(Herzog-Stein 2011)。

父親を稼ぎ主とするモデルは、安定した雇用関係の上に成り立つものである。しかし最近の動向を見ると、家族政策の介入や、父性の新しいあり方を生み出そうとするいわゆる「新しい父親」像の広がりとは関係なく、家庭内の父親の立場が変わりつつあることがわかる。工業化社会の終焉とともに、賃金労働と労働条件が変化しているが、同時に、ブルジョア的なジェンダー編成の制度的基盤も揺らぎ始めているのである。

以上述べた事柄を背景に、家庭のために稼ぐ者としての父親よりも家庭に積極的に関わる父親を前面に押し出すような新しい父性言説が生まれている。二〇世紀半ばまでは、子どもの拠り所として母親のみが想定されてきた（Bowlby 1951＝1967）。しかし、アレンスバッハ世論調査研究所による「二〇〇七年家族調査」では、回答者の33％が、子育てを母親に任せきりの男性に対して「カラスの父親」(訳注1)という表現がぴったりであると答えている（Institut für Demoskopie 2007：29）。ここでは、対象者の3分の1がこうした見方をしているという調査結果よりも、次の事実に注目したい。ドイツの代表的調査機関であるアレンスバッハ研究所が調査票において、伝統的に稼ぎ主として家庭内で上位におかれてきた父親についても、「カラスの母親」(訳注2)という表現に掛けて、カラスという比喩を用いた。つまり、子育ての責任から逃げる父親イメージが、仕事を理由に子育ての手を抜き、それが子どもの成長に悪影響を及ぼしても構わないとする悪い母親像と重ねられたのである。

これまでに行われたさまざまな意識調査から、ドイツでは男性の大半が稼ぎ主としての父親像に別れを告げたか、少なくともこれまでの父親役割を超える父性観をもつようになっていることがわかる。フテナキスとミンゼルの調査では、男性回答者の71％が子育て役割を担っていると答え、稼ぎ主としての父親像を良しとする者は29％にすぎなかった（Fthenakis & Minsel 2002）。また、若い男性の父性観に関する最近の調査では、家族の生計を賄うために働くことと、子どものために時間を取ることのどちらも父親の使命であるとした者は、回答者の95％近くに上った。また子どもの世話をし、見守ることが父親の使命であると答えた者も、回答者の80％を占めた（Zerle & Krok 2009：130）(3)。これらの調査では、稼ぎ主としての父親像についてさまざまな評価がなされているが、稼ぎ主としての父親像に取って代わる、あるいはそれを補うかたちであれ、子どもの養育と世話に重点をおく父性観がきわめて重視されていることがわかる。これは、父性のもつ文化的意味が変化していることを示唆する。父性は家庭への積極的な関与を含むものとして広がっているのである。

2 父性言説と現実の父性

しかし、日々の経験の教えるところでは人の考えと日常の実践はまれにしか一致しない。これは多くの調査結果も伝えるところである。とりわけジェンダー言説と実際のジェンダー関係は互いに不幸な関係に陥ることがある（Koppetsch & Burkart 1999）。ラロッサによる「父性の文化」（culture of fatherhood）と「父性の行動」（conduct of fatherhood）の区別は依然として有効であるといえよう（LaRossa 1988）(4)(訳注3)。

欧州社会調査（ＥＳＳ）では、ドイツは男性の家事協力が最も低い国に属する。男女間で協力的な分業が行われているのは、全世帯の17％にすぎない。男性の協力度がドイツより低いのは、ポルトガル、ポーランド、ギリシャ、トルコのみである（Gonzáles et al. 2009）。

ドイツの父親は第一子の誕生後に賃金労働時間を増やし、第二子が生まれるとさらにこれを増やしている。子どものいない男性で週36時間以上働いているのは56％であるが、子ども一人の男性では75％、二人以上では82％である（BMFSFJ 2003: 114）。

また、子どものいない夫に比べて、父親の家事参加度が低くなっている。子どもがいない場合、家事・家族のために割く時間は毎日平均211分であるが、子どもがいるとそれが187分に減少する（Döge 2006: 31）。

さらに二〇〇六年、ドイツの全世帯の過半数において男性が稼ぎ主であり（56・5％）、男女の収入が同程度であった世帯は約3分の1であった（31・9％、Klenner & Klammer 2009: 73）(5)。これらのデータを意識調査の結果から得られる回答者たちの自己イメージと比べると、ドイツの父親の少なくとも半分は、「口では進歩的なことを言っても行動はかなり保守的」（Beck 1986: 169 = 1998: 207. 引用は編者訳）、つまり自ら引き起こす文化遅滞（cultural lag）に陥っているようにみえる。

こうした解釈は、さまざまな理由から性急すぎるように思える。父性の再定義の必要性を唱える者たちは、男性の半数近くが扶養役割を担っていないことを強調するであろう。しかしこれは表面的な主張である。夫婦がともに家計に貢献していても父親が家庭内の仕事により多く参加しているとは限らない。共稼ぎできわめて脱伝統的・平等主義的なパートナーシップ・家族形態であっても、家事や家庭内の仕事の計画をするのはたいてい女性である（Behnke & Meuser 2005）。

翻って、一家の稼ぎ主がある程度家事に参加し、育児に熱心であるケースもなくはないが、ＯＥＣＤデータの比較が示すように、賃金労働の状況と家庭内の性別役割分業のパターンは、かならずしも同じ方向を向いてはいない。たとえばスロベニアは、両親ともにフルタイム就業の家族の割合がヨーロッパで一番高いが（80％近く）、パートナーと平等に家事に参加している男性の割合は20％にすぎない。スウェーデンでは両親ともにフルタイムで働く家族が全体の41％を占め、半数はひとり親のみの就業またはパートナーの一人がフルタイム、他方がパートタイム就業であるが、平等に家事を担当する男性の割合は40％である（OECD 2009：Gonzáles et al. 2009）。スロベニアに見られるように、男女の労働時間が同じでも、伝統的な家庭内ジェンダー編成は維持されうる。またスウェーデンの例からは、男性の家事参加が、働き方次第かといえば、必ずしもそうではないことがわかる。

父親の積極的な家事・育児参加を良しとする考え方と、伝統的な性別役割分業との間の少なからぬギャップを理解するには、職場でも家庭でも、ジェンダー規範に裏づけされた象徴的な暗示《コノテーション》が今も堅固に存在していることを考える必要がある。賃金労働と男らしさは密接な関係にある。同様のことが、家事と女らしさについてもいえる。このような相互関連は、父親がそうした連想を捨てようと試みているような場でも、多かれ少なかれ潜在的な構造として存在しているのである。

3 積極的な父性――仕事と家庭の対立構造

ジェンダー規範は非常に強い影響力をもっており、父親がこれまでの考え方を変えたとしても、それを積極的に実行に移そうとして、労働時間を減らそうとしたり、家事で能力を発揮しようとすれば、障害となる。伝統的なジェンダー規範にあからさまに対抗することが、かえってその頑強さをいっそう際立たせるのである。既存のジェンダー規範が存続していることを思い出させるのは、経営者や上司だけではない。それが妻ということもある。また男性の一般的な性向そのものがジェンダー規範の変化を遅らせていることも疑う余地はない。変化させようという意志があっても、それはしばしば旧態依然とした現実の前に崩れ去ってしまう。しかし、ここでは、この点をさらに探究することは控えて、これまでの習慣から少なくとも多少は自らを「解放」した父親に目を向けていくこととする。

父親の今まで以上の家事参加、とりわけ夫婦で対等に家事をすることは、男性の職業活動との関わりにおいて従来の規範に真っ向から挑戦することを意味する（Ranson 2001）。高度な職業能力が求められる専門的な業務分野では、特にそれが当てはまる。男性の家事参加により、賃金労働以外に何ら義務を負っていないという一般的な期待に疑問が投げかけられるのである。

職場で、自分には家庭責任があると言う父親、とりわけそのために労働時間を減らしたいと言う父親は、上司だけでなく同僚にも奇異の目で見られ、理解されず、拒否される。上司からは、仕事への熱意が足りない、会社との同化が不十分だと非難され、同僚からは、そのせいで自分の負担が増えるのではないかと恐れられる、すなわち家庭のために仕事を減らそうというような考えは連帯感に欠け、同僚に無理を強いていると見られる（Demirovic 2005; Döge & Behnke 2005; Oberndorfer & Rost 2004）。

また、法律上は両親ともに育児休業を請求する権利があるものの、会社側は、育児休業は女性が取るものであり、男性は取ってもせいぜい二ヵ月と見込んでいる(6)。従来のジェンダー規範に従い、女性が一二ヵ月の育児休業を申請すれば、子どもの幸せのために母として当然の熱意の表れと理解されるが、男性が申請すると会社への忠誠心が疑われることになる。加えて、同僚に男らしさを疑われることも稀ではない（Döge & Behnke 2005）。

経営者や同僚の態度には、伝統的なジェンダー規範と、ブルジョア的ジェンダー秩序の伝統にある解釈のパターンが見られる。つまり、母であることは女らしさの本質的な部分であるとされるのに対して、ファザーリングという意味で父であることは、男らしさの文化的構成要素として同じような意義が認められていないのである（Lupton & Barclay 1997: 147）[7]。若い世代の父親が積極的に家庭生活に関わることを望んでいることは各種の調査で確認されているが、「労働市場という制度の限界」にぶつかり、その希望も打ち砕かれてしまう（Born & Krüger 2002: 117）。「新しい父性は、規範として望まれるようになるだけでなく、今なお男性稼ぎ主モデルを前提とする現代の社会構造に対抗する現実として形づくられ、広められていかねばならない」のである（Born & Krüger 2002: 138）。

父親が家庭内の出来事にもっと関わっていけるかどうかは、女性がどこまで家庭内の仕事を手放せるか、つまりはこれまで自ら影響を及ぼしてきた領域を失ってもよいと思えるかにかかっている。これは、米国の学界では、だいぶ前から「母親の番人《マターナル・ゲイトキーピング》」（maternal gatekeeping）という概念の下に議論されている問題である（Allen & Hawkins 1999）。母親役割は「良き母」（Lupton & Barclay 1997: 147）をめぐる議論の影響を受けているが、これがドイツではほかの欧州諸国より強く、母親像の基準となっている（Schütze 1986: Vinken 2001）[8]。家事に積極的になった父親たちは微妙な立場に立たされることが多い。女性は彼らの参加を評価する一方、家事を自らの領分として防衛する。女性たちは家事のやり方を決めるのは自分であると考えている。となれば父親は、妻より格下の協力者の立場に陥りやすい。父親の家事参加は大部分が母親の「指導」の下に行われる。筆者が現在行っている積極的な父性に関する調査(9)で、このことをある女性がカップル調査の中で的確に表現している。彼女は夫に対して「あなたは私の研修生のようなもの」と述べている。それに対して夫の男性は、自分はたまに手伝う程度ではなく、常日頃から家事に参加し、料理や買い物をしていると反論したが、妻の女性はムッとして、「家のことは全部私が仕切っているでしょ。そうしないと何も進まないじゃない」とやり返していた。

カウフマンによれば、そのような夫はあたかも妻の生徒であるかのように妻に対して「負い目を感じている」という(Kaufmann 1994: 279-90)。夫が積極的な父性を志向する時、妻の「代理としての存在」となることで逆説的な問題が発生する。この状態はある意味で是正すべき「欠陥」であるが(Kaufmann 1994: 279)、同時にこの「欠陥」により、家事や育児において女性がより優れた能力をもち、物事を決める力を有することが保証されてもいる。今でも、男女ともに「女性の方が子どもの世話や育児についてはやや優れている」(Burkart 2007: 88)という考えを完全に捨て去るには至っていない。「新しい父性は(……)これまで母親がなしてきた仕事を基準にしているようである」(Tazi-Preve 2004: 123)。

父親の能力は、家事のやり方以外にも、愛情のこもった子どもへの気遣いという点で疑問視されている。愛情のこもった世話(「ケア」)の女性化は、市民社会に深く根づき、女らしさの文化的な解釈パターンに支えられているが、そのような女性化の結果、心の温かさ、愛情のこもった世話は、未だに女性に備わった特徴とされている(Wall & Arnold 2007: 521)。そのため、夫が愛情のこもったケアをしても、妻はそれを当たり前と思わず、わざわざ強調しなくてはいけないと感じてしまう。ここでも家事の場合と同様に、評価する側に立つのは女性であり、またそういうものだと受け入れてしまっている男性も多い。愛情のこもったケアを男性が「できる」ということが特別視される背景には、ケアという領域において女性が男性に勝るという考えが存在する（Behnke & Meuser 2010）。つまり、ジェンダー規範は「関係性を規定する潜在的な構造」として理解することができる。そしてそのような構造は、「問題のない当然の了解ないし無言のコンセンサスという意味で、双方から共に受け入れられている」（傍点は原文）（Koppetsch & Burkart 1999: 7）。

4　闘争の場としての家庭？

二〇〇九年、ドイツの学術雑誌『家族研究雑誌』（*Zeitschrift für Familienforschung*）で「家族の未来」をテーマにした特集号が刊行された。同特集号に掲載された論文でブルカートは、今後「新しい父親」の意義が高まるとともに、「微妙なジェンダーの闘いが、今後数十年を特徴づける」と予想している（Burkart 2009: 23）。その闘いの「場」の一つが、家事である。

たしかに「新しい父親」というのは、未だに日常の現実というよりは言説的な現象である。とはいえ、男性が既存の稼ぎ主としての役割を超えて、別の父親モデルを実践しようとするとき、家庭は争いの領域となり、新たな闘いの場となる。この闘いの「前線」はもはや、女性を私的領域に位置づけ、男性は公的領域を受け持つという市民社会で固定された境界ではなく、家庭の私的領域へと入り込んでいる。このような闘いの場は、職業生活においてはすでに始まっている。女性の就業率が高まり、従来は「男性の職業」とされた分野に女性が進出し、職業上の出世競争に女性が進出するようになったためである。親としての役割を男女が平等に担う、あるいは分担することを徹底するならば、職業生活だけではなく家庭生活においても、これまでの立場と権力関係が新たな交渉の対象となることを意味する。それは、ドイツにおける子どもをもつ男女間の役割分担に関する初期の研究が二十年以上も前に明らかにしているように（Busch et al. 1988）、この領域における女性の権力喪失をもたらすことになる。

父親の家庭へのより強い関与をめざす新たな父性を構想し、実現するには、従来のジェンダー規範を見直さなければならない。まだ稀なケースだが、その試みには成功しているものとして、男性が職業生活で昇進をめざさないという現象を挙げることができる。家庭においては、女性が自らのもつ決定権（の少なくとも一部）を放棄する用意があるかどうかが、重要と思われる。

新たな父性のあり方に関する各種の調査では、特に父親の仕事上の出世に対する姿勢が父性についての新しい理解を実行に移すか否かを決定しているという点で意見の一致が見られる。労働時間を減らす男性は、「普通の人生経歴から大きく逸れた」人生設計の下にこれを行っている（Kassner & Rüling 2005: 252）。彼らは同僚に比べて、出世にあまり関心がなく、出世が自らの人生設計においてさほど大きな意味をもっていない。父親の積極的な家事参加の両義性に関する調査で、筆者がインタビューした男性は次のように述べている。

そう、僕にとって今の仕事は……なんとしても／どうしても／どうにかして出世したいとか、何か特別なことを達成したいとか、それを通して自己実現したいなんていうようなものでは全くないです。

こういった男性は家事を日々の仕事のストレスから多少逃れうる機会と見ている。男性の家庭参画は、出世への悪影響という犠牲を払うことになる場合が多いが、当事者はそれを重大な問題とはとらえていない。これはパートナーである女性の仕事上の成功とも関連していて、その成功はむしろ男性にとっては自らの就業時間を減らす契機となりうる（Döge & Behnke 2005: Oberndorfer & Rost 2002）。これらの男性の自己認識では、仕事上の成功が占めてきた位置に、積極的な父性が見られるのである。

筆者の同調査からは次の点が明らかとなっている。すなわち、上述したような新しい父親役割意識をもつ男性が、稼ぎ主に特化した父性概念を実践するのではなく仕事と家庭を調和させるには、その男性が「家事を完璧にこなす」ことや家庭を縄張りとすることにこだわらない女性と一緒に共同生活をしている場合に、最もうまくいくということである。このようなタイプの女性は、夫の家事参加を家事負担の軽減ととらえ、自らの関心事に時間を割くことができると感じている。

そういう時は、どちらかといえば、ま、たぶん、ちょっと利己主義的というか、単純に、その時間をどうやって自分のために使えるかって考えるわ。

こうした女性たちはまた、男性の家事・育児能力を信頼している。自由になった時間を使って、たとえば「彼が家にいるし、子どもの面倒も見てくれる」ので「明るい日射しのある南ドイツの方へ行って修士論文」を書くなどし、「何もかも任せられるというのは、良い気分だ」と述べている(Behnke & Meuser 2011)。

とはいえ、男性が出世を望まず、女性が家庭内の決定権を譲る用意があるような稀なケースでも、伝統的なジェンダー規範は持続している。これは、「外の世界を代表し、自らを家長の地位に高める」父親の意義の喪失と、それとは正反対の、積極的な父性という「未だに本物の男らしさには」合致しないモデルの台頭が同時に起きている(Knijn 1995: 171)ためである。

新しい父性観は、「覇権的マスキュリニティ」(Connell 1987 = 1993)を志向する支配的な男性性のパターンとの緊張関係にある。ジェンダー関係の変化と男性支配の不安定化にもかかわらず、覇権的マスキュリニティ以外には、社会的に広く受容されるような男性性がまだ存在していない。筆者の調査では、自信をもって家庭参加している父親でさえも、覇権的マスキュリニティという理想像を暗黙の内に思い描いていることが明らかになっている。彼らは、仕事の時間を減らす決断、特に経営者に対してそれを要求したという状況を、勇気ある一歩と表現し、意気地のない同僚とは違って、自らの要求を貫徹できる「一人前の男」であると述べている。これは、彼らが男らしさを構築する競争的な様式を意識してはいるが(Meuser 2007)、それが一般に行われる仕事上の競争ではなく、いわば家庭にとって大切な事柄を主張し、貫徹する父親と、それができない父親との間で競争が起き始めている。また自らの型破りな行動を、自律した本物の男の表れとすることも、男らしさの創造と表現への象徴的な関与に結びついている。そうすることで、伝統的な男性の生き方と対比させても自らが敗者ではないと見ることができるのである（Behnke & Meuser 2011）。

伝統的な男性稼ぎ主モデルの場合とは異なり、父親の家庭参画を重視する父性観の下では、家庭が男らしさの構築にとって重要な領域となる。父性の実践のあり方が変化したことで、男らしさの構築の条件も変化している。女性が自らの家事における優位性を自明のものとし、その決定権をもつと見なしている家庭では、家事も自らの責任領域であると考える父親が家庭での男性の自律を主張することは難しい。「研修生」として行動し、妻の指示の下に家事や育児を行うのは、社会的に受け入れられている男らしさのパターンとは相容れない。ブルカート（Burkart 2007, 2009）のいうように、複雑な様相を見せるジェンダーの闘いが今後数十年社会を特徴づけるとすれば、それは家庭内の決定権の配分をめぐって繰り広げられるのではなかろうか。その他の多くの社会分野とは異なり、ここでは男性が不利な出発点に立っている。

注

（1）テレビニュース heute（2005.11.18）http://www.heute.de/ZDFheute/inhalt/22/0,3672,2397814,00.html（2007.10.5）.

（2）ドイツの女性の就業率はこの十年で約58％から約66％へと上昇した（Statisches Bundesamt：2010：87）。ＯＥＣＤ平均は上回っているが、米国、イギリス、そしてなによりもスカンジナビア諸国の数値よりは低い（OECD 2010）。

（3）調査対象者は全体で１８０３名。内訳は15～33歳の子どものいない男性１１３３名と、21～42歳の子どものいる男性６７０名である（Zerle & Krok 2009：123）。

（4）これはドイツのみならず、日本についても当てはまる（Taga 2007）。
（5）残りの11・6％の世帯では、女性が一家の稼ぎ主である。
（6）ドイツでは両親ともに、子が満三歳になるまで、その養育のために育児休業を請求する権利を有する。この請求権は使用者に対して行使され、使用者は育児休業期間の終了後、当該雇用者を元の職場、あるいは同等の職場で雇用する義務を負う。休業期間中は最長一四ヵ月まで両親手当支給への請求権があり、その額は平均収入に応じて決まる。両親手当の支給を一四ヵ月まで受けるための条件は、二〇〇七年施行の「両親期間・両親手当法」の規定により、父親と母親がともに育児休業を請求し、かつ一方の親（通常は父親）が少なくとも二ヵ月間育児休業を取ることである。一方の親のみが育児休業を取る場合は、一二ヵ月までしか両親手当が支払われない。この新しい規定の結果、それまで父親の育児休業取得率が約5％だったものが、現在約23％へと増加する効果があった。この増加は、父親が二ヵ月の育児休業を請求したことに主な理由がある。育児休業を二ヵ月以上取る父親は約6％で、二〇〇七年初頭の法改正以前と大きな違いはない。
（7）このような理解については、家族社会学においてパーソンズの的確で詳しい叙述があり、今もその影響は生きている。パーソンズによれば、成人女性の役割はおもに家族内の事柄に向けられ、成人男性のそれは逆に、職業世界にある（Parsons & Bales 1955: 14-5＝2001: 31-4）。
（8）「良き母親」をめぐる言説においては、母性本能が存在することが基本になっていて、母親は子に対して「自然に」密接な関係をもっているが父親にはそれがないとする考えが重要である。母親は本能的・生物的に子への密接な関係をもつことを指摘しつつ、一九～二〇世紀初頭にかけて、母性愛は母の義務へと転化された（Schütze 1986: 19-72）。母性愛という社会的規範は、仕事をもつ母親が自分は十分に母親の義務を果たしていないのではないかという「罪の意識を払拭できない」でいるように、今日に至るまで強い影響を及ぼしている（Schütze 1992: 47）。

（9）この研究プロジェクト「メリット・デメリット――父親が家庭内により強く関与することの両面性」は、ドイツ研究振興協会の助成を受けている。

訳注

（1）子どもの面倒を見ない父親を意味する。
（2）子どもの面倒を見ない母親、子どもを預けて働く母親を意味する。
（3）前者は、父親に期待される役割や行動等に関する規範、価値観、イメージなどを指す。後者は父親として男性が実際にすることを指す。ラロッサは同一人物であっても両者の間に一貫性がないことがあると指摘した。

文献

Allen, S. M. & A. J. Hawkins, 1999, "Maternal Gatekeeping: Mothers' Beliefs and Behaviors that Inhibit Greater Father Involvement in Family Work," *Journal of Marriage and Family*, 61(1): 199-212.

Beck U., 1986, *Risikogesellschaft. Auf dem Weg in eine andere Moderne*, Frankfurt a. M: Suhrkamp.（＝1998 東廉・伊藤美登里訳『危険社会――新しい近代への道』法政大学出版局．）

Behnke, C. & M. Meuser, 2005, "Vereinbarkeitsmanagement. Zuständigkeiten und Karrierechancen bei Doppelkarrierepaaren," Solga, H. & C. Wimbauer（eds.）, '*Wenn zwei das Gleiche tun*…,' *Ideal und Realitüt sozialer*（*Un-*）*Gleichheit in Dual Career Couples*, Opladen/Famington Hills: Verlag Barbara Budrich, 123-39.

――, 2010, "Ich bin dann mehr die Frau' Männliche Gefühle im Rahmen von Vaterschaft und

Familiengründung," http://www.fk12.tu-dortmund.de/cms/ISO/de/arbeitsbereiche/soziologie_der_geschlechterverhaeltnisse/Medienpool/AIM_Beitraege_siebte_Tagung/Behnke_Meuser_Gefuehle_und_Vaterschaft.pdf (2010. 5. 22).

———, 2011, "'Look out Mate! I'll Take Parental Leave for a Year'. Involved Fatherhood and Images of Masculinity," Oechsle, M., U. Müller & S. Hess (eds.), *Fatherhood in Late Modernity: Cultural Images, Social Practices, Structural Frames*, Opladen/Famington Hills: Verlag Barbara Budrich.

BMFSFJ (Bundesministerium für Familie, Senioren, Frauen und Jugend), 2003, *Die Familie im Spiegel der amtlichen Statistik*, Berlin: Bundesministerium für Familie, Senioren, Frauen und Jugend.

———, 2006, *Familie zwischen Flexibilität und Verlässlichkeit. Perspektiven für eine lebenslaufbezogene Familienpolitik* (Siebter Familienbericht), Deutscher Bundestag, Drucksache 16/1360.

Born, C. & H. Krüger, 2002, "Vaterschaft und Väter im Kontext sozialen Wandels. Über die Notwendigkeit der Differenzierung zwischen strukturellen Gegebenheiten und kulturellen Wünschen," Walter, H. (ed.), *Männer als Väter. Sozialwissenschaftliche Theorie und Empirie*, Gießen: Psychosozial-Verlag, 117–43.

Bowlby, J., 1951, *Maternal Care and Mental Health*, New York. (=1967 黒田実太訳『乳幼児の精神衛生』岩崎学術出版社.)

Burkart, G., 2007, "Das modernisierte Patriarchat. Neue Väter und alte Probleme," *West End. Neue Zeitschrift für Sozialforschung*, 4(1): 82–91.

———, 2009, "Einblicke in die Zukunft der Familie," Burkart, G. (ed.), *Zukunft der Familie. Prognosen und Szenarien. Sonderheft 6 der Zeitschrift für Familienforschung*, Opladen/Farmington Hills: Verlag Barbara Budrich, 9–28.

Busch, G., D. Hess-Diebäcker & M. Stein-Hilbers, 1988, *Den Männern die Hälfte der Familie, den Frauen mehr Chancen im Beruf*, Weinheim：Deutscher Studien Verlag.

Connell, R. W., 1987, *Gender and Power: Society, the Person and Sexual Politics*, Cambridge：Polity.（＝1993 森重雄・加藤隆雄・菊地栄治・越智康詞訳『ジェンダーと権力――セクシュアリティの社会学』三交社．）

Demirović, A., 2005, "Die Rätsel der Vaterschaft," Biller-Andorno, N.（ed.）, *Karriere und Kind. Erfahrungsberichte von Wissenschaftlerinnen*, Frankfurt a. M./New York：Campus, 103–13.

Döge, P., 2006, *Männer. Paschas oder Nestflüchter ?*, Opladen：Verlag Barbara Budrich.

Döge, P. & C. Behnke, 2005, *Auch Männer Haben ein Vereinbarkeitsproblem. Ansätze zur Unterstützung Familienorientierter Männer auf betrieblicher Ebene*, IAIZ Schriftenreihe, 3, Berlin.

Esping-Andersen, G., 1990, *The Three Worlds of Welfare Capitalism*, Cambridge：Polity.（＝2001 岡沢憲芙・宮本太郎監訳『福祉資本主義の三つの世界――比較福祉国家の理論と動態』ミネルヴァ書房．）

Fthenakis, W. E. & B. Minsel, 2002, *Die Rolle des Vaters in der Familie*, Stuttgart：Kohlhammer.

Gonzáles, M. J., T. Jurado-Guerrero & M. Naldini, 2009, "What Made Him Change ? An Individual an National Analysis of Men's Participation in Housework in 26 Countries," DemoSoc Working Paper 2009-30, Universitat Pompeu Fabra, Barcelona. http://www.recercat.net/bitstream/2072/41841/1/DEMOSOC30[1]. pdf（2010. 5. 22）.

Herzog-Stein, A., 2011, *Atypische Beschäftigung in Deutschland*, Düsseldorf：Hans-Böckler-Stiftung. http://www.boeckler.de/pdf/atyp/D.pdf（2011. 7. 13）.

Institut für Demoskopie, 2007, *Vorwerk Familiestudie 2007. Ergebnisse einer Repräsentativen Bevölkerungsumfrage zur Familienarbeit in Deutschland*, Allensbach.

Kassner, K. & A. Rüling, 2005, "'Nicht nur am Samstag gehört Papi mir!' Väter in egalitären Arrangements von Arbeit und Leben," Tölke, A. & K. Hank (eds.), *Männer. Das 'Vernachlässigte' Geschlecht in der Familienforschung*, Wiesbaden: VS-Verlag, 235–64.

Kaufmann, J. -C., 1994, *Schmutzige Wäsche. Ein ungewöhnlicher Blick auf gewöhnliche Paarbeziehungen*, Konstanz: UVK.

Klenner, C. & U. Klammer, 2009, "Weibliche Familienernährerinnen in West- und Ostdeutschland–Wunschmodell oder neue Prekarität?," Bundesministerium für Familie, Frauen, Senioren und Jugend (ed.), *Rollenleitbilder und -realitäten in Europa. Rechtliche, ökonomische und kulturelle Dimensionen*, Baden-Baden: Nomos, 62–84.

Knijn, T., 1995, "Hat die Vaterschaft noch eine Zukunft? Eine theoretische Betrachtung zu veränderter Vaterschaft," Armbruster, L. C., U. Müller & M. Stein-Hilbers (eds.), *Neue Horizonte? Sozialwissenschaftliche Forschung über Geschlechter und Geschlechterverhältnisse*, Opladen: Leske & Budrich, 171–92.

Koppetsch, C. & G. Burkart, 1999, *Die Illusion der Emanzipation. Zur Wirksamkeit latenter Geschlechtsnormen im Milieuvergleich*, Konstanz: UVK.

LaRossa, R., 1988, "Fatherhood and Social Change," *Family Relations*, 37: 451–57.

Lengersdorf, D. & M. Meuser, 2010, "Wandel von Arbeit. Wandel von Männlichkeiten," *Österreichische Zeitschrift für Soziologie*, 35(2): 89–103.

Lupton, D. & L. Barclay, 1997, *Constructing Fatherhood: Discourses and Experiences*, London: Sage.

Meuser, M., 2007, "Serious Game: Competition and the Homosocial Construction of Masculinity," *NORMA. Nordic Journal for Masculinity Studies*, 2(1): 38–51.

Oberndorfer, R. & H. Rost, 2002, "Auf der Suche nach den neuen Vätern. Familien mit nichttraditioneller Verteilung von Erwerbs- und Familienarbeit," Staatsinstitut für Familienforschung an der Universität Bamberg (ed.), *ifb-Forschungsbericht*, 5.

——, 2004, "Auf der Suche nach den neuen Vätern," *Gewerkschaftliche Monatshefte*, 55 : 490–9.

OECD, 2009, "OECD Family database. LMF8 : The Distribution of Working Hours among Adults in Couple Families by Age of Youngest Child and Number of Children," http://www.oecd.org/els/social/family/database (2010. 5. 22).

——, 2010, "OECD Factbook 2010 : Economic, Environmental and Social Statistics," http://www.oecd-ilibrary.org/sites/factbook-2010-en/06/01/01/index.html?contentType=&itemId=/content/chapter/factbook-2010-45-en&containerItemId=/content/serial/18147364&accessItemIds=&mimeType=text/html (2010. 5. 13).

Parsons, T. & R. F. Bales, 1955, *Family, Socialization and Interaction Process*, Glencoe, Ill. : The Free Press. (＝2001 橋爪貞雄・溝口謙三・高木正太郎・武藤孝典・山村賢明訳『家族――核家族と子どもの社会化』黎明書房．)

Ranson, G., 2001, "Men at Work: Change or No Change ? In the Era of the 'New Father'," *Men and Masculinities*, 4(1) : 3–26.

Schütze, Y., 1986, *Die Gute Mutter. Zur Geschichte des normativen Musters 'Mutterliebe'*, Bielefeld : Kleine.

——, 1992, "Das Deutungsmuster 'Mutterliebe' im historischen Wandel," Meuser, M. & R. Sackmann (eds.), *Analyse Sozialer Deutungsmuster. Beiträge zur Empirischen Wissenssoziologie*, Pfaffenweiler : Centaurus, 39–48.

Statistisches Bundesamt, 2010, *Statistisches Jahrbuch 2010 für die Bundesrepublik Deutschland mit internationalen Übersichten*, Wiesbaden: 2010 Statistisches Bundesamt.

Stern 2007. 2. 14, "Ursula und die Männer." http://www.stern.de/politik/deutschland/582597.html?nv=cb (2007. 3. 5).

Taga, F., 2007, "The Trends of Discourse on Fatherhood and Father's Conflict in Japan," Paper presented at 15th Biennial JSAA Conference, Canberra, 1–4 July 2007.

Tazi-Preve, I. M., 2004, "Vaterschaft im Wandel? Eine Bestandsaufnahme von Verhalten und Einstellung von Vätern," Cizek, B. (ed.), *Familienforschung in Österreich. Markierungen –Ergebnisse– Perspektiven*. Schriftenreihe des Österreichischen Instituts für Familienforschung, Heft 12., Wien: 109–29.

Tölke, A. & K. Hank (eds.), 2005, *Männer – Das 'vernachlässigte' Geschlecht in der Familienforschung. Sonderheft 4 der Zeitschrift für Familienforschung*, Wiesbaden: VS-Verlag.

Vinken, B., 2001, *Die deutsche Mutter. Der lange Schatten eines Mythos*, München: Piper.

Wall, G. & S. Arnold, 2007, "How Involved Is Involved Fathering? An Exploration of the Contemporary Culture of Fatherhood," *Gender & Society*, 21(4): 508–27.

Zerle, C. & I. Krok, 2009, "Null Bock auf Familie!? Schwierige Wege junger Männer in die Vaterschaft," Jurczyk, K. & A. Lange (eds.), *Vaterwerden und Vatersein heute. Neue Wege – neue Chancen!*, Gütersloh: Bertelsmann Stiftung, 121–40.

Ⅳ　住まいからみる新しい生き方

12　若年層のライフコースと住宅政策

平山　洋介

1　住宅政策と若者

戦後日本の政府は、多くの人たちが標準ライフコースを歩み、社会のメインストリームに加わると想定し、持家取得を促進する住宅政策を展開した。人生の道筋に輪郭を与えるのは、住まいの「梯子」である。雇用と所得を安定させ、家族と子どもをもち、そして借家から持家に移り住む、という「梯子」登りのパターンがライフコースの社会標準を意味した。住宅所有の達成は、住まいの改善と安定、家賃支出の回避、不動産資産の蓄積に結びつくと考えられている。

しかし、近年の若い世代では、標準パターンのライフコースをたどる人たちが減少し、人生の軌道は分岐・拡散した（Hirayama 2010, 2011a, b）。増えたのは、親元にとどまる未婚の世帯内単身者である。離家（親元からの独立）の遅れは、若い世代の目立った特徴となった。親の家を離れ、独立した若年層では、単身者の割合が上昇した。彼らの大半は、賃貸住宅に住み続け、持家を取得しない。家族をつくった人たちの多くは、住宅を購入する。しかし、持家の取得・維持のための経済負担は増大した。

若い世代にとって、メインストリームに入るための通路は、より狭くなった。住まいの状態は、ライフコースの特定時点だけではなく、全体に影響する。人生の「かたち」を描くうえで、若年期に住宅の「梯子」を円滑に登り始めるかどうかは、重要な意味をもつ。しかし、若いグループでは、「梯子」の最初の「足がかり」さえ得られない人たちが増大した。若年期に「足がかり」をもたなかった人たちにとって、人生の将来の「かたち」を構想することは、容易ではない。

経済の長い停滞は、若者のライフコースをぐらつかせた要因である。ポストバブルの一九九〇年代の不況のもとで、雇用と所得は不安定化し、持家取得はより困難になった。経済は、二〇〇〇年代前半に回復し始めた。しかし、景気好転のもとでさえ、雇用・所得は安定しなかった。アメリカのサブプライム・ローン破綻は二〇〇七年に表面化し、翌年にはリーマンショックが発生した。そこから拡大した世界同時不況は、日本を巻き込んだ。新たな経済危機は、住む場所の確保さえ困難な人たちを増やした。経済停滞が続くなかで、それが「異常」ではなく、「常態」であるかのような状況が生まれた。

しかし、若年層の住宅事情の変化を理解しようとするとき、重要なのは、経済情勢だけではなく、住宅政策の組み立て方に注目する視点である（平山 2009）。住宅の領域に対する政府介入は戦後に拡大し、「住宅問題」は「住宅政策のあり方の問題」に発展した。市場経済のメカニズムが住宅問題を必然的に生みだすという考え方がある。この見方は間違いではない。しかし、戦後の住宅問題は、市場の放任から起こるのではなく、それへの政策介入のもとで生起する。住宅政策の内容は、住まいの状態を左右する重要な因子となった。この文脈のなかで、住宅問題は、経済次元だけではなく、政策次元から理解される必要がある。

戦後の住宅政策は、「中間層」の「家族」の「持家」取得を促し、標準ライフコースの世帯に対する支援を重視した（平山 2009）。住宅金融公庫は、大量の持家融資を供給し、多数の家族を住宅所有に導いた。政府は、一九九〇年代半ばから、新自由主義の方針を打ちだし、住宅の市場化政策を推進した。金融公庫は二〇〇七年に廃止され、住宅政策による持家支援の程度は弱まった。しかし、政府は、税制上の手法などを用い、住宅取得を促進し続けた。これに対し、「低所得」「単身」「借家」の人たちに対する住宅援助は弱いままで推移した。低所得者向け公営住宅を初めとする公的賃貸住宅の供給は少なく、公的な家賃補助はほとんど存在しない。単身者向け住宅支援はとくに乏しい。住宅の市場化政策によって、公的賃貸住宅の供給はさらに減少した。戦後を通じて、住宅政策は大きく変貌してきた。しかし、その立案と運営に関して、政府が持家／借家、家族／単身、中間層／低所得層を区分けし、資源配分にバイアスをかける傾向には一貫性がある。

本章では、若い世代の住宅事情とライフコース変化をみる。政府の住宅政策は、標準ライフコースを歩み、持家取得に向かって「梯子」を登る世帯を支えてきた。しかし、若年層に増えたのは、未婚のままの人たち、親元にとどまる世帯内単身者、不安定就労の低所得者、賃貸住宅に住み続ける単身者……などである。彼らの大半は、「梯子」登りに参加していない。住宅政策が標準ライフコースの世帯を支援対象として位置づける一方、実態としてのライフコースは分岐し、拡散した。人生の道筋に関する想定と実態の不整合が増大するにつれて、若年層の住宅事情は、より不安定になる。本章では、若い世代のライフコース変化をとらえ、住宅政策のあり方に関連づけて考察する。

2 社会維持のサイクル

若者の住宅困窮という主題が重要であるのは、それが彼ら自身に影響するだけではなく、社会維持のサイクルを弱らせ、壊すからである。社会の再生産を支えるのは、若い世代が年長世代に続いて人生の軌道を整える、というパターンの継起である。人びとが住む場所を安定させ、家族をもち、仕事の経験を重ね……というサイクルがあってはじめて社会が持続する。住宅安定の確保が困難になれば、社会維持のサイクルは停滞せざるをえない（平山 2011）。

人口の少子化は、社会の再生産をとくに強く脅かす。日本は、少子化が著しい社会の一つである。政府は、少子化を問題視し、出生率の引き上げを政策課題としてきた。子どもをもつかどうかという問題に対する国家介入の是非については、込み入った論点がある。国家保全のために家族をつくる必要はない。しかし、子どもを育てたいと希望する人たちのために、その条件を準備しようとする政策は、支持されてよい。

少子化の直接原因は、結婚・出生行動の変化である。若い世代では、未婚率が上昇した。国勢調査によると、30歳代の未婚率は、二〇一〇年の男性では41%、同年の女性では28%に達した。初婚年齢は上がり続け、晩婚化が進んだ。厚生労働省の調べによれば、初婚年齢の二〇〇九年の平均値は、男性では30・4歳、女性では28・6歳に上昇した。女性に比べ、男性では、未婚がより多く、初婚年齢がより高い。日本では、同棲と婚外出生が少ないことから、未婚率の上昇は少子化に直結する。晩婚化は晩産化をもたらし、少子化を促進した。

労働市場の再編によって、結婚・出生の環境変化が加速した。ポストバブルの雇用の不安定化は、若者の家族形成を妨げ、結婚・出生をさらに減らした。新自由主義の方針を採用した政府は、労働市場の規制を緩め、より不安定な就労を増やした。リーマンショックを契機とする経済危機は、結婚・出生環境をさらに劣悪にした。非正規雇用がとくに急速に増大したのは、20歳代前半のグループである。この現象は、アルバイト学生の増加を反映する側面をもつ。しかし、20歳代半ば以上のグループでの非正規雇用の増大は、労働市場の変容に起因する。就業構造基本調査のデータによると、被用者全体に占める非正規被用者の割合は、一九八七年から二〇〇七年にかけて、25～29歳の男性では5％から19％、同年齢の女性では23％から40％に上がった。

若い世代では、離家の遅い人たちが増え、それが未婚を増やし、少子化を促進した。世帯内単身者の増大は注目を集め、このグループに関する多彩な検討が進んだ。親元に住む若者は、バブル経済の記憶が残る一九九〇年代では、自立心をもたず、奢侈に耽る人たちとしてイメージされていた。よく知られているように、山田昌弘は、親同居の成人未婚者を「パラサイト・シングル」と呼び、彼らが暮らしに必要なコストと家事に関して親に依存する様相を論じた（山田 1999）。

しかし、一九九〇年代末からの多数の調査研究は、労働市場の変化に着目し、親同居の成人未婚者の多くは独立した世帯の形成に必要な雇用と所得を得ていないという実態を明らかにしてきた（岩上 1999；北村 2001；国立社会保障・人口問題研究所 2001；宮本 2004；永瀬 2002；大石 2004；白波瀬

2005）。山田は、二〇〇〇年代に「パラサイト・シングル」に関する論調を変え、若年層の雇用悪化に注意を促している。これらの議論が示唆するのは、親元にとどまる若者は自立心を欠いているとは限らず、労働市場の変容のなかで、自身の生活を防衛するために、合理的な選択を行っている、ということである。

若者の家族形成に影響する因子を探るには、社会・経済環境の変容に加え、住宅政策のあり方に注目する必要がある。日本では、住宅政策を社会維持の手段とみなし、その役割を結婚と出生に関連づける議論は未発達である。しかし、住まいの状況は結婚・出生の条件を構成し、住宅政策の内容は社会維持のサイクルの円滑さを左右する（平山 2011）。

欧州諸国では、住宅政策と家族形成を関係づける理論構築と実証の蓄積が厚く、住宅事情の劣悪さは少子化の原因を形成すると考えられている。クララ・マルダーは、家族・住宅の実態に関する欧米諸国の比較分析を重ね、住宅政策の内容、住宅所有形態の構成、住宅コストの水準などは結婚・出生のパターンに影響すると指摘してきた（Mulder 2006a, b: Mulder & Billari 2010）。フランスの住宅所有と家族形成を分析したダニエル・クルジョーとエヴァ・ルリエーブルによれば、持家の取得・維持に要するコストは育児コストとの競合関係を構成し、重い住居費負担は少子化の要因になる（Courgeau & Lelièvre 1992）。スルナ・マンディックは、離家に関して欧州諸国を比較し、若者が親元を離れる時期は各国の住宅事情と住宅政策から影響を受けていると示唆した（Mandic 2008）。欧州では、住宅と少子化の連関は、理論・実証のレベルだけではなく、政策実践のレベルでの関心を集めている。欧州委員会は、「欧州人はより多くの子どもをもちたいと思っている。しかし、住宅確保の困難さを含むあらゆる種類の問題群が彼らの選択の自由を制限する」と二〇〇五年に指摘し、出生率の回復のために住宅事情を改善する必要があるという認識を示した（European Commission 2005）。

これらの欧州での議論を参照し、日本の状況をみるとき、住宅政策の特性が少子化を促進している可能性が指摘される。とくに注目されるのは、賃貸セクターの居住条件を改善せず、持家促進に傾く政策が若年層の離家・結婚・子育てに必要な住宅コストを増大させ、家族形成を抑制するというメカニズムである。経済が順調に成長し、拡大した時代では、持家促進策は住まいの「梯子」の上方に人びとを押し上げる役割をはたした。しかし、経済の調子が崩れるなかで、若年層の「梯子」登りは停滞し、持家促進策の効果は減退した。

若者が親元を離れ、単身者として独立するには、賃貸住宅を確保する必要がある。しかし、日本の住宅政策は、家族の持家取得に対する支援を優先させ、単身者に賃貸住宅を供給する手段を備えていない。公的賃貸住宅は少なく、若い単身者がそこに入居できる可能性は低い。公営住宅の制度は、入居資格に「同居親族要件」を設定し、単身者の入居を受け入れなかった。高齢者などの単身者は、一九八〇年から入居を認められた。しかし、若年・中年の単身者を排除する政策が続いた。「同居親族要件」は二〇一二年に廃止され、すべての単身者の入居が法的に可能になった。しかし、多くの自治体は、公営住宅管理の条例を用い、単身入居を制限し続けた。公団住宅は単身者向け住宅を含んでいるが、その大半は家族向けである。経済情勢の悪化にともない、単身者の住宅事情に関与しない住宅政策は、若者を親の家にとどめる要因となった。

結婚して独立した世帯を形成しようとする人たちの大半は、最初の住まいとして賃貸住宅を探す。しかし、日本の住宅政策は、賃貸セクターを改善しなかった。民営借家市場では、家族向けの広さの住宅は少なく、その家賃は高い。経済の長期停滞のもとで、借家人の所得は減少し、家賃支出の対所得比は上昇した（Hirayama 2010）。賃貸セクターの低劣さは、結婚を妨げる要因となった。

若者に対する賃貸住宅政策の貧弱さを補う役割をはたしたのは、企業福祉の住宅制度であった。持家促進を重視する政府は、公的賃貸住宅の建設を少量にとどめ、民営借家世帯のための家賃補助制度をつくらなかった。これに対し、企業は低家賃の独身寮と社宅を供給し、民営借家向け家賃補助を準備した。しかし、企業福祉の充実は大企業に限られ、中小企業の被用者は住宅関連支援をほとんど期待できない。さらに、長い不況は企業環境を変容させ、多くの企業は住宅制度を縮小し始めた。企業福祉が住宅政策を補う程度は低下した。

子どもを育てようとする世帯の持家指向は強い。持家の大半は、賃貸住宅に比べて、面積が大きく、子育てに適した環境を有している。日本の住宅政策は、賃貸セクターの劣悪さを放置し、多数の家族を持家取得に向かわせた。しかし、経済環境の悪化のために、若い家族の住宅購入はより困難になった。所得の低下につれて、住宅ローン返済額の対所得比が増えている（Hirayama 2010）。住宅を購入できない世帯にとって、子育てに必要な良質の環境を得ることは難しい。持家を取得した若いグループでは、住宅ローン返済による家計圧迫は子どもの人数制限に結びつく。

欧州の家族・住宅分析では、南欧諸国の出生率の低さが注目を集め、その要因の一つとして住宅事情を位置づける見方が多い（Castiglioni & Dalla Zuanna 1994; Mulder 2006a; Iacovou 2002）。スペイン・イタリア・ギリシャなどの南欧諸国では、出生率が低く、持家率が高い。賃貸市場は小さく、借家居住の条件が劣悪であることから、若者の離家が遅い。子どもを育てるには、持家取得が必要になる。しかし、若い世帯の住宅購入は、容易ではない。これらは、若者の家族形成を遅らせ、少子化の原因となった。日本と南欧諸国は、社会・経済・文化の異なる文脈をもつ。しかし、低い出生率、遅い離家、持家セクターの支配的な位置づけ、賃貸セクターの居住条件の悪さといった点に関して、両者には似かよった側面がある。

3　若者のライフコース変化

3.1　居住類型の変化

では、若い世代のライフコースはどのように分岐したのか。ここでは、若者の主要な「居住類型」として「世帯内単身者」「単身者」「世帯形成者」を設定し、類型ごとの住まいの特性をみる（平山 2009, 2011；Hirayama 2011a）。この居住類型は、配偶関係、世帯主との続き柄、世帯人員数から導かれ、若者が誰と住み、世帯のなかでどのような位置をもつのかを表す指標である。世帯内単身者は、2人以上の世帯に属し、親の家に住む、続き柄が子の無配偶の若者、単身者は、1人世帯の世帯主である無配偶の若者と定義される。世帯形成者は、2人以上の世帯を形成し、世帯主または配偶者である有配偶の若者である。

若い人たちは、加齢につれて世帯内単身者から単身者、そして世帯形成者に移行し、あるいは世帯内単身者から世帯形成者にダイレクトに移行することによって、標準パターンのライフコースを形成し、住まいの「梯子」を登ると想定されている。しかし、居住類型の移行の遅い若者が増え、「梯子」登りの円滑さは低下した。

国勢調査のデータを用い、全国の若者について、居住類型の構成をみると、すべての調査年において、年齢が高いほど世帯内単身者と単身者が少なく、世帯形成者が多い（図12・1）。この点からすれば、若年層は加齢にともなって独立世帯の形成に向かっているといえる。しかし、居住類型の構成は変化し、世帯内単身者と単身者、とくに世帯内単身者が増え、世帯形成者が減るという傾向が明確に現れている。この変化の主因は、未婚の増大である。未婚率が上昇するにしたがい、世帯形成者は必然的に減少し、それに代わって世帯内単身者と単身者が増加する。世帯内単身者の比率は、一九八〇年から二〇一〇年にかけて、25～29歳では24％から41％、30～34歳では8％から26％に上昇し、年齢の高い35～39歳においても3％から19％に増加した。単身者もまた増えている。これに対し、世帯形成者は減り続け、二〇一〇年では25～29歳の28％、30～34歳の50％、35～39歳の59％となった。独立した世帯を30歳代後半までに形成する人たちが約6割にまで減ったことは、若者のライフコースが大幅に変化したことを意味する。

居住類型の構成には男女差がある（図12・1）。男性に比べて、女性では、有配偶者が多く、それを反映して、世帯形成者の割合が高い。世帯形成者は、二〇一〇年の30～34歳では、男性の45％、女性の55％であった。増加している未婚者の大半は、世帯内単身者または単身者である。この両者のバランスは男女間で違いを示し、女性は単身者より世帯内単身者である場合が多い。単身者数に対する世帯内単身者数の倍率を二〇一〇年の30～34歳についてみると、男性では1・8倍、女性では2・4倍であっ

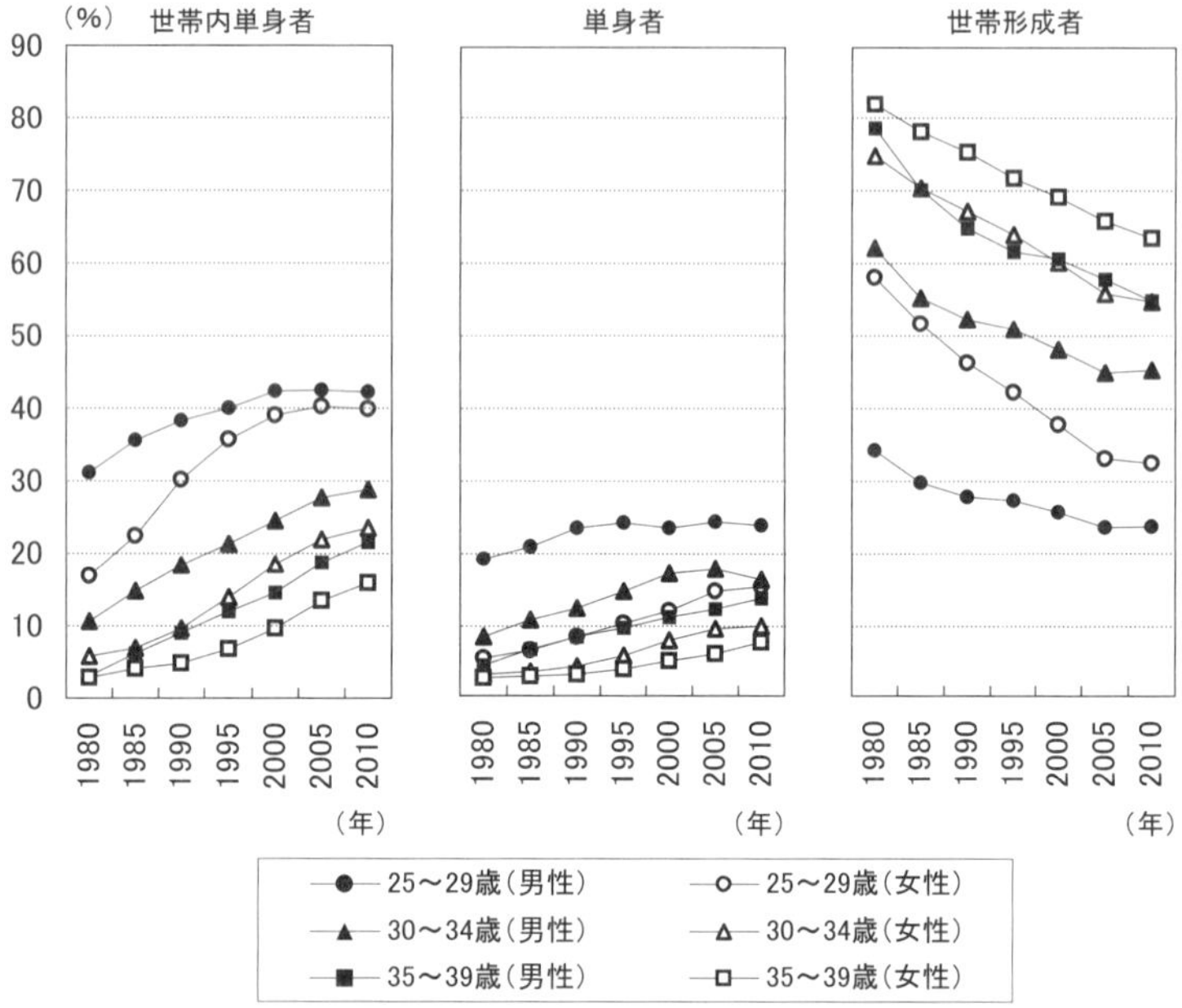

(注1) 世帯内単身者は，2人以上の世帯に属し，続き柄が子の無配偶者。単身者は，1人世帯の無配偶者。世帯形成者は，2人以上の世帯に属し，世帯主または配偶者である有配偶者。

(注2) 2000・05年の国勢調査では，他の調査年に比べ，34歳以下の配偶関係「不詳」の者が極端に少なく，その大半が未婚者として集計されている可能性がある。配偶関係「不詳」の者は，例年，1人世帯でとくに多く，これを未婚者に含めると，単身者率が高くなる。この「不詳」の数が仮に他の調査年と同水準であった場合，2000・05年の単身者率は図示したものより低く，世帯内単身者・世帯形成者率は少し高くなると考えられる。

(注3) 一般世帯人員について集計。

(注4) 1985年以前の2人以上世帯は20%抽出結果の数値。　(注5) 不明を除く。

(資料)『国勢調査報告』より作成。

図12.1　世帯内単身者・単身者・世帯形成者率の推移

た。その意味は、未婚の女性は親の家にとどまる傾向をもち、女性の離家は結婚を契機とするケースが多い、ということである。

3.2 世帯内単身者

若年層の住宅事情は、居住類型ごとに大きく異なる。この点を調べるために、首都圏の若者に関して、住宅・土地統計調査（二〇〇三年）のミクロデータ（個票）を独自に集計し、居住類型・性・年齢別に、住まいの実態を分析する。

まず、増えている世帯内単身者の状況をみる。住宅所有形態のデータによれば、彼らの約8割は、持家に住んでいる。この点は世帯内単身者全体に共通し、住宅所有形態は性・年齢別に違いをほとんどみせない。持家の大半は親が取得し、所有している住宅と考えてよい。親世代が住まいの「梯子」を登り、持家取得を達成したことが、未婚の子どもに住む場所を供給し、世帯内単身者の増大の条件を形成した。持家の面積は大きく、多くの世帯内単身者は個室をもつ。

高い持家率は、住まいの安定を示唆する。しかし、世帯内単身者の経済力は低い。若年層の就労と所得に関する分析によれば、親と同居する若者では、別居の若者に比べて、非正規被用者がより多く、所得がより少ない（岩上 1999：宮本 2004：大石 2004）。世帯内単身者の世帯主との続き柄は子である。年齢が30歳代の後半に達した男性の世帯内単身者については、若年期を終え、親が定年を迎えてなお世帯主にならず、続き柄が子のままであること自体が経済力の弱さを示唆する。世帯内単身者の多くは、親元に住み続けている人たちである。しかし、親元を離れ、単身者として独立した後に、親の家に戻る、親というパターンがある。これは、所得の不安定さのために独立世帯の維持が困難になる若者の存在を示している。

世帯内単身者の増大の含意として、重要なのは、雇用の流動化政策が親世代の持家ストックの形成という条件のもとで成り立った、という点である。戦後の住宅政策は、多くの世帯の持家取得を支えた。その一方、新自由主義の政策形成をめざす政府は、労働市場の規制を緩め、非正規雇用を増大させた。そして、親世代の持家は、不安定就労の若者の受け皿として機能した。若者が親の住宅に住めるとは限らない。しかし、世帯内単身者の増大は、親世代の持家が低賃金の若者の一部を吸収し、保護する役目を担ったことを表している。労働市場を流動化する政策は、不安定雇用の若者を増やし、社会不安をもたらす。その〝バッファー〟となったのが、親の家であった。

親子同居の安定が続くとは限らない。世帯内単身者の経済状態に関して注目すべきは、年齢が高いほど世帯年収が低い点である。世帯年収７００万円以上の比率は、20～24歳では5割近くを占めるのに対し、35～39歳では2割強と低い。これは、親の所得が定年退職などによって減少するためである。年収３００万円未満の低所得世帯は、35～39歳では約3割を占める。ここでは、世帯内単身者が親に経済的に「パラサイト」しているかどうかは不明である。しかし、親の加齢にともなって「パラサイト」可能な世帯年収が減少する点に注意する必要がある。世帯内単身者本人が良質の雇用を確保し、加齢につれて収入を増やすのであれば、その所得上昇が親の収入低下を補填する。しかし、親同居の未婚者の雇用は不安定である場合が多い。

世帯内の親子関係は、所得だけではなく、家事労働などに関連し、経年につれて変化する。世帯内単身者の若い時期では、彼らが親に依存するというパターンが支配的である。母親が家事全般を担当し、世帯内単身者を含む世帯全体の日常生活を支えるというケースが多くみられる。しかし、親子の加齢にしたがい、親が子どもに依存するパターンが現れる。そこでは、世帯内単身者が家事労働を担い、さらに老親の扶養という課題に直面するケースが増える。

3.3　単身者

離家後の単身者では、住まいの多くは、民営借家である。その比率は、男女ともに、20～24歳では9割近くに達し、年齢が高いほど少なくなっているが、35～39歳においても7割強を示す。単身のままで年齢が上がる人たちのなかで、持家を取得するケースは少ない。持家率は低く、男女ともに35～39歳になっても2割に満たない。給与住宅の比率は、25～29歳において高く、男性では15％、女性では8％である。男性に比べて女性の給与住宅率が低いのは、企業がおもに男性に向けて独身寮を供給するためである。単身者のグループでは、公的借家に住んでいるケースが皆無に近い。この点は、住宅政策が家族向け住宅供給を重視してきた経緯を反映する。公営住宅の制度は若い単身者に入居資格を与えず、単身者向け公団住宅などの供給は少量であった。

単身者の年収は、年齢の上昇に応じて増える。しかし、このグループでは、低所得者の割合が高い。年収３００万円未満の低所得者は、35～39歳においても男性の26％、女性の42％を占める。単身者の特徴は、所得の男女差が大きい点である。どの年齢層をみても、男性に比べて、女性では低所得者がより多い。

単身者の家賃に関して注目されるのは、女性の家賃がより高い点である。単身女性は、単身男性に比べて、より低い所得しか得ていない。にもかかわらず、女性単身者は、より大きな住居費を支出する。その含意は、単身女性は職場に近い居住立地、近隣環境の利便性と安全性などを求め、そうした要件を満たす住まいの確保のために高い家賃を負担する、という傾向である。これに加え、男性に比べて、女性では、低家賃の独身寮に入居できる可能性が低い。

先述のように、未婚の男女を比べると、女性は、単身者である場合がより少なく、世帯内単身者であるケースがより多い。未婚女性が未婚のままでの離家を選ばず、親の家にとどまる傾向は、暗黙のうちに「自然」「当然」とみられている。企業による若年女性の雇用は、自宅通勤を前提とする場合が多い。この雇用のあり方は、親元に住む女性を増やす。しかし、未婚女性の単身者率の低さは、住宅確保に関する条件の男女差に起因する側面をもつ。住まいに対する要求水準の高さ、所得の低さ、女性向け独身寮の少なさ、といった女性を取り巻く条件のために、彼女らは単身者としての離家を抑制される。

3.4　世帯形成者

親の家を離れて独立し、配偶者をもつ世帯形成者の多くは、年齢の上昇に応じて住まいの「梯子」を登り、その住宅所有形態の中心は、民営借家から持家に移行する。民営借家は、20～24歳では6割以上におよぶのに対し、35～39歳では3割を下回る。持家率は、年齢が高いほど上がり、35～39歳では約6割に達する。世帯形成者の世帯年収と年齢は、明快に相関する。年収700万円以上の世帯は、25～29歳では2割未満であるのに比べ、35～39歳では約4割を占める。世帯形成者の多くが持家取得に向かうのは、所得の着実な上昇という条件を有しているからである。

世帯形成者の「梯子」登りが円滑であるかどうかは、別問題である。経済の長期停滞のなかで、持家取得はより困難になった（Hirayama 2010）。バブル経済が破綻して以来、住宅価格が低下したにもかかわらず、所得減のために、住宅ローン返済の負担はより重くなった。資産としての住宅の安全性は低下した。持家は、バブル期までは、キャピタルゲインを生んでいたのに対し、バブルの崩壊後では、キャピタルロスの源泉となった。若い世代に増えたのは、資産価値のより不安定な持家のためにより大きな債務を負う世帯である（Hirayama 2011b）。世帯形成者が「梯子」を登っているとはいえ、持家取得の条件は不利になった。

4　若者の居住立地と都市空間

都市のなかで、若者はどこに住んでいるのか。持家取得を促進する住宅政策は、郊外住宅地の開発をともなった。一戸建住宅が建ち並ぶ景観は、「中間層」「家族」「持家」というメインストリームの表象となった。しかし、若い世代では、ライフコースが拡散し、郊外に向かう世帯は減った。若年層の居住立地の変化は、都市空間の変容を反映し、そして促進する因子として重要さを増している。

ここでは、国勢調査（二〇〇五年）のオーダーメイド集計の結果を用い、首都圏（東京都と埼玉・千葉・神奈川県）に住む25～34歳の若者について、居住類型の特化係数を市区町村別にみる。特化係数とは、市区町村ごとの居住類型の構成比を上位集団である首都圏での構成比で除した数値である。ある市

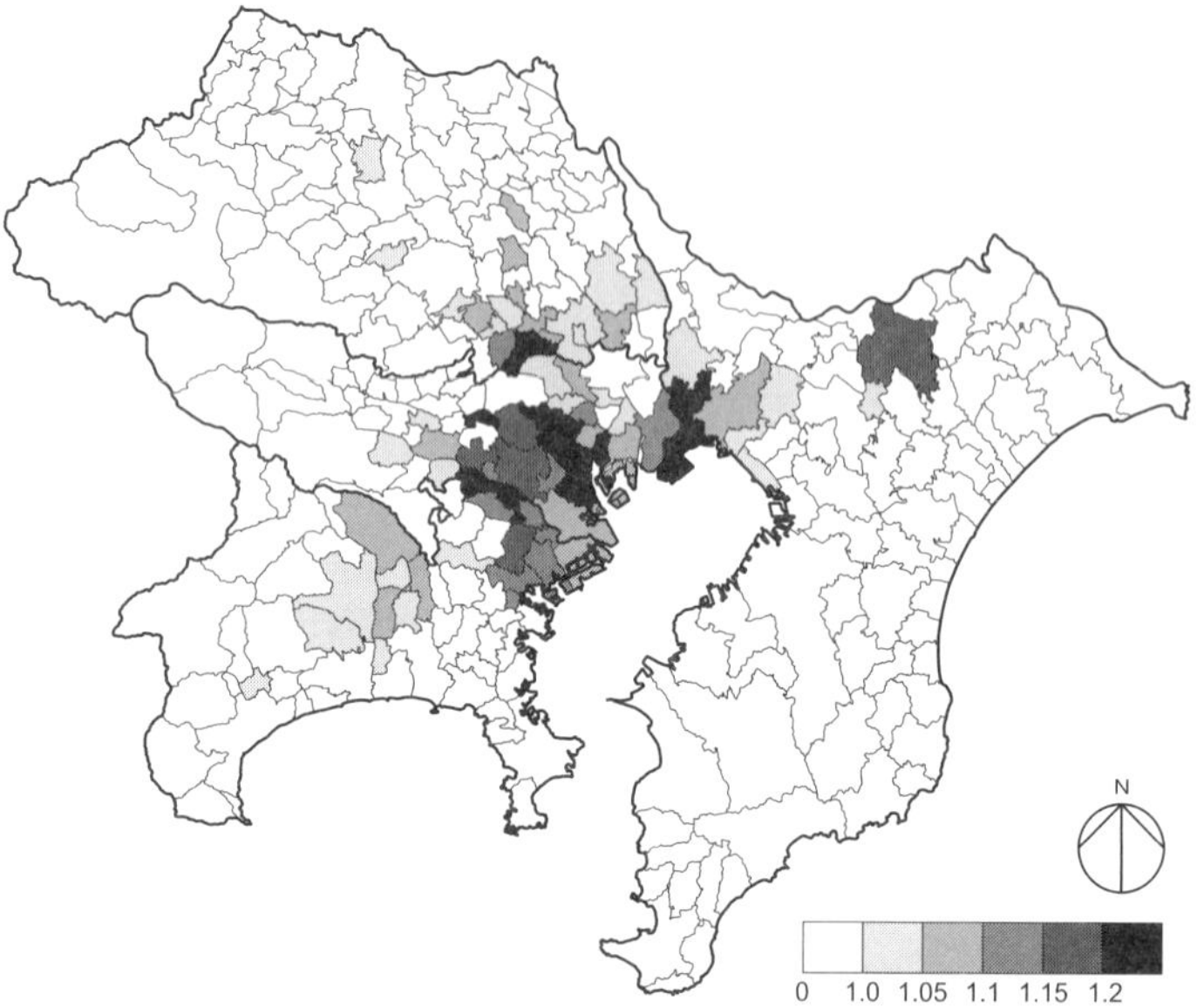

（注１）総人口に対する25～34歳人口の比率の市区町村別特化係数を図示。
（注２）首都圏は，東京都，埼玉・千葉・神奈川県。　（注３）不明を除く。
（資料）『平成17年国勢調査報告』より作成。

図12.2　25～34歳人口の分布　首都圏・2005年

区町村のある居住類型に関する特化係数が1を上回る（下回る）とすれば、それは、当該市区町村での当該居住類型の比重が首都圏全体に比較して大きい（小さい）、ということを意味する。

首都圏では、若年層（25～34歳）は、総人口の16％であった。その特化係数は、都心部で高く、外縁部では低い（図12・2）。若年層のなかで、世帯内単身者は31％、単身者は22％、世帯形成者は7％を占める。それぞれの自治体別の特化係数は、大きな違いをみせ、居住類型ごとの居住立地が独自の傾向をもつことを示している（図12・3～5）。首都圏の若年層は、その居住類型に応じて、異なるライフコースを描き、異

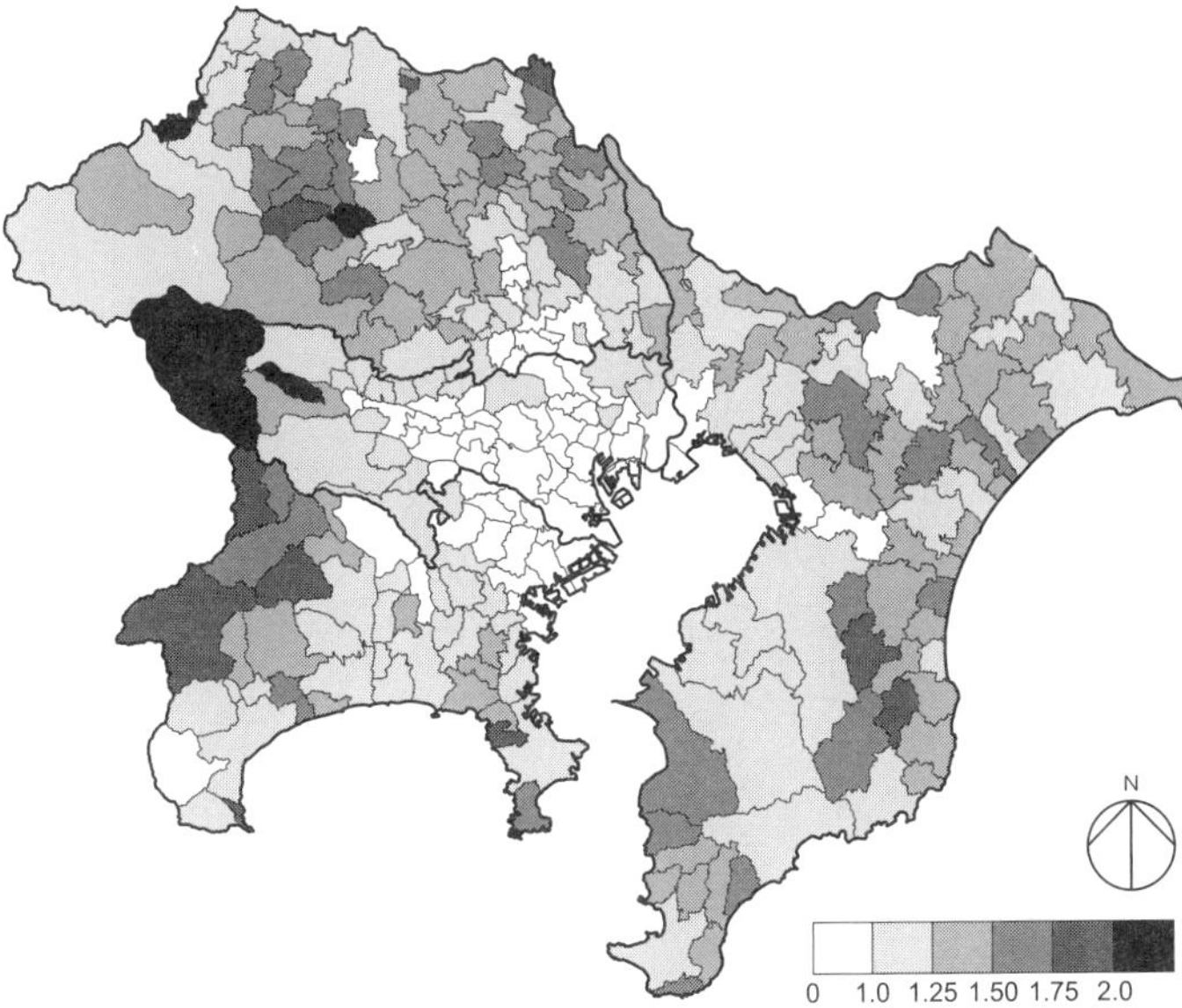

（注１）25～34歳一般世帯人員に対する世帯内単身者の比率の市区町村別特化係数を図示。
（注２）首都圏は，東京都，埼玉・千葉・神奈川県。　（注３）不明を除く。
（資料）平成17年国勢調査のオーダーメイド集計より作成。

図12.3　世帯内単身者の分布　首都圏・2005年

なる空間を経験してきた。

世帯内単身者率の特化係数は、農村・山間地域を形成する外縁部において高い（図12・3）。外縁部では、若年人口が少なく、そのなかでは世帯内単身者が多い。この要因として、農村・山間地域では若者向けの安定した雇用と賃貸住宅が少なく、親世代の住宅が広い点などがあげられる。東京都の西多摩地域、神奈川県の県央・県西地域、埼玉県の北部・川越比企・利根地域、千葉県の東上総・北総・南房総地域などが、世帯内単身者の割合がとくに高いエリアである。

世帯内単身者は、「パラサイト・シングル」と呼ばれ、贅沢品の消費に没頭しているとイメージされてい

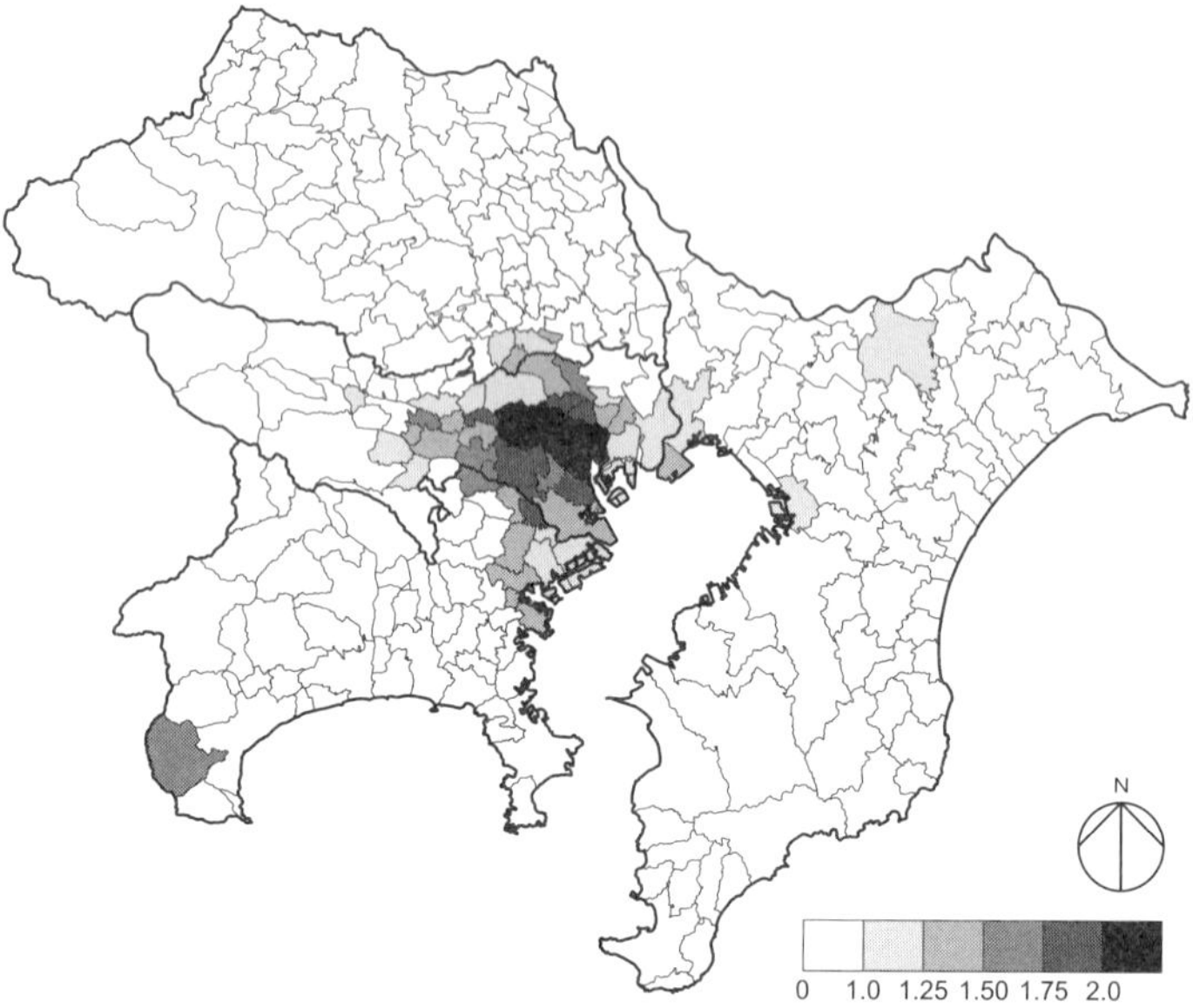

（注１）25～34歳一般世帯人員に対する単身者の比率の市区町村別特化係数を図示。
（注２）首都圏は，東京都，埼玉・千葉・神奈川県。　（注３）不明を除く。
（資料）平成17年国勢調査のオーダーメイド集計より作成。

図12.4　単身者の分布　首都圏・2005年

た。このイメージは、裏づけをもっていない。先述のように、親元に住む若者の経済状態は、不安定である。外縁部では、世帯内単身者の比率が高い。少なくとも彼らは、奢侈に溺れるような環境をもっていない。

単身者率の特化係数が高いのは、東京の都心部である。そこでは、若年人口の割合が高く、その多くが単身者である。世帯内単身者と単身者は、無配偶である点では同質である。しかし、両者の居住立地は、大きく異なる。世帯内単身者に比較して、単身者は、特定エリアに集中する傾向がより強い。世帯内単身者率は、外縁部で高い。しかし、それ以外の地域においても、世帯内単身者

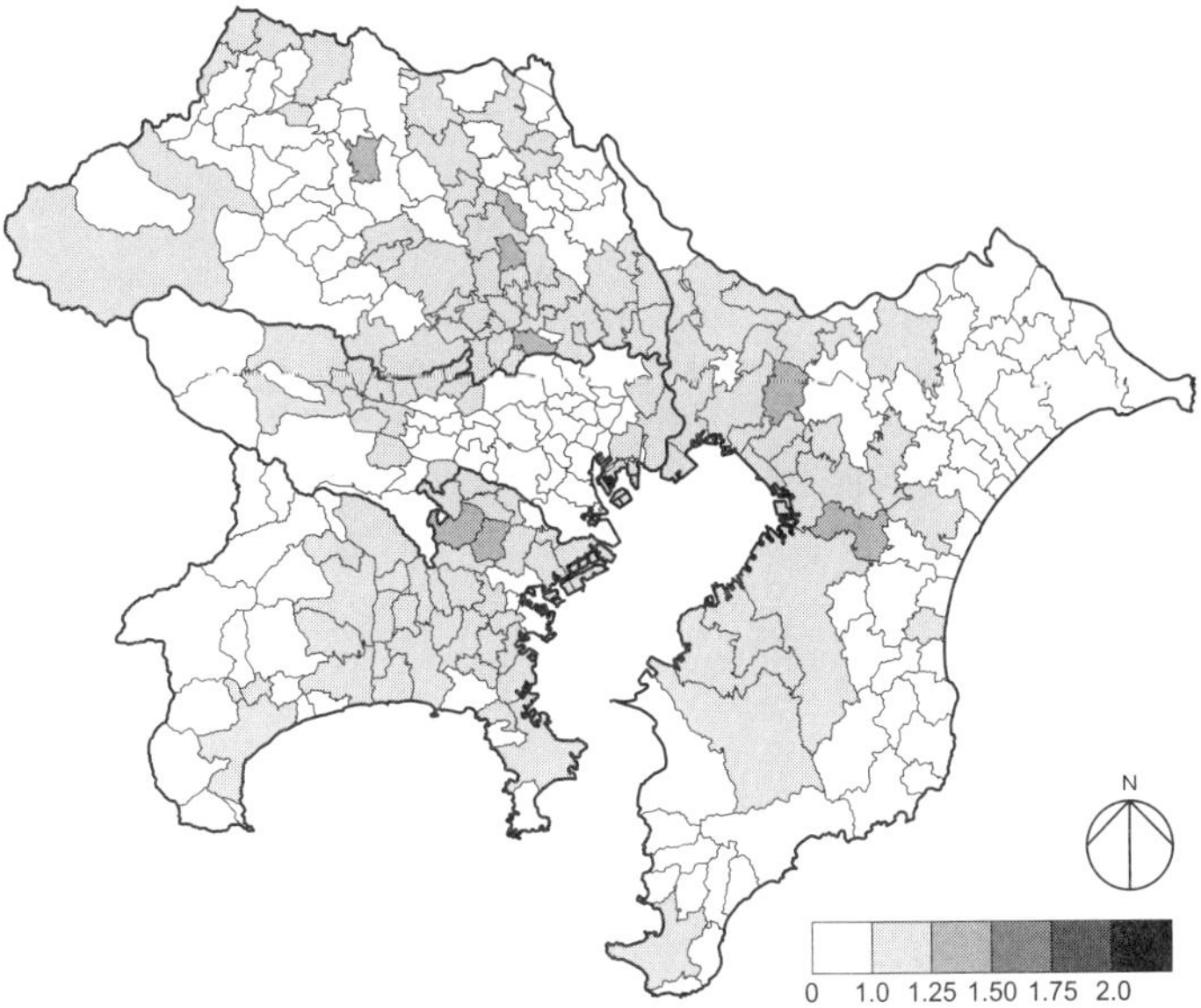

(注1) 25～34歳一般世帯人員に対する世帯形成者の比率の市区町村別特化係数を図示。
(注2) 首都圏は，東京都，埼玉・千葉・神奈川県。　(注3) 不明を除く。
(資料) 平成17年国勢調査のオーダーメイド集計より作成。

図12.5　世帯形成者の分布　首都圏・2005年

の居住立地が認められる。これに対し、単身者は、東京の都心部に凝集し、都心以外のエリアでは少ない。単身世帯の多くは、賃貸住宅、通勤時間の短さ、日常生活の便利さを求め、都心部に住もうとする。家庭をもたない単身者は、友人との交流を重視し、それを保つために、都心立地の住まいを必要とする。換言すれば、都心以外のエリアでは、単身者が住むための条件が揃っていない。

都心部のコミュニティが単身者を円滑に受け入れるとは限らない。東京区部の行政の多くは、ワンルームマンションの建設を規制してきた(木下ほか 2008)。その手法には、住戸面積下限の設定、ワンルーム住戸と家族向け住戸の複合化の要求、駐車場・管理人室の整備水準規制などがある。豊島区は、「狭小住戸集合住宅」に対する課税を二〇〇四年に開始した。地域に根ざすコミュニティは、単身者に偏見をもつ住人を含む。単身者はゴミ・騒音に関して「マナー」を守らないと言われ、単身世帯の増大はコミュニティの運営を困難にするとみなされる。単身者の一部は、住んでいる区に住民票を移さず、その区の住民税を増やさない。これらの点が単身者向け住宅の建設を抑制しようとする政策の背景を形成した。豊島区では、単身世帯が全世帯の過半数を占め、小さな住宅がとくに多いという状況から、「狭小住戸集合住宅」課税が始まった。しかし、都心部に単身者が集中するという実態に変化はみられない。ワンルームマンションの建設抑制策が強まったとはいえ、そのストックはすでに大量である。ワンルームマンションだけではなく、単身者が入居可能な多彩な賃貸住宅が存在する。都心部の賃貸ストックは、単身者を呼び寄せ、受け止める役割をはたしている。

世帯形成者率の特化係数は、郊外の自治体で高い。神奈川県の湘南地域、横浜市の郊外住宅地、千葉県の市川・船橋・八千代市、さいたま市などは、多数の家族向け住宅を擁し、東京への通勤圏に含まれる場合が多いことから、世帯形成者を引きつけてきた。この類型の若者が特定エリアに集中する程度は低い。言い換えると、世帯形成者は、郊外を中心として、広範な地域に分布する。

すでに述べたように、若い世代では、世帯形成者が減少した。それは、郊外の人口構成を変え、高齢化を促進する役割をはたしている。人口の高齢化は、首都圏のほぼ全域におよぶ現象である。しかし、郊外では、若い世帯形成者の流入が減ったことから、高齢化がより速くなった。持家を得ようとする世帯の多くが望むのは、一戸建住宅である。しかし、一戸建住宅の取得に固執する世帯は減った。国土交通省の「土地問題に関する国民の意識調査」によれば、「望ましい住宅形態」を「一戸建て」とした回答者の比率は、一九九五年の90％から二〇〇四年の78％に下がった。この二〇〇四年の数値は、60歳以上では86％であったのに対し、20～29歳では61％と低い。大都市の若い世代では、集合住宅を受け入れる、あるいは積極的に選ぶ世帯が増えている。一戸建住宅に対する需要の減少は、郊外の高齢化をさらに促進する。若い世代にとって、郊外に立地する一戸建住宅がメインストリームを象徴する度合いは低下した。

5　住宅政策の課題

本章では、若年層のライフコースと住宅事情について分析した。明らかになったのは、若い世代の住まいの状況は均一ではなく、居住類型によって大きく異なるということである。住宅の「梯子」を登り、持家取得に向かっているのは、世帯形成者にほとんど限られている。結婚して独立した世帯を形成したグループでは、加齢につれて所得が増え、持家率が上昇するという明快な傾向がある。しかし、世帯形成者は大幅に減った。これに対し、増大している世帯内単身者と単身者は、「梯子」を登っていない。世帯内単身者の大半は親の持家に住み、その住宅は物的安定を備える。しかし、このグループでは、離家に必要な経済力をもっていない人たちが多い。単身者のグループでは、住まいの主流は民営借家である。年齢の上昇が持家率の増加に結びつく度合いは低い。

政府の住宅政策は、多数の人たちが結婚して家族を形成し、年齢上昇に応じて所得を増やすという前提に立ち、標準パターンのライフコースを歩む人たちの住宅改善を支援した。政府が助けるのは、「梯子」登りに加わった世帯形成者である。ひとたび「梯子」を登り始めた人たちは、住宅関連の政策援助を得る。しかし、「梯子」登りに参加するための最初の「足がかり」を準備し、世帯内単身者と単身者の住宅確保を支える施策は存在しない。

住宅政策の欠陥として指摘されるのは、ライフコースの想定と実態が整合していない点である。持家促進の住宅政策は、郊外開発の拡張と連動した。しかし、若者の未婚率は上昇し、郊外の持家を取得しようとする世帯形成者は減った。単身者は都心部に集中し、外縁部では世帯内単身者の割合が上がった。都市空間の変容の様相は、標準ライフコースに乗る若者の減少を表現した。人生の道筋に関する想定と実態の不整合が拡大するにつれて、適切な住宅にアクセスできない若者がいっそう増大する。

若年層の住まいの状況は、結婚と出産を促進または阻害する要因を形成し、社会維持のサイクルのあり方に関わっている。本章の分析結果が示唆するのは、住宅の「梯子」を登る世帯形成者の持家取得を助けるだけではなく、「梯子」の初期段階の「足がかり」を供給するために、低家賃かつ良質の住まいを増やし、家賃補助によって住居費負担を軽減する施策の必要である。世帯内単身者のグループは、離家のための住宅を確保できない人たちを含む。単身者のグループにとって、家族向け住宅の家賃の高さは結婚の障壁である。家族をもつかどうか、子どもを育てるかどうかは、人びとが自由に選択すべき問題である。しかし、結婚と出産を望む若者が多いとすれば、そのための条件を準備する政策は必要である。社会維持のサイクルを形成するうえで、住宅政策からのアプローチは有効な手段になり得る。良質のローコスト住宅が豊富に存在すれば、離家を選ぶ若者が増加し、家族をつくろうとする人たちが増える可能性がある。

そして同時に、結婚するかどうか、子どもをもつかどうか、雇用と所得が安定しているかどうかにかかわらず、すべての人びとに住まいの安定を届ける政策が必要である。無配偶のままで年齢が上がる人たちが増え、低賃金の不安定就労者が増大した。人びとの大半が標準ライフコースをたどり、持家取得に向かって「梯子」を登るというシナリオは、すでに成り立っていない。若い世代のライフコースが分岐している実態を踏まえ、低所得者、無配偶者、借家人に政策援助を配分し、多様な人生のすべてに中立的に対応する必要がある。若い世代の不安定さに対する社会関心が高まっている。しかし、注目を集めるのは、おもに家族と仕事の状況である。住まいの状態が若年層におよぼすインパクトの強さは、見すごされてきた。若い世代の人生の軌道を支えようとするのであれば、住宅政策のあり方の重要さがより強調される必要がある。

付記　一橋大学経済研究所附属社会科学統計情報センターが調査対象者を特定できないように秘匿処理を施し、約一割の抽出を行った住宅・土地統計調査のミクロデータを借り受け、独自集計を実施した。また、独立行政法人統計センターへの委託による国勢調査のオーダーメイド集計の成果物を加工して分析を行った。

文献

Castiglioni, M. & G. Dalla Zuanna, 1994, "Innovation and Tradition: Reproductive and Marital Behaviour in Italy in the 1970s and 1980s," *European Journal of Population*, 10: 107–41.
Courgeau, D. & E. Lelièvre, 1992, "Interrelations Between First Home-ownership: Constitution of the

Family, and Professional Occupation in France," Trussell, J., R. Hankinson & J. Tilton (eds.), *Demographic Applications of Event History Analysis*, Oxford: Clarendon Press, 120–40.

European Commission (Commission of the European Communities), 2005, *Confronting Demographic Change: A New Solidarity Between the Generations*, Brussels: Commission of the European Communities.

平山洋介 2009『住宅政策のどこが問題か――〈持家社会〉の次を展望する』光文社.

―― 2011『都市の条件――住まい、人生、社会持続』ＮＴＴ出版.

Hirayama, Y., 2010, "Housing Pathway Divergence in Japan's Insecure Economy," *Housing Studies*, 25(6): 777–97.

――, 2011a, "The Shifting Housing Opportunities of Younger People in Japan's Home-owning Society," Ronald, R. & M. Elsinga (eds.), *Beyond Home Ownership*, London: Routledge, 173–93.

――, 2011b, "Towards a Post-homeowner Society? Homeownership and Economic Insecurity in Japan," Forrest, R. & N. Yip (eds.), *Housing Markets and the Global Financial Crisis: The Uneven Impact on Households*, Cheltenham Glos: Edward Elgar, 196–213.

Iacovou, M., 2002, "Residential Differences in the Transition to Adulthood," *The Annals of the American Academy of Political and Social Science*, 580: 40–69.

岩上真珠 1999「20代、30代未婚者の親との同別居構造―第11回出生動向基本調査独身者調査より」『人口問題研究』55(4): 1–15.

木下龍二・大月敏雄・深見かほり 2008「東京23区にみるワンルームマンション問題と対応施策の変遷に関する研究」『日本建築学会計画系論文集』624: 263–70.

北村安樹子 2001「成人未婚者の離家と親子関係――親元に同居する成人未婚者のライフスタイルと親子の規

範」『ＬＤＩレポート』128：22–45.
国立社会保障・人口問題研究所 2001『世帯内単身者に関する実態調査』.
Mandic, S., 2008, "Home-leaving and its Structural Determinants in Western and Eastern Europe: An Exploratory Study," *Housing Studies*, 23(4): 615–37.
宮本みち子 2004『ポスト青年期と親子戦略』勁草書房.
Mulder, C. H., 2006a, "Home-ownership and Family Formation," *Journal of Housing and the Built Environment*, 21(3): 281–98.
———, 2006b, "Population and Housing," *Demographic Research*, 15(article 13): 401–12.
Mulder, C. H. & F. C. Billari, 2010, "Homeownership Regimes and Low Fertility," *Housing Studies*, 25(4): 527–41.
永瀬伸子 2002「若年層の雇用の非正規化と結婚行動」『人口問題研究』58(2): 22–35.
大石亜希子 2004「若年就業と親との同別居」『人口問題研究』60(2): 19–31.
白波瀬佐和子 2005『少子高齢社会のみえない格差——ジェンダー・世代・階層のゆくえ』東京大学出版会.
山田昌弘 1999『パラサイト・シングルの時代』筑摩書房.

13　高齢女性の住まい方とライフコース――なぜ共生型・参加型居住を選択するのか

マーレン・ゴツィック

義母《はは》みたいには、なりたくないと思って、で、子どもたちとは一緒に住みたくない。
（佐納さん(1)　66歳）

いくら自分の息子や娘であっても、やっぱり生活が違う〔……〕仲間がほしいと、そういう意識がありましたね。
（上原さん　79歳）

はじめに

日本の高齢化社会において子どもとの同居は標準的なライフコースの特徴のひとつであった。しかし近年、高齢者の住まい方が多様化している。たとえば、田舎暮らしやリゾート暮らしを選択する高齢者が、少ないながらも増えている。また、一定の居住空間を共用しながら家族や親戚ではない「他人」と暮らす、共生型居住という居住形態が、高齢者の間でも人気を集めつつある。この共生型居住を選択する高齢者の生き方が、本章のテーマである。

共生型居住がどのような住宅であるかは，以下で詳細に述べるが（1・2節参照），簡単にいえば，それは，家族・血縁関係のない人が同じ家に住み，個々のプライバシーが確保されつつ，個人の「生活の一部」，「生活空間の一部」が共同化・共用化されている居住形態を指す（小谷部 2006：84, 86）。共生型住宅には，若年者も高齢者も住んでおり，単独世帯だけでなく，夫婦，あるいは夫婦とその子どもから成る家族が住んでいるケースもある(2)。

家族との同居でもなく，ひとり暮らしでもなく，従来の住まい方を超える共生型居住という住まい方を選ぶ高齢者は今のところ決して多くはない。そのような例外的な存在である人々を取り上げるのはなぜか。

日本における共生型居住の選択の動機に関する研究は現在のところ少ないが，このような稀なケースを検討することで，問題となっている社会状況の本質的なメカニズムを明らかにし，新しい知見を獲得することができるのである（Flyvbjerg 2006）。つまり，共生型住宅に居住している人々は，変容する社会の中で先駆者として生き，彼らの個人的な選択の背景には社会全体の変容が反映されているといえるのだ。実際に，高齢者に限らず，共生型居住という住まい方は若老問わず話題になっている。ここに私が共生型居住ないし共生型住宅に住む人々を取り上げる理由がある。

「もうひとつの住まい方」(3)となりつつある共生型居住は，高齢者のライフコースが脱標準化するなかで，どのような役割を果たしているのだろうか。本章では，共生型住宅に住む人々の居住経歴に関するライフストーリー(4)の分析を通して，この問いに対する答えを探ることとする。とりわけ，子どものいる高齢の居住者にとって，自分の子ども（ないしその家族）と同居しないという選択がどのような意味をもっているのか、当事者の語りの分析から明らかにしたい。考察にあたっては、女性のライフストーリーのみをデータとして扱うこととする(5)。

以下、まず先行研究に触れながら、日本において戦後に確立した高齢者の標準的な住まい方の特徴と、高齢者の住まい方の多様化の背景について整理する。続いて、筆者が行ったライフストーリー・インタビューのデータを用いて、共生型住宅の選択を分析する。

1 高齢者の住まい方の選択

高齢者の標準的ライフコースは戦後、特に一九五〇年代の経済成長以降大きく変化、多様化し（岩井 1999 参照）、そのなかで高齢者にとって居住形態の選択肢が増加したと考えられる。居住経歴も時代背景と社会的環境に制限されているが、個人の好みと理想により、限られた範囲ではあるが、住まい方を選択し、人生の過程で多様な住まい方が生み出される（本書2章ダウジーン論文参照：Carr 2009: xiv–xvii）。しかし、高齢者の場合、住まいや生き方をどこまで自由に選べるのだろうか。

高齢者の標準的居住状況はおもに次の四つの要素、人口動態、福祉制度、ハウジング制度やハウジング状態、家族に対する社会規範に影響されていると考える。以下、戦後の高齢者、特にインタビューした人々の両親が要介護となった一九七〇年代の状況について上記四要素から概観し、続けて現在の高齢者の標準的生き方について述べる。

1.1　戦後から近年の高齢者の住まい方

戦後、高齢者の住まい方は高齢者率の急上昇とともに大きく変化した。国勢調査によると65歳以上の高齢者率は一九五〇年に4・9％、一九七〇年に7・1％、そして一九九〇年では12・1％まで伸び、一九九五年には14％を超え、日本は国連の定義する「高齢社会」になった（総務省統計局 2010）。その背景には医療の進歩による平均寿命の伸長がある。並行して経済成長に伴う産業化、都市化が進み地方から都市への若い世代の移住により、都市と地方の高齢者率の差が目立つようになり地方で高齢者のみの世帯が増加した。これにより一九七〇年代「老人問題」が社会的に広く意識されるようになった（辻 2002: 3–5）。

すでに一九六三年には老人福祉法が施行され、これにより高齢者が公に認識されることとなったが、一九七〇年、65歳以上の人口に占める老人ホーム入居者の割合は1％にすぎなかった（東京都住宅局 1971: 81–2）。一九七〇年代後半から、日本政府の方針として「日本型福祉社会」が強調されたが、そこでは社会ではなく家族が今後も高齢者のサポートやケアの責任をもつことを前提とした福祉制度が想定されていた。老人ホームに入所する人や一九八〇年にようやく公営住宅に入居資格を得た高齢単身者のほとんどは、身寄りのない人々であったと思われる。医療の進歩は平均寿命の伸長だけではなく介護の長期化をもたらし（Long 2008）、「歴史的に新しい現象」として「家族介護」が一般化した（上野 2011: 105–19）。当時高齢者の標準的な住まい方は子どもとの同居であったが、有吉佐和子が『恍惚の人』（1972）で描いたように、高齢者の世話をその家族が引き受けるのは仕方がないことと見なされていた。

実際に、高齢者がどのように住んでいたのかを見てみると、子どもとの同居は一九六〇年代まで80％前後（厚生労働省 1996）で、インタビュー対象者の女性の両親が高齢を迎えた一九七〇年代後半～八〇年代では子どもとの同居率は70％近かった。一方、若い世代の都市への移住により、「核家族」という両親と未成年の子どもから成り立つ家族が急増した（落合 1996）が、これより大きい影響を与えたのは、「核家族」こそが新しい日本の標準的な家族形態であるという考えがメディアの強い影響もあって堅固なものとなったことである。このような標準家族に照準を合わせるかたちで、日本の住宅政策は採られたのである（本書12章平山論文参照）。

また同時に、高齢の親と同居すべきという相反する社会規範も存続していた。福祉制度、社会規範は高齢者が介護の面でも経済的にも家族に頼ることを前提としており、主体的な選択、つまり高齢者自身、介護を行う世代どちらにとっても、本人が積極的に住まい方や介護のあり方を決めることは異例であるととらえられており、高齢者が住まいの選択肢をもっていたとは言い難い状況であった。

1.2　近年の高齢者の住まい方の選択

近年、社会の中の高齢者の地位が大きく変化し、それに伴い高齢者の住まい方も変容した。二〇一〇年に高齢者割合が23・0％まで上昇し（総務省統計局 2010）、健康でいられる期間も長くなった。平均余命を見ると、二〇一〇年に65歳の女性はあと23・9年、男性は18・9年生きるのだ。一九七〇年ではこれが女性は15・3年、男性は12・5年だった（厚生労働省 2011）。高齢化が進み、親世代の面倒を看ることに対する意識に変化が見られると（岩井 1999：42）、高齢者の生き方が大きく変化し始めた。

特に男性の場合、現高齢者は経済成長のなかで財産を築いた。現在の高齢者の住宅の所有率は86％程度で、若い世代と比べ非常に高く、高齢者の重要な財産である。一九六〇年代に導入された年金制度の恩恵を受け、手厚い社会保障制度もある。高齢者の割合・数の増加、家族の変容を踏まえ、高齢者の福祉制度も大きく方針を変えた。一九九〇年に「ゴールドプラン」という通称、高齢者保健福祉推進十ヵ年戦略を導入、高齢者介護は社会化され、高齢者のケアは家族のみの責任ではなくなり、施設や在宅介護を通して国の福祉制度の一部として介護が成り立つようになった。さらに、二〇〇〇年に公的介護保険の導入により、施設や訪問介護の供給が大幅に増え（厚生労働省 2010a 参照）、高齢者の「介護」と「住まい」が以前より切り離されて考えられるようになった。また近年、高齢者専用の住宅も増加しつつある。

介護保険はさらに高齢者の社会的地位を押し上げ、変化させた（Kimura 2001: 339）。人口動態、福祉制度の変化が家族のあり方や家族に対する社会規範にも影響を与えた。家族以外のケアサービスも社会規範の変化によって受け入れやすくなった（春日 2010: 159）。二〇一〇年には、65歳以上人口の子どもとの同居率が一九八六年の64・3％から42・2％に下がった（厚生労働省 2010b 表4）(6)。岩井八郎（1999: 33, 44）は、子どもとの別居が選択可能な家族形態となり、高齢者が〈依存する存在〉から〈独立した存在〉になりつつあることを指摘している。

とはいえ、三世代家族は相変わらず「原風景」（小泉 2002: 67）として存在し、福祉制度においても家族がいることが前提であり続けている（上野 2011）。従来の家族制度に沿った三世代同居に加えて、一時的な同居ないし支援が必要な時に子ども世代を呼び寄せるか、途中同居という居住形態が広がっていった。85歳以上の子どもとの同居割合は半数を超えている。現に、厚生労働省のデータを見ると65歳以上人口の4割以上が子どもと同居していることは、それが今でも決して例外的な家族形態ではないことを示している（厚生労働省 2010b：表4）。この数字は、先進国の中でも突出している。ドイツの場合、二〇〇九年に二世代以上の直系家族の世帯に住む高齢者は8％のみである（Statistisches Bundesamt 2011）。日本の高齢者にとって子どもとの同居が今でも標準的な住まい方であることに変わりない。

一方で新しい住まい方を選ぶ高齢者も増えている。二〇一〇年の『国民生活基礎調査』（厚生労働省 2010b：表2）によると、世帯数で見た場合、高齢者のいる世帯の半数以上が高齢者のみの世帯（単独世帯、夫婦世帯）であった。

高齢者が子どもと同居しない理由としては、「生活が異なる」、「子どもの負担になりたくない」（保坂 2000：大和 2008a, 2008b）といったものから、「近くにいても自立した関係」をもちたい、あるいは「離れても親しい関係」を望む（上和田 2002）といった親子関係の変化を示すものも見受けられる。こうした変化には、核家族規範の影響を垣間見ることができる。さらに、高齢者間の経済格差が決して少なくないとはいえ、多くの高齢者は健康状態が良好で経済的な余裕もあり、選択肢が徐々に増えていくなかで、多様な住まい方が見られるようになった。共生型居住はその選択肢のひとつである。

2　共生型居住という新しい住まい方

2.1　共生型住宅とは

近年、共生型居住は、専門書だけではなく（小谷部 1997, 2004; 西條 2000; 篠原ほか 2002 等）、大衆メディアでも頻繁に取り上げられている。共生型居住を取り上げている上野千鶴子の『おひとりさまの老後』（2007）がベストセラーになったことは記憶に新しい。にもかかわらず、実際にどの程度共生型住宅があるかというと、非常に少ないのが現状である。

日本における共生型住宅の先駆はいくつかあるが(7)、一九九五年の阪神淡路大震災の後に高齢者のための復興住宅というかたちで登場し、建設されたのが始まりとされることが多い（佐々木 2004; 石東ほか 2000; 小谷部 2006）。その後、特に九〇年代の欧米における共生型住宅の研究がさかんになった（佐々木 2004: 13-4）。実例の見学などの経験を生かし、高齢者をターゲットとするのではなく、年齢や家族形態に関係なく、さまざまな人のための共生型住宅が日本においても考案され、実現された。小谷部育子（2006: 84）はこれを「参加と共生という考え方を共有する住形態」であると指摘する。

一方、高齢者向け共生型住宅の企画者兼居住者である西條節子（2000）は自立と共生を共生型住宅の生き方のモットーとした。従来の閉鎖的な一住宅一家族というかたちとも異なり、寮や老人施設とも違い、個人の住戸にはキッチン・バス・トイレが原則として備えられ（近代家族の住居の大きな特徴）、共生型住宅の居住者全員がシェアして使用できる部屋（共同キッチン、共同リビング等）がある。若者

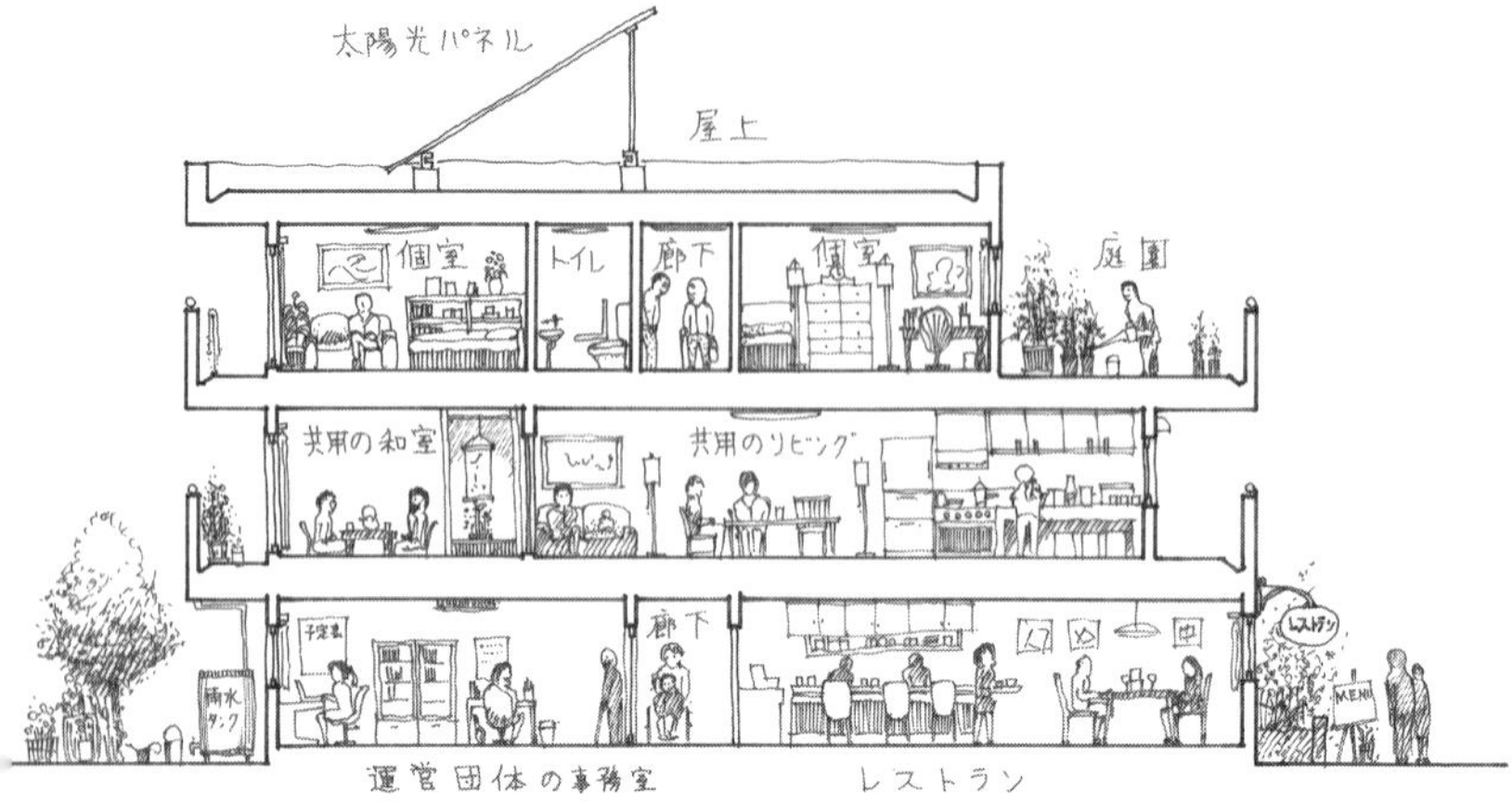

図13.1　グループリビングの空間構成イメージ
ほっと館（東京都江戸川区　2004年開設）© 露木尚文

によく見られる友人とのルームシェアより組織化されているのも特徴である。また最近話題になっている若者のシェアハウスと比べ、一時的な居住ではなく長期的な住宅である。多くの場合、非営利団体のような組織がサポートし、安心して住み続けられる[8]。

共生型住宅には世代を超えた住宅もあれば高齢者専用のものもある。多世代型の場合は年齢に関係なく子育て世代、シングル、夫婦の居住をめざす。また、居住前から住宅の計画、居住後の共同生活の運営に居住者が関わる程度はさまざまである[9]。コレクティブハウジングという日本の多世代共生型居住の例を見ると、「居住者は成人であれば家族ではなく個人単位で決定や運営に関わり、日常生活の一部の共同化（暮しのルールづくり、食事の協働運営や、共用部分の清掃管理など）」（小谷部 2009：140）を行うという、居住者による自主的な運営がこの住まい方の一番大事な特徴である。コレクティブハウジングは二〜三〇世帯から成ることが多い。近隣の居住者との関係性が薄くなった大都市環境で、新たな近

図13.2　グループリビングの各部屋イメージ（同右）

所付き合い（コミュニティ）をめざしている。現段階では共生型居住には高齢化に伴う病気などに対応できるシステムが必ずしもあるわけではないが、居住者の緩やかなつながりから、居住者同士のサポートも生まれるという考え方がある。

グループリビングとも呼ばれる高齢者向けの共生型住宅は、傾向として居住者数は少なく十人程度で、ＮＰＯのスタッフまたはボランティアが昼間常駐し、必要なサポート（たとえば医師との連携）を設けている。老人施設にも、家族という社会制度にも頼らなくてすむような、主体的な生活を可能にする住まい方をめざす(10)。サポートが必要であれば、居住者同士、またはＮＰＯのスタッフやボランティアの協力も得ながら、居住者個人が必要なことを決める。支援か介護が必要であれば、一般の住宅と同様、個人個人で介護保険を通して介護される。グループリビングは安心できる住環境の中で老いていくことを重視し、ひとり暮らしに自信がない個人でも自立した生活を可能にする。

2.2　インタビュー回答者の属性

以下、共生型住宅に住んでいる女性を対象に筆者が行ったインタビューのデータを用いながら、共生型居住の選択は彼女たちにとってどのような意味をもっているのかを検討する。とりわけ三人の女性の事例を中心的に取り上げる。

上述の通り、共生型住宅には女性が多く居住している。その理由は、男性よりも女性の方が平均寿命が長く、特に65歳以上では女性が多数(11)を占めることを反映している。また、若い世代を含めてみても共生型住宅の居住者は女性の割合が多少高い。子育て中の女性の居住ニーズの研究によると、共生型住宅は彼女らのニーズに合致しており（藤田・檜谷 1998）、また、高齢女性の場合でも、高齢男性よりも息子、娘に頼らない生活を望んでいるのである（Hinokidani 2007：133）。平均寿命の関係上、また女性が年上の男性と結婚することが一般的であることから夫に先立たれるケースも多く、ひとり暮らしに不安を感じていることもインタビュー結果に表れている。また推測ではあるが、女性の方が新しい住まい方に対する好奇心が強いことも考えられる。それゆえに、ここでは女性の居住者のみを取り上げる。

インタビューでは共生型住宅の居住者に子どもの頃から現在までの居住歴や生き方を語ってもらい、

居住歴や生き方と共生型住宅を選択することの関係性を探ることにした。現在までにインタビューした女性は、みな過去に多様な住まい方を経験していた。何度も引越しをした人も多かったが、人生のほとんどを同じ場所で生活した人さえも「住まい方」としては多様であったといえる。家族形態が変わったり（家族メンバーが増減）、家族内の役割も変化（子どもから親へ）、同じ家でも部屋の使い方が変わったり、家を建て替えたり、近所が変化したりした。それに伴って、住まい方、住環境に対する考え方も変化していった。現実に選択できる老後の生活は財産、所得、そして特に高齢者の場合は健康状態に対する不安に制約されてくるので、好み、ニーズと、実現可能な選択肢の間で考えなくてはならない。私がインタビューしたほとんどの人は、出身家庭は経済的に安定しており、中流階級である(12)。彼女らのコーホートは比較的教育のレベルが高く、戦前の女学校あるいは戦後の高等学校を卒業、師範学校や大学の卒業生も少数ではあるが含まれていた。配偶関係はさまざまだが、約半数はインタビューの時点で死別していた。

インタビュー対象者の人生とその世代全体のおもなライフイベント（重大な人生の出来事）を比較してみると、ほとんどの人は標準的なライフコースから外れていない。一九二〇〜三〇年代に生まれた人が大人になった時代に経験した戦後の経済的発展、都市化、地方から大都市圏への人口移動は彼女らのバイオグラフィーにも反映されている。ほとんどが子どもの頃は地方（の町）に住んでおり、多くは五〇〜六〇年代に結婚をきっかけに都市へ移動した。65歳以上人口の女性の未婚の割合は約４%、男性の場合はさらに少なく、子どもをもつ高齢女性は一九二八〜四二年生まれの場合、約96%である（一九二一〜二五年の場合は約93%である）（総務省統計局 2010：国立社会保障・人口問題研究所 2011：表４―

26）。この高い割合が示しているように、結婚すること、子どもを産むことと核家族で暮らすことは当たり前のことであった。インタビュー対象者の女性のほとんどが高齢期まではこの標準的な生き方に沿っていて、彼女らにとっても説明の必要がない普通の人生経歴だった(13)。

3　共生型住宅に住む高齢女性のライフストーリー――オルタナティブな住まい方の模索

上記の通り、従来の高齢者のライフコースでは子どもとの同居・介護によるケアが標準である。ここでは子どもとの同居が可能だと考えられた三人の女性の例をあげたい。彼女らは結婚、子育て、親または義理の親の介護、夫との死別という共通の経験をし、また、標準化されたライフコースに近い生き方をしてきた。佐納さん（66歳）の場合は結婚した子どもと同居したことはないが、上原さん（79歳）は途中から同居、井上さん（76歳）は最初から息子の家族と一緒に住んでいたという、まさに従来の住まい方も経験していた。世代（コーホート）の代表のようなライフコースを歩んできた彼女たちの脱標準化、つまり子どもと同居せず、共生型住宅に住むという選択は、どのような理由や条件から成り立つのだろうか。

高齢者の新しい住まい方という選択は、人生におけるさまざまな住まい方やニーズなどにより誕生すると考えられるが、決定的なきっかけは居住者本人が比較的明確に意識しており、インタビューの中でもしばしば重要なテーマになった。

3.1　佐納さん（66歳）の場合　自立した老後へ

佐納さんは約三十年間姑を介護した。義理の母と同居しているうちに、耐えられなくなりしばらく近所に移り住んだりしながらも、彼女は長男の妻としての伝統的な役割を果たした。彼女が言うには、三十年の間、自分の子どもの面倒より義理の母に頼まれた仕事の方が多かったそうだ。義理の母が亡くなったとき、佐納さんはすでに夫と死別しており55歳だった。次の十年間は〈糸の切れた凧〉のように趣味に没頭し、旅行も楽しんだりした。しかし、軽いけがをきっかけに、いつまでもひとり暮らしをするのは無理ではないかと感じ始めた。彼女のつらい介護経験から生まれた、「義母《はは》みたいにはなりたくないと思って、で、子どもたちとは一緒に住みたくない」という強い意思を背景に、家族と生活した家にも特別な思いがなく(14)、その家を売った。今後生活していくところを探した結果、グループリビングを選択し(15)、現在は九人の女性と共に暮らしている。

彼女が共生型居住に魅力を感じたのは、見学したいわゆる老人ホームとは対照的に、居住者は病院に通わないわけではないがみな元気で、外出を楽しんでいること、しかもお互いのマナーとして、頼まれるまで気になっても手を貸さず、本人が頼めば手を貸すことになっており、それぞれが主体的に生きることを了解し合っていることだった。緩やかな関係ではあるが、一日一回は必ず顔を合わせて一緒に食事をすることも彼女の楽しみである。

佐納さんが経験したライフコースは、特別に長かった介護を除けば彼女のコーホートの標準に近いものである。二十代前半で同僚と結婚し、退職、二人の子どもを生み、主婦生活を送る。義理の父が亡くなり長男の妻として義理の母の世話が始まる。しかしながら、彼女が老後を過ごすため選択した暮らし方、つまり高齢者向け共生型住宅は、「標準」からほど遠い選択である。彼女の決定の動機の中で、子どもたちに負担をかけず、彼女自身が安心できる場所に住めるということが最も大切だったと思われる。と同時に、高齢女性たちの元気な暮らしぶりを見て興味がわいて、共同生活のメリットも得ながらひとり暮らしならではの自由な生き方を、今後も続けることができると感じたからではないか。

3.2 上原さん（79歳）の場合　家族より同年齢の仲間

上原さんは夫、子ども、実の母親とともに実家で暮らしており、長年母親を介護した。親と夫の死後は、しばらく息子とその家族と一緒に生活した。しかし、上原さんが75歳のとき、高齢者向けの共生型住宅（グループリビング）を選択するに至った。

私はあの、息子がいまして、あの、ちょうど、○○県のほうから転勤でこちらへ戻ったもんですから家を建て直して、二所帯住宅みたいに家を建てたの。……でも、二所帯住宅にしてましたけども、一生そこで息子の世話とかなにかにはなるまいと、いう気持ちがありましたので。若い人と、いくら自分の息子や娘であっても、やっぱり生活が違う、っていうのをすごく感じてますので、あたしはあたしで、もう一つ年をとった、仲間がほしいと、そういう意識がありましたね。

（……息子が）もう、すごい賛成してくれました（笑）。今ではもうすごいあの、嫁も感謝してくれて、むしろ、同じ屋根の下に一緒に住まないほうがうまくいくっていう気はいたしますね。

上原さんの居住歴の特徴に、息子の家族と一緒に住めるように二世帯住宅を建てたことがある。上原さんは、長男と厳密な意味での同居ではないが、長男の近くに住む予定だった。しかし、彼女は結局別居を選択した。上記の発言からさまざまな理由が考えられる。同居すれば、従来のケア関係に結びついてしまう。彼女は結婚し実家から離れたが、弟が実家を出る時に彼女の家族四人が戻り、母親と住むことになった。佐納さんと同様長い介護の経験があり、その経験から、息子に同じような負担をかけたくないとはっきりとは言わなかったが、自分がいざ年を取った時には息子の世話になることを望んでいないと発言する。息子の妻が上原さんの選択に感謝しているのは、親の面倒を見るのは上原家でも嫁の役目であると感じていたからであろう。上原さん自身も、同居すれば嫁の負担になるであろうと、無意識的かもしれないが、既成の社会規範に縛られているようであった。

さらに推測であるが、息子には転勤の可能性もあり、ずっと一緒に住めるかどうかわからないという不安もあっただろう。その場合は誰が面倒を見てくれるのかという大きな不安もある。実際にしばらく同居し、息子夫婦と「生活が違う」ことに気づき、摩擦も多かれ少なかれあったものと考えられる。もともと息子とは悪い関係ではなかったようだが、別居が決まると、さらに関係が良くなったという。家族に頼ると関係が難しくなるが一人では不安になるというジレンマのなか、同じ年齢の仲間と一緒に住むのは妥協ではない。むしろ仲間と一緒に暮らすことは、彼女にとって共生型住宅の一番大きな魅力でもあっただろう。

3.3 井上さん（76歳）の場合　家族で得られなかった安心、自分らしい生活

井上さんは戦時中の疎開を除けば、生まれてからずっと東京の同じ地域に住み続けている。結婚し、上原さんと同じく、実家に夫と共に住み、二人の子どもを生み、両親が亡くなってから新しい家に移った。夫と死別した後は子ども二人と住んで、長男の結婚後は長男の家族と同居していた。年を取り、病気のために足が不自由になり始めていたなか、たまたま彼女が住み続けていた地域にできた共生型住宅に入居した。そのことについて井上さんはこのように語っている。

なぜここに来たってみんな言われるのよね。家もね家族もあるのにね。だけどあたし足が悪いでしょ。だから、二階でね、独りで、そんな広い所でいるとさ、なんていうんだろ、動けない時はね大変だからね、ここへ来れば誰かしらいるでしょ。だからそのほうがいいかなと思って。これからはね、うちはみんな、なんていうの、共稼ぎだから、昼間誰もいないのよ、夜遅くなんないと、孫も帰って来ないし。だからね、あたしはこっちに来たほうが、お友達もいるし、昼間、五時過ぎまでね、誰かしら（＝ＮＰＯのスタッフ）いるでしょ。だからこのほうが安心なの。

井上さんの場合は上原さんと違い、彼女の選択に対する息子夫婦の反応はあまり良くなかったそうである。親の面倒を見るのは子どもの役目であるという既成概念に彼らの方がこだわり、世間の目を気にしたらしい。内心は井上さんの息子夫婦のようにほっとしたとも考えられるが、共生型住宅に住むのに必要なお金を井上さんの一存で使うことを、家族にどう思われたかは想像するしかない。個人的な財産

を自分で使うか、子どもに遺産として残すかは、比較的豊かな世代の重要な問題である。

　彼女の病気が許す範囲ではあるが、共生型住宅で積極的にほかの居住者やボランティアと一緒にイベントに参加するのは、昼間一人で過ごすそれまでの生活とは正反対である。井上さんは最初、高齢者に「ふさわしい」と思われる生活を送ったが、彼女の同世代と違い、息子の妻が仕事をもっており、高齢者の世話をする役目をかたちとして受け入れながらも、期待されたようには役目を果たしていなかったようである。ある程度自立した生活ができる健康状態とはいえ、井上さん自身は不安であること、また、ほかに「ふさわしい」住まい方があるということを認識していなかったようである。井上さんは従来の家族との住まい方を望んでいたとも考えられるが、彼女が必要としていた安心感が得られなかったことで、共生型居住を選択した。それにより、彼女は安心感を得るだけではなく、自分にはほかの居住者たちとの活動や自分らしい生活もできることを発見したようだ。

4　居住キャリア（経歴）の脱標準化の背景

　個人的な生活の背景には、つねに社会の変化がある。インタビューした女性たちの親の世代は生活条件の向上、医療の進歩などにより、平均寿命の伸長を経験していた。結果として、一般的な介護の長期化傾向（Long 2008）が見られるが、高齢の両親の生き方も彼女らの生活に大きな影響を与え、両親の生き方はインタビューの中でもたびたび話題になった。家族（親、義理の親、夫）の長年の介護やその間の長期的同居を経験したケースがほとんどであった（大和 2008b〈生涯ケアラー〉参照）。

彼女たちの人生においては、この状況はますます大きく変化した。彼女らの親の世代に比べ、健康状態はさらに良くなり、上記の佐納さんの家のような、ある程度金銭的にゆとりのある家庭も多くなっていた。経済成長や年金制度はこの世代にとって有利に働き、高齢者の主体性を以前より高める効果があったと考えられる。介護保険は、子どもの介護の負担も和らげている(16)。しかし、特に女性の場合、個人財産が少ない場合もあり、経済的に子どもに依存することもある。

共生型住宅への入居という選択の決定的な理由は居住者本人にとって割合はっきりしたものであり、インタビューの中でもしばしば重要なテーマになった。配偶者の死や離婚のような重大な人生の出来事、上記の佐納さんのようなけがや身体機能の低下による将来への不安は、ここで取り上げないインタビュー対象者からもよく聞かれた。この選択は、人生で経験したさまざまな住まい方やニーズなどからなされると考えられる。

多くの場合、家族と一緒に住むように勧められた人も少なくない。それにもかかわらず、彼女らは親の世代の暮らし方から離れ、従来の住まい方を選ばなかった。インタビュー対象者の女性たちの多くは、自分もいつか介護が必要だと信じていた。しかし、彼女たちの親の世代と違い、子どもに介護の負担をかけたくないし、子どもに依存もしたくない(17)。このような考え方は、家族と住まないことが必ずしも家族の絆が弱くなっていることを意味するのではない。むしろ家族のつながりを大切にするからこそ、負担をかけたくないのである。

子どもに依存しない背景には介護保険制度の導入等福祉制度の影響も大きく、以前より介護を他人に頼むことに対する引け目を感じなくなっており、専門的なサポートを利用することが社会的に認められるようになってきたことがある。さらに、インタビューした女性の多くは、主婦をしており、親の介護を当たり前のことと考えてはいたが、上記の井上さんのように、彼女らの子ども世代では女性も仕事をもつのは稀ではなくなった。若い世代の女性の方が高学歴化し、家族の経済的な必要性もあり、脱主婦化が進んでいる（Hashizume 2010 など参照）。子どもによる親への世話は従来通り期待されている一方、家族内で高齢となった親の生活を支えることは困難になっていることを高齢者も感じており、子どもも独自の人生を認めているようである。インタビューした人のほとんどが、引っ越しても子どもたちとつながりを保つことができている。

なかには家族と一緒に住むことをあきらめた人もいた。理由の一つとして、「娘しかいない」「義理の息子に世話してもらうわけにはいかない」という、長男夫婦と同居する伝統的な家族観に基づく考え方があった。娘との関係が近いがゆえに、娘の家族の世話になれば、娘の立場が悪くなる心配もあり、親と子どもとの深い絆が見てとれる。

私がインタビューした人の多くは、子どもやほかの親戚に勧められた例もあったが、自ら積極的に共生型住宅を選んでいた。彼女らにとって、共生型住宅は似たような人生の段階を送る「仲間」(18)と住む場所、または多世代住宅の場合は多様な人と交流しながら生活ができる場所である。さらに、家族と暮らすよりも自立して自主的に生きていける住環境でもある。彼女らの選択は現在の高齢者の主体性の深化を示すのではないか。

おわりに――自立と不安のはざまで

高齢者の住まい方が急激に変化してきており、家族との同居が減り、高齢者を対象とする住宅の供給が徐々に拡大している。高齢者が共生型居住を選択することは、その変化の中の新しいかたちの一つである。高齢者の居住の選択肢が増え、高齢者の住まい方に関する考え方が多様になっている。しかし、共生型居住をしている高齢者が語っているのは「個人の達成」や「自己の探求」（岩井 1999：45）といった高齢者の個人化に基づく変化だけではない。個人のニーズと同時に、家族や高齢者に対する社会的規範や期待が語りに映し出されているのである。おもに70代、80代である、インタビュー対象者の女性たちの多くにとって、共生型住宅は「仲間」がいて自由に生きられる場所であり、その面では「自己の探求」に近いとはいえるが、ひとり暮らしでは得られない安心感や子どもに負担をかけたくないという希望も居住選択の強い理由である。この点、家族が「従来の役割」を果たしていないので、仕方なく新しい居住形態が現れたともいえる。

しかしこのようにいざとなったら家族ではなくヘルパーに頼る、というひとり暮らしの高齢者のよくあるスタンス（大和 2008b）は、必ずしも三世代のつながりの崩壊や家族の絆の弱体化を意味しない。社会学者チャン・キュンスプによるとこうしたスタンスではむしろ、家族は規範として以前と同じように大事にされているからこそ、現実的に同居するのは困難だと高齢者が感じるのではないか（Chang 2010：33-4）。さらに、近代的核家族が家族の役割、あり方を変えた。二人か三人の子どもと比較的強い情緒的関係（落合 1994, 1996）をもつこの家族の特徴から、子どもに介護の負担を負わせるには無理がある(19)。特に介護の経験をもっている場合は介護のつらさもわかっており、子どもに同じような苦労をかけたくないという感情的なつながりが、老後の生活の選択にも影響を与える。

共生型居住はまさにこのような状況にふさわしい居住形態である。自分の生活を施設のような制限に合わせることなく、子どもの負担を少なくでき、自主性を守りながらコミュニティに参加することができる。共生型居住は高齢者（とその家族）にとって安心できる選択である。しかし、現在は先駆的といえる共生型居住という選択肢が今後広がるとしても、大部分の高齢者まで受け入れるのはさまざまな社会的な制約がある。多くの高齢者とその家族にとって高齢者の従来の住まい方は今も変わらず続いており、高齢者同士が一緒に暮らす、あるいは家族ではない異世代の人たちと暮らすのは不自然であると感じるであろう。高齢者にとって「ふさわしくない」という社会規範は、インタビュー対象者の女性たちも経験していた。共生型居住の暮らし方を想像できる人も現時点では少ない。しかし、共生型住宅の居住者のライフストーリーからわかるように、共生型居住という選択を除けば、彼女らの生き方は決して例外的ではなかった。日本の高齢化が進むにつれ、共生型住宅のような新しい住まい方は、「多様な可能性」を開くだけではなく、積極的に必要とされるはずだ。これから、高齢者自らが自分の生き方に合わせた居住スタイルを選び、新しい可能性を探ることが増えていくであろう。

注

（1）ここで使われている名前はすべて仮名である。

（2）このような暮らし方の呼称は決まっておらず、日本の研究者は「暮らし縁」「住まい縁」（島村・寺田 2004）、「仲間家族」（篠原ほか 2002）などを使用している。

（3）AHL（もうひとつの住まい方）推進協議会 Alternative Housing & Living. http://www.ahla.jp/（2011. 11. 20）.

（4）本章は、二〇〇九～一一年に首都圏を中心に行ったインタビュー・データに基づいている。インタビュー対象者は共生型住宅（おもにグループリビング、コレクティブハウジングなど）に居住している中高年・高齢者であった。人数・性別は25人中女性21人、男性4人、年齢は幅広いが（一九二〇～五六年生れ）、大半は一九二〇年代後半から一九三〇年代生まれであった。個人の居住履歴を中心に半構造化インタビューを行った。インタビューのテープ起こしは鈴木賢子さんにお世話になった。

（5）これは、インタビュー対象者に女性が多かったこと、また男女でライフコースが大きく異なるためである。居住経験と老後のための住まい方の選択の関係に関しては、Narten（1991）：西（1998, 2006）：Holland（2001）などを参照。

（6）特にデータの内訳を見ると、興味深いことがわかる。高齢者の息子・娘夫婦との同居率は46・7％から17・5％に大きく下がった一方、配偶者のいない子どもとの同居率は16・6％から24・8％に上がった。ここで詳しく論じることはできないが、特に前期高齢者の場合、子どもの方が親に依存する傾向があり、依存の関係が入れ替わったといえる（本書12章平山論文、春日 2010 も参照）。

（7）二十世紀前半に欧米（特にスウェーデン）や旧ソ連ですでに共生型居住が存在していた背景には、生活の合理化、従来の家族形態、役割分担への批判があったからである（Franck & Ahrentzen 1991: Vestbro 1998: 小谷部 2009）。日本では一部の同潤会アパートに類似点がある（たとえば、女性とすまい研究会 2010 参照）、一九七〇年代に公営住宅としての前例も見られる（佐々木 2004）。

（8）共生型住宅の形態は企画した人物の考えによって大きく異なる。共生型住宅に関する概念や、実現されている住まい方は企画者たちの個人的な経験にも影響されている。たとえば、多世代型で二〇～三〇世帯が住むコレクティブハウジングと、ボランティアなどのサポートを前提とする高齢者向けで十人程度のグループリビングは、相違点も認識しておく必要がある。私はこの研究のために、両方の住まい方の共通点である「自立」と「共生」という二つのキーワードをベースにして、居住者のインタビューを行った。傾向としてグループリビングに住んでいたインタビュー対象者の方が年齢が高く、健康状態も多少悪く、関わっているNPOの日常生活のサポートも多い。しかしながら、インタビューした居住者の間で選択にあたっての根本的な（明確な）違いがあったとはいえない。どちらに住んでいてもおかしくない人も多いという印象を受けた（注10参照）。

（9）高齢者向け共生型住宅であるグループリビングは、有料老人ホームのような契約が多く、一時金のほかに家賃を支払う。その金額はシングル女性が一生仕事をし、厚生年金をそれなりに受給するケースを設定基準としているところがある（一時金350万円～、生活費13万円（管理費・水光熱費・食費等））。西條 2000: 234）。実際に、インタビュー対象者の女性たちは中流階層出身者が多いが、今まで所有していた家を売却したり、さらに家族（子ども）からのお金のサポートを受けている人も少なくない。彼らが再び家族に依存しているとすれば、どこまで主体的といえるかは問題であろう。公的な支援はほとんどないため、この住まい方を選べる人は限られてしまう。その一方、共用スペースの割り当てを計算に入れると、多世代住宅は基本的に賃貸市場の一般物件と変わらない家賃設定である（NPOコレクティブハウジング社参照。http://www.chc.or.jp/ 2011. 11. 20）。

（10）グループリビングのなかには、日常生活をはじめ、サポートを必要としても自分の人生は自分で決める、居住者は主体的に活動する、という理想像に近いような例もある一方、既成の老人ホームに近いがグループリビングという看板を掲げるところもある。私はできるだけ居住者が主体的に生きているところをインタビューのサイトとして選んだが、居住者の個人差も大きい。

(11) 八十歳以上の人口は、男性は女性の半分しかいない（総務省統計局 2010）。

(12) 春日（2010）が描いた家族の困難、ことに、子ども世代の所得が少なく親に依存するケースはインタビュー対象者には見られなかった。

(13) 同じコーホートの統計上の離婚率と比べ、インタビュー対象者の女性たちの間では離婚や再婚がやや多い。共生型住宅の選択にも関係すると考えられる標準化されたライフコースとは異なる点かもしれない。

(14) 住宅を子どもに相続することについては、Izuhara（2009）の研究を参照。

(15) 佐納さんの場合だけではないが、その住まい方を知るにあたって、上野の『おひとりさまの老後』（2007）の影響は少なくなかった。

(16) 大江・平高（2005: 9）参照。「このように、今後、歴史の浅い大都市郊外において、介護は必要としないが、孤独や不安を抱え、一方でできるだけ自立した暮らしを営みたいと考える高齢者が大量に生まれてくると見通されるのである。また、彼らの多くは一定の蓄えと年金によって、自分らしい暮らしを選択できる自由度も持ち合わせている」。

(17) 佐江衆一の『黄落』（1995）という小説にも、介護を経験している主人公とその妻が「子どもたちには、俺たちのような苦労はさせたくないな」「ええ、絶対にさせないわ」と話しているが、上野（2000: 95）が指摘したように「あまり、長生きしないことだね」ということ以外の選択肢は、現在の方が増えているだろう。高齢者の自殺の一番の原因は健康状態であるが、自殺者の多くは子どもと同居していること（下仲 2004）も注目すべきであろう。

(18) 欧米の統計と比べ、日本では老後の情緒的サポートは「家族（配偶者、子ども）」が多く「友達」が少ないが、年々増加している（内閣府 2010；厚生労働省 2010b）。

（19）核家族化に伴って親と子どもと夫婦の間の関係が変容した。山田昌弘（2003）が指摘するように、「愛」に基づくべき戦後家族（のイデオロギー）の中で、嫁が義理の親を介護することには無理があり、インタビュー対象者も介護者の立場を経験しているからこそ、要介護時に家族に介護を頼むのは無理があると感じたと考えられる。

文献

有吉佐和子 1972『恍惚の人』新潮社.

Carr, D., 2009, "Preface," Carr, D. (ed.), *Encyclopedia of the Life Course and Human Development*, Detroit et al.: Gale Cengage Learning, XI-XVII.

Chang, K.-S., 2010, "Individualization without Individualism. Compressed Modernity and Obfuscated Family Crisis in East Asia," *Journal of Intimate and Public Spheres* (Pilot Issue March 2010): 23–39.

Flyvbjerg, B., 2006, "Five Misunderstandings about Case-study Research," *Qualitative Inquiry*, 12(2): 219–45.

Franck, K. A. & S. Ahrentzen (eds.), 1991, *New Households New Housing*, Van Nostrand: Reinhold.

藤田みどり・檜谷美恵子 1998「コレクティブ居住へのニーズをもつ女性の特性─現代女性の居住ニーズに関する研究その２」『日本建築学会近畿支部研究報告集計画系』38: 757-60.

Hashizume, Y., 2010, "Releasing from the Oppression: Caregiving for the Elderly Parents of Japanese Working women," *Qualitative Health Research*, 20(6): 830–44.

Hinokidani, M., 2007, "Housing, family and gender," Hirayama, Y. & R. Ronald (eds.), *Housing and Social*

Transition in Japan, London/New York: Routledge, 114-39.
Holland, C. A., 2001, Housing Histories: Older Women's Experience of Home across the Life Course, Dissertation, Milton Keynes: The Open University.
保坂恵美子 2000「一人暮らしの高齢者と単身文化」染谷俶子編『老いと家族――変貌する高齢者と家族』ミネルヴァ書房 132-56.
石東直子・ナオコ&コレクティブハウジング事業推進応援団 2000『コレクティブハウジングただいま奮闘中』学芸出版社.
岩井八郎 1999「戦後日本型ライフコースとその変化―女性と高齢者を中心に」『組織科学』33(2): 33-46.
Izuhara, M., 2009, *Housing, Care and Inheritance*, London/New York: Routledge.
女性とすまい研究会編 2011『同潤会大塚女子アパートメントハウスが語る』ドメス出版.
上和田茂 2002「三世代同居の持続性と変容」広原盛明・岩崎信彦・高田光雄編著『少子高齢時代の都市住宅学――家族と住まいの新しい関係』ミネルヴァ書房 55-69.
春日キスヨ 2010『変わる家族と介護』講談社.
Kimura, R., 2001, "Bioethical Public Policy and the Making of the 1997 Japanese Long-term Care Insurance Law," Conrad, H. & R. Luetzeler (eds.), *Aging and Social Policy. A German-Japanese Comparison*, München: Iudicium, 335-49.
小泉雅生 2002「ゆるやかな血縁家族」篠原聡子・小泉雅生・大橋寿美子・ライフスタイル研究会編著『変わる家族と変わる住まい――〝自在家族〟のための住まい論』彰国社 66-87.
国立社会保障・人口問題研究所 2011『人口統計資料集　２０１１年版』http://www.ipss.go.jp/syoushika/tohkei/Popular/Popular2011.asp?chap=0（2012. 3. 22).

厚生労働省 1996『平成8年版　厚生白書』http://wwwhakusyo.mhlw.go.jp/wp/index.htm（2011. 4. 4）.

厚生労働省 2010a『介護サービス施設・事業所調査』http://www.mhlw.go.jp/toukei/list/24-22-2.html（2011. 11. 3）.

厚生労働省 2010b『平成22年　国民生活基礎調査の概況』. http://www.mhlw.go.jp/toukei/saikin/hw/k-tyosa/k-tyosa10/dl/gaikyou.pdf（2011. 10. 10）

厚生労働省 2011『平成22年　簡易生命表の概況』http://www.mhlw.go.jp/toukei/saikin/hw/life/life10/sankou02.html（2011. 11. 3）.

小谷部育子 1997『コレクティブハウジングの勧め』丸善.

小谷部育子 2004『コレクティブハウジングで暮らそう』丸善.

小谷部育子 2006「コレクティブハウジング」本間博文・小林秀樹・藤本信義編著『住民主体の居住環境整備』（新訂）放送大学教育振興会 84–100.

小谷部育子 2009「コレクティブハウジングの理念と実践」牟田和恵編著『家族を超える社会学――新たな生の基盤を求めて』新曜社 137–43.

Long, S. O., 2008, “Social Change and Caregiving of the Elderly,” Coulmas, F., H. Conrad, A. Schad-Seifert & G. Vogt（eds.）, *The Demographic Challenge. A Handbook about Japan*, Leiden/Boston：Brill, 201–15.

内閣府 2010『平成22年度　第7回高齢者の生活と意識に関する国際比較調査結果（全体版）』http://www8.cao.go.jp/kourei/ishiki/h22/kiso/zentai/pdf/2-3.pdf（2012. 1. 17）.

Narten, R., 1991, *Wohnbiographien als Grundlagen einer bedürfnisgerechten Wohnraumplanung. Kritik des ‘altengerechten’ Wohnungsbaus am Beispiel der Wohnsituation alter, alleinstehender Frauen im sozialen Wohnungsbau der 60er Jahre*, Köln：Kuratorium Deutsche Altershilfe.

西律子 1998「単身高齢者を取り巻く居住空間と居住意識―文京区における集合住宅居住者の事例」『経済地理学年表』4(3)：208–23.
西律子 2006「都心周辺における単身高齢者の居住空間―ライフヒストリーによるアプローチ」（博士論文）お茶の水女子大学.
落合恵美子 1994『二一世紀家族へ――家族の戦後体制の見かた・超えかた』有斐閣.
落合恵美子 1996「近代家族をめぐる言説」『岩波講座　現代社会学19』岩波書店.
大江守之・平高史也 2005「問題解決実践と総合政策学―中間支援組織という場の重要性」『総合政策学ワーキングペーパーシリーズ』82, http://coe21-policy.sfc.keio.ac.jp/ja/wp/WP82.pdf（2010. 9. 4）.
佐江衆一 1995『黄落』新潮社.
西條節子 2000『高齢者グループリビング「ＣＯＣＯ湘南台」――十人十色の虹のマーチ』生活思想社.
佐々木伸子 2004『高齢期グループリビングの公的供給に関する研究』（博士論文）京都府立大学.
篠原聡子・小泉雅生・大橋寿美子・ライフスタイル研究会 2002『変わる家族と変わる住まい――〝自在家族〟のための住まい論』彰国社.
島村八重子・寺田和代 2004『家族と住まない家――血縁から〝暮らし縁〟へ』春秋社.
下仲順子 2004「臨床心理学的地域援助　老人と家族の病理」氏原寛・亀口憲治・成田善弘・東山紘久・山中康裕編『心理臨床大辞典』培風館 1250–1.
総務省統計局 2010『平成22年国勢調査』http://www.stat.go.jp/data/kokusei/2010/index.htm（2012. 4. 2）.
Statistisches Bundesamt, 2011, Im Blickpunkt：Ältere Menschen in Deutschland und der EU, https://www.destatis.de/DE/Publikationen/Thematisch/Bevoelkerung/Bevoelkerungsstand/BlickpunktAeltereMenschen1021221119004.pdf（2012. 4. 2）.

辻正二 2002『高齢者ラベリングの社会学――老人差別の調査研究』恒星社厚生閣.
東京都住宅局編 1971『東京の住宅問題』東京都広報室都民資料室.
上野千鶴子 2000『上野千鶴子が文学を社会学する』朝日新聞社.
上野千鶴子 2007『おひとりさまの老後』法研.
上野千鶴子 2011『ケアの社会学――当事者主権の福祉社会へ』太田出版.
Vestbro, D. U., 1992, "From Central Kitchen to Community Cooperation : Development of Collective Housing in Sweden," *Open House International*, 17(2) : 30–8.
山田昌弘 2003「ケアとジェンダー」江原由美子・山田昌弘『ジェンダーの社会学』放送大学教育振興会 152–162.
大和礼子 2008a「介護する意識とされる意識―男女差が大きいのはどちらの意識か」『関西大学社会学紀要』39(3) : 103–21.
―― 2008b『生涯ケアラーの誕生――再構築された世代関係/再構築されないジェンダー関係』学文社.

14　女性の居住・生活形態の変遷――ドイツにおける人口動態と世帯動向の分析

ルート・ベッカー

はじめに

この数十年、ドイツにおける世帯構造は大きく変化した。単独・二人世帯が増加し、大規模世帯は減少した。二〇一〇年の時点で、全世帯に単独世帯が占める割合は40・2％、二人世帯の割合は34・2％であった。これに対して、三人以上の世帯の割合は、一九九一年の35・6％から大きく減少し、25・5％であった。特に旧東独の諸州で、三人以上の世帯の割合が37・6％（一九九一年）から21・0％（二〇一〇年）へと激減している（Statistisches Bundesamt 2011b, 2010: Tabelle 1; Hammes & Rübenach 2010: 907, 1991: Tabelle 1）。

こうした世帯動向は、ドイツ社会の根本的変化、特に人口動態および生活・居住形態の変化、ジェンダー規範の変容と密接に関連している。またこうした一連の変化により、女性にとって居住形態の選択肢は大きく広がった。ドイツの居住状況の変化について考える上でそれらを無視することはできない。

　本章では、第二次大戦以降のドイツにおける女性の生活・居住形態の動向をジェンダー関係およびジェンダー政策・住宅政策との関連で描いていく。女性の意識や行動様式は人生の各段階で異なるが、それがどのように変わっていったのかにも触れていきたい。はじめに旧西ドイツにおける変化について述べた後、これとは異なる展開を見せた旧東独での状況を述べる。それから東西統一の年である一九九〇年以降について、その後も続いている東西格差を考慮した上で、どのような変化が起きたのか論じていく。

1　西ドイツ女性の生活形態——戦後の混乱

　西ドイツの歴史において第二次世界大戦後の数十年は経済と政治の飛躍的発展の時期とされている。戦後、西ドイツ経済は高い失業率に見舞われる等、疲弊した。またホロコーストというナチ時代の政治・社会的遺産を背負った国として新しいスタートを切った。しかし西側戦勝国の潤沢な資金援助に支えられ、確かな経済力を秘めた国へと生まれ変わった。

　しかし、ジェンダーの視点から見れば、こうした社会変化に伴って、男女間の格差が解消されたわけではなかったことが指摘される。女性のライフコースは、ただ一つの規範化されたモデル、すなわち家父長制の色彩の強い婚姻と、父親、母親、未成年の子ども(1)からなる「完全な家族」に基づくモデルに押し込められた。またドイツ連邦共和国基本法(訳注1)では男女平等が保障されているものの、家族の中では、夫が子どもの養育から妻の就職に至るまで暮らしに関する最終決定権をもつとされてきた。このような非対称的なジェンダー関係に基づく家族モデルは、必ずしも戦後西ドイツの女性の実際の生活を反映してはいなかったが、多くの法律、国の政策、さらに結婚を理想化する社会の言説に支えられて、徐々に、しかし完全に、支配的になっていったのである。

戦時中、ほとんどの男性が徴兵されたことにより、それまで専ら男性が就いていた職業に女性が進出せざるをえなくなっていた。こうした状況は戦後も続いた。徴兵された男性の多くが戦死あるいは抑留された。そのため夫が死んだのか、復員するのかがわからず、戦後もひとり暮らしやひとりで子育てをする女性が少なくなかったのである(2)。その結果、多くの女性が結婚に依らない自立した生活を送るようになった。それは自ら進んで選択した道でない場合も多かったが、非常に強い影響を残した。

こうした状況にあって、女性に与えられた唯一の生活形態として結婚が復活するには、国家、教会、メディアの著しい介入が必要であったが、その効果は限定的であった。これをよく示しているのが終戦直後の離婚率の高さである。自立した生活を経験した後、心に傷を負った復員兵を家父長とする結婚生活にはもはや戻りたくない女性が多かった（Plötz 2005: 29）。加えて、戦後は男女が結婚せずに同居するケースも多かった。この背景には、結婚することで寡婦年金の受給権が失われることを避けるという側面があった。また戦争の影響で500万人ほど男性より女性の人口が多かったために、本人の意志か否かは別として、「適齢期」にありながら結婚しない未婚女性も多かった。さらにいえば、これら未婚女性の少なくとも5％は同性愛者であった（Friedeburg 1953: Plötz 2005: 33 からの引用）。

2　結婚と（完全な）家族の優先

上記の生活モデルは、西ドイツの成立とその経済の飛躍的発展に伴い、徐々に好ましくないもの、ないしは戦争による一時的現象として片づけられていった。夫のいない女性は「男性不足」のかわいそうな犠牲者であり、自らの意志で選択した道であろうとやむなく陥った状況であろうと、「失敗した」人生を生きる者とされた。

一九四九年に発布された西ドイツ基本法には、特にカトリック教会の強い働きかけで、第六条に早くも生活形態として婚姻を優先することが明記されている。また建国後数年の間に制定された所得税法（夫婦単位課税制度）、年金法、相続法等の法律の多くは、婚姻と家族に対する「特別の保護」において、家族扶養者である男性と、家計や子育てを担当する専業主婦という、家父長的な家族モデルを前提としてきた。その背景には、女性は結婚や出産を機に仕事を辞めるべきという考えが存在してきた(3)。これらの規定の多くは、基本法に明記されている男女平等の原則と相容れないのだが、少なくともいくつかの法規が改正されるまでには数十年を要した(4)。

結婚制度を確立し、強化するためには、住宅政策も効果的な役割を果たした。戦争により、多くの住宅が破壊された。また戦後は、かつてのドイツ領およびドイツの占領地域から1100万人を超える難民が流入した。そのため、戦後は著しい住宅難となった。その解消のために、一九五〇年以降さまざまな住宅建設計画が策定され、家族向け住宅が建設されたが、建設にあたっては、居住者として両親とそ

写真14.1　社会住宅の一つのかたち（ドイツ・デュッセルドルフ周辺，1953年建設）

公的助成制度によって建てられた一戸建ての持家。1950年代鉱業が盛んだったこの地域で，郊外の主婦たちの典型的な住まい方
写真提供　個人蔵

の子から成る家族が理想視された。

比較的所得が少ない単身女性たちが一般住宅市場で住まいを見つけるのは、多くの場合、単身男性よりも難しかった。しかし、社会住宅(訳注2)は基本的に三人以上の家族のための住まいであった。単身世帯と二人世帯用の社会住宅はわずかであったため、単身者やひとり親家族が入居できるチャンスは少なかった(5)。これは社会住宅政策において女性が不利に扱われたことを示している。なぜなら、単身者やひとり親の大半は女性であったからである。離別女性に至っては、住宅賃貸権を有する社会住宅所有者から差別されたこともあった(6)。

社会住宅の建設においてはまた、三世代同居も想定されていなかった。西ドイツの戦後初期には、住宅不足から夫または妻の両親の家にやむなく同居する新婚夫婦が各地で見られたが、これはあくまで一時凌ぎのためと見なされた。というのも、ドイツでは成人すると親元を離れるのが当時も今も標準的となっている。かつては三世代同居、つまり老いた両親が成長した子どもと同居することは当たり前というイメージが強かったが、それはロマンチックな想像であって、それが事実ではないことが歴史的検証により明らかとなっている。事実、寿命が短かったこともあり、三世代同居は珍しかった。成人した子が老いた両親と同居する場合、多くは生活苦が原因であったこと、また東ドイツでは同居生活は必ずしも和やかではなく、むしろそれには相互間の「不信感と対立」を伴い、「別居（……）が双方から望まれた」ものでもあった（Blankenburg & Schicke 1999: 68）。

一九五〇～六〇年代の住宅政策は、家族政策の一部であったといえる。たとえば、一九六〇年の貸借法改革の基礎となった、核家族の居住を前提にした「計算上の住空間不足」の算出を見ると、住宅政策が単身という生活形態に重きを置かなかったことが明らかである。同改革ではすべての世帯に独立した住宅が確保されるべきこととされた。しかしながら、必要な住宅数を試算した際に実際の単身世帯数の半分しか考慮されなかった。先に述べたように女性の数が男性を上回っていたことから、単身者は男性より女性の方がはるかに多かった。これは、国の住宅政策において、とりわけ単身女性にとって自らの住宅を持ち、独立した生活を送る権利が公然と無視されたことを意味する(7)。

3　単身女性の居住形態——一九五〇～六〇年代

この時代、さまざまな理由から独身女性のための住宅供給は不十分であった。

大学に通う女性（当時は少なかった）のほとんどは、大学が実家から離れている場合、間借りであった。学生寮の部屋数も十分でなかったため、寮に住む女子学生はいても少数であった(8)。(男女を問わず)学生が独立した住宅に住むようになるのは、一九七〇年代になってからである。

この間借りにはさまざまな制約があった。当時は結婚していない男女が一緒に住むことは非道徳的とされ、一九七二年に売春仲介業法(Kuppeleiparagraph)が改正されるまでは、そうした男女に部屋を貸した者(または女性の部屋に夜「男性の訪問」、ないしは男性の部屋に夜「女性の訪問」を許した者)は、売春仲介業の罪に問われた(9)。

その他の単身女性、とりわけ未婚の母や離別女性、死別女性の住宅探しにも困難が伴った。とりわけ貧困と社会的スティグマの問題が大きかった。

当時、未婚の母は「堕落した少女」と呼ばれた。そのため女性が望まずに妊娠した場合、その女性は子どもの父親と結婚することが多かった。こうした結婚は「必要に迫られた結婚」(Musehe)といわれた。結婚せずに子どもを生んだ女性の住宅探しは、経済的理由からだけでなくこのような社会的スティグマからも不可能に近く、そのため多くの場合、親元に住み、なかには特別な寮に入る者もいた。

離別女性の住宅探しも同様に難しかった。当時、女性にとって離婚は経済的な破綻を意味していた。元夫の扶養義務は裁判所が婚姻破綻の責任が夫に帰すると見なされた場合にしか問われず(10)、そのような扶養義務が果たされない場合が多かった。そのため、離別女性の多くは、適切な住宅を確保するのに十分な資金を持ちえなかった。また社会的スティグマから、離別女性は、民間住宅ばかりではなく社会住宅でも家主から入居を拒否されることも珍しくなかった。

死別女性、特にいわゆる「戦争未亡人」は、道徳的に非難されることはなかったものの、経済状況は厳しく、住宅探しも楽ではなかった。彼女たちは寡婦年金を受給していたが、その額は少なかった。職業教育を受けておらず、長年専業主婦として暮らしてきた者にとって、働こうにも食べていける仕事を見つけることは非常に難しかった。また一九五〇〜六〇年代は、保育所も不足していた。夫が妻を扶養することが一般的と考えられていたためである。

4　新たな居住形態へ——一九七〇年代以降

一九六八年後半から一九七〇年代にかけて、戦争体験をもたない若い世代が、ファシズムの過去を覆い隠そうとした保守的・父権的な戦後社会に強く反発した。これにより、ドイツ社会は根底的に変化したが、また女性のライフコースとライフスタイル、ひいては住まいについての意識や居住行動も大きく変わった。

まずこの時期、思春期を過ぎた若い女性の中に、実家を出て一人暮らしを始める、パートナーとの同居（同棲）という居住形態を選択する者が増えた。この傾向に決定的な影響を与えたのは、（高等教育、職業教育も含めて）女子の教育機会の拡大である。大学に進学した若者の間では、男女を問わず、同じ年頃の学生同士でルームシェア(11)をすることが好まれるようになった。

また同棲やひとり暮らしをするために賃貸住宅に住む女子学生も増えた。これによりそれまで主流であった間借りという形態が衰退した。

その他、まず先述した売春仲介業を禁じる法律が一九七二年に廃止され、若い世代に留まらないかたちで性道徳の変化が進んだ。また戦後住宅建設が積極的に推進されたことにより、住宅事情にも改善が見られた。さらには西ドイツ市民の多くが経済的に豊かになった。これらすべてが女性の住まい方の変化に影響を与えた。

女性のライフコースと居住行動の変化は、青年期に留まらず、その後の人生全体を通じて顕著となった。女性の職業能力の向上とともに、女性にとって働くことの重要性が高まり、さらには結婚の意義が低下していったのである。一九六五年の段階ですでに「嫡出の第一子のほぼ三分の一が婚前に妊娠していた」(Plötz 2005: 51)。現在は西部ドイツの母親の36%が第一子出産時に結婚していない(Statistisches Bundesamt 2010)。出産後も結婚しない母親はいまも少数派であるが、ほとんどの女性にとって結婚も子どもも仕事を辞める理由ではなくなっている。つまり専業主婦という形態は衰退し、子どもが育児期の当初数年の間のみ仕事を中断し、その後はまた働き始めるという段階的なモデルが一般的になったのである(12)。その背景には、かつてのように「扶養者としての賃金」を十分得られる男性が少なくなり、女性が「家計を助ける」ために働く必要性が高まっていることがある(13)。

また離婚の「デメリット」にもかかわらず、離婚件数が大幅に増加している。その背景には、女性が仕事に就きやすくなったこともあるだろう。ドイツでは離婚の申し立てをするのはたいてい女性の方である(Statistisches Bundesamt 2011c: Tabelle 5.1)。離別女性の多くは(少なくとも一時的には)単身もしくはひとり親家庭のままである(14)。離別後に再婚する傾向は女性よりも男性の方が強い(Krüger 1990: 209)。また離別・死別女性が新しいパートナーシップを築く場合、同居より別居を好む傾向がある(「別居型パートナーシップ」)(15)。

他方で、離婚しない場合でも晩年ひとり暮らしになる確率は女性の間で非常に高い。平均寿命は男性より女性の方が7歳ほど長く、また夫婦の年齢は妻より夫が平均して3歳程度年上である。そのため、結婚／事実婚をしている女性は、平均して十年間のひとり暮らしが予想され、その間は自宅で暮らすのが一般的である（本章6節参照）。つまり多くの女性にとっては結婚し、夫と子どもから成る「完全な」家族と暮らすのは多かれ少なかれ長い人生の一時期にすぎず、生涯を通じてさまざまな生活・居住形態を取るということがいえる。

とはいえ多様な形態にも一つの共通点がある。人生のかなりの時期を、男性パートナーなしで住む女性が増えた。二〇〇三年のデータによれば、女性の単独居住は22・8％、ひとり親として住むのは6・0％（男性は18・4％と1・2％）である（Statistisches Bundesamt 2004: Tabelle A1-4）。これは、戦後の女性単身者や母子家庭の背景にあった戦争の影響による女性人口の過剰がなくなっていることからすれば、いっそう注目に値する。近年ドイツでも女性が自らの希望に反してひとりで暮らすケースは減少し、そのような居住形態を自ら進んで選択するケースが増えている（Löw 1994: Chant 1997: Becker 2003, 2004）。

多くの調査が指摘するように、男性パートナーとの居住を選ばない女性が増加した背景には、社会におけるジェンダー関係に対する女性たちの不満がある。ひとり暮らしの女性は「主としてジェンダー関係と社会の労働編成から生じる矛盾を個人的に解決しようと試みている」（Löw 1994: 167）。彼女たちは、未だに家事の大半を女性に押しつける性別役割分業と、一九七五年の家族法改革により夫の最終決定権が廃止されたにもかかわらず現存する夫婦間の男性優位からも逃れようとしているのである。おそらくこれが理由となって、男性より女性の方がひとり暮らしを肯定的に見ていると思われる（Krüger 1990: 208）。男性パートナーなしの生活はほとんどの国で貧困リスクの増大を意味しており、ドイツにおいても母子家庭の貧困リスクが高いことからすると、これは注目に値する。

とはいえ女性の住まい方や生き方の変化への対応は法律面でも政策面でも不十分であり、未だに結婚と家族が国家制度の中で特別に保護されている。男性稼ぎ主と主婦から成る家族モデル（Hausfrauenehe）は、過去数十年にわたって多くの政治家や研究者から批判され続けてきたにもかかわらず、未だに配偶者間の見なし所得按分（注3参照）により税制上の優遇を受けている。ただし住宅政策についていえば、状況の変化に多少の対応が見られつつある。一つには、一九八〇年代以降、ひとり親家族が社会住宅の入居対象グループとして重視されるようになっている。また（少なくともいくつかの州では）単身者向け社会住宅が建設された。ただし、こうした住宅は高齢者のみを対象とすることも少なくない。これは住宅政策が人口動態の変化による社会の高齢化に対応したことを示している。さらに共同で社会住宅を借りられる人の範囲が後に法律で明文化され、その範囲も徐々に拡大された。現在では、共に暮らし続けることを想定する者同士が一緒に社会住宅を借りることができる。住空間促進法第一八条によれば、その場合の入居者は、男女でも同性の二人でも構わない。

5　東ドイツの状況

ドイツ連邦共和国の直後に設立されたドイツ民主共和国（東ドイツ）での状況は、さまざまな点で西ドイツとは大きく異なっていた。国民の人口に比して西ドイツより多くの難民・引揚者が流れ込み、かつ戦勝国ソ連からの財政支援がなかったため、東ドイツの住宅供給は、より厳しい状況から出発した。住宅建設の努力は続けられたが、一九九〇年の両独統一まで、実質的に住宅不足を解消することはできなかった（BMVBS 2000: 2）。

東ドイツでも住宅政策は家族を中心につくられた。戦前からの民間賃貸住宅を含めて、既設住宅の配分は地域の住宅局が管轄し、住宅は必要性の度合いに応じて配分された。「結婚している夫婦には、結婚せずに同居する二人より優先的に住宅が与えられた(16)。そのため結婚しなければならないという一定の強制力が働いた」（Beyer 1990: 105）。つまり戦後の数十年間、東ドイツにおいては、個人が自らのライフコースにおいて結婚というライフイベントを経験する時期が、諸外国に比べて比較的早かったのである。一九七〇年、「独身女性は20～23歳で結婚のピークを迎えていた」（Beyer 1990: 107）。

また子どものいる世帯にも優先的に住宅があてがわれた。そのためか女性のライフコースにおいて第一子出産時期が早くなった。一九七〇年には、東ドイツにおいては第一子出産時の母親の平均年齢は22歳であった（Beyer 1990: 27）。これは、ドイツ統一までほとんど変わらなかったが、一方で西ドイツでは、一九七〇年に24歳であったのが、一九九一年には27歳に上昇した（BMSFSJ 2005）。東ドイツにおける初婚年齢および第一子出産年齢が低いもう一つの理由は、女性が仕事と家庭を両立させやすい環境にあったからである。西ドイツとは異なり、母親のフルタイム就業が政治的に望まれており、全国的に保育所を整備するなどの一連の政策がこれを支えていた。

同時に、東ドイツでは離婚も多かった。東ドイツの離婚率は「米国、ソ連、キューバ、英国に次いで世界で五番目であり……若い世代にとって離婚は、人生の中で予測できるリスクになっていった」(Beyer 1990: 107-9)。結果として、東ドイツ女性の生活状況・形態は西ドイツ女性のそれと大きく異なった。専業主婦という生き方も、夫が家族を養うというモデルも古いと考えられた。ただし、家事や家庭は専ら女性が受け持つという性別役割分業はほとんど変わらなかった。

住宅事情の改善と結婚に対する社会の評価の変化、さらには女性の社会的・経済的自立、「結婚しない女性、離婚した女性、未婚の母に対する比較的偏見のない環境」(Beyer 1990: 111) とともに、一九七〇年代半ばから後半にかけて、東ドイツにおいても女性の生活形態に大きな変化が生じた。この変化は西ドイツと同様、国の政策とは逆方向に進行した。

国の政策は依然として結婚と比べて非婚同居を不利に扱い、母子家庭の母親はフルタイム就業であっても経済的・社会的に問題を抱えていた (Beyer 1990: 111)。こうした状況下では、結婚に「失敗」した女性たちの中に、新しいパートナーとの事実婚を選ぶ者もいたとはいえ、多くが再婚するという形態を選択したのは不思議ではない。また妊娠・出産行動については、西ドイツよりも極端な変化が起きた。一九八九年に生まれた子どもの3分の1が婚外子であり、ことに第一子では過半数 (52・7%) であったように、婚外子出産が広がった (Beyer 1990: 29, table 1.13)。また妊娠中絶も西ドイツよりはるかに自由だった。そのため個々人が子どもの数と出産の時期を自由に決めることができた。

6　統一ドイツの生活形態――一九九〇年以降

統一ドイツの生活形態はますます多様化している。結婚は主流でなくなったものの、依然として最も多い生活形態である。全世帯数（約４万１千世帯）の44・４％が夫婦の世帯である。次いで大きなグループは単独世帯（38・４％）、次いでひとり親家庭（６・５％）、（異性間の）非婚同居（６・３％）と続く。残りの４・４％は独身で血縁者以外と同居する人々であり、ここにはわずかだが同性間の非婚同居も含まれる（Statistisches Bundesamt 2011b, Tabelle 3.7 から算出）。

しかし東部ドイツと西部ドイツでは明らかな差がある。東部では結婚している夫婦の世帯が全世帯に占める割合は39・８％と、西部の45・７％を大きく下回る。その代わり、非婚同居世帯（西部５・９％、東部７・９％）、ひとり親世帯（西部６・３％、東部７・０％）および単身世帯の占める割合（西部37・５％、東部41・６％）については、東部が西部を上回っている。

結婚の意義の低下は、とりわけ母親の行動様式の変化による。子どものいない夫婦のみから成る世帯が世帯全体に占める割合は、一九九六年と二〇一〇年、どちらも24・１％であり、変化はなかったが、旧東ドイツ地域だけを見ると、子どものいる夫婦の占める割合が一九九六～二〇一〇年にかけてほぼ半減した（二〇一〇年時点で14・７％）。一方で旧西ドイツ地域では27・７％から21・９％へとわずかな減少に留まっている（Statistisches Bundesamt 2011b: Tabelle 3.7 から算出）。

こうした東西の違いには二つの要因がある。一つには、旧東ドイツ地域において統一後の出生数が半減したことである（Pötzsch 2007: 8）。その後、出生率は再び回復し、それまで同様に、女性一人が産む子ども数が低下してきた西ドイツの1・3に回復したのは二〇〇六年である（Pötzsch 2007: 16）。

二つには、東部ドイツのひとり親世帯と子どものいる非婚同居世帯の数は西部ドイツよりもやや多いことである。結婚の意義は、特に東部ドイツで低く、出生数に占める婚外子の割合もはるかに高い。二〇〇六年には、生まれた子どもの60％（Pötzsch 2007: 10）、二〇一〇年には、第一子の場合74％にも上った（Statistisches Bundesamt 2010: 1）。一方、西部ドイツでは、それぞれ24％（Pötzsch 2007: 10）、36％（Statistisches Bundesamt 2010: 1）が婚外子であった。

婚外出産と離婚の件数が増加したことにより、いまでは、非婚夫婦の下で育つ18歳以下の子どもの割合が4分の1を占めている。その割合は西部では21・0％、東部では41・6％であるが、その過半数は母子家庭の子どもである。子どものいる世帯全体に占める非婚同居世帯の割合は7・4％（西部5・5％、東部17・4％）と低く、また全世帯に占める父子家庭の割合もわずか1・4％（西部）または1・8％（東部）にすぎない（Statistisches Bundesamt 2011e: Tabelle 1 から算出）。

単身世帯は東西間で、また男女間でかなりの差が認められる。単身者の割合は西部より東部の方がはるかに高く、また東西いずれにおいても、女性の方が男性より離家を経験するのも、パートナーシップを築くのも、時期が早い。26歳以下の人口に占める単身者の割合を性別ごとに見ると、男性34％、女性26％である（Weinmann 2010: 12 のグラフ参照）。

中年期（27～59歳）では、女性より男性の単身者の割合が高いが（二〇〇八年：男性23％、女性15％、Weinmann 2010: 25）、これはひとり親のほとんどが女性であることが原因である。年齢が上昇するにつれて、男女比が逆転する。単身男性の割合は歳を取るとともに減少し、80歳以上で再びやや上昇する。女性の場合は早くも45歳以上から増え続け、55歳以上で男性と同程度の約17％に達し（Weinmann 2010: 24）、徐々に最も多い居住形態になっていく。85歳を越える女性の76％が独居で、これに対し同年代の男性では35％に留まっている（Weinmann 2010: 44）。

年老いた両親が成人した息子ないし娘と同居するケースは東部、西部ともに比較的少ない。新しい統計は残念ながら存在しないが、一九九八年データによれば、子どもと同居する75～79歳の女性は6・9％に留まっている（BMFSFJ 2000: Tabelle 6-2 から算出）。80歳以上の女性ではこの割合が11・1％に達しているが、男性の場合、75歳以上の同居率は6・6％で一定している（BMFSFJ 2000: 215）(17)。

このように子どもと同一世帯で暮らす高齢者の割合が低いからといって、ドイツの高齢者と成人した子どもとの絆が薄いわけではない。連邦政府の第三次高齢者報告書は、「親も子どもも『距離のある近さ』、つまり頻繁に会える環境での独立した生活を望んでいる（……）。多くの調査結果によれば、少なくとも一人の子どもが近居（同じ市町村）しているケースが80％であることもあって、子どもが家を出た後もほとんどの子どもと頻繁に会っている」と結論づけている（BMFSFJ 2000: 216）。

7　ひとり暮らしを超えて——自己解放的な居住構想

前述のように、ひとりで、あるいは男性パートナーなしで住むことで自分らしく生きることができるという理由から、そうした居住形態を少なくとも一時的に選択する女性は少なくない。しかしこの形態には制約も伴っている。特に人生の後半でそれが顕著であるが、それは住まいが私的空間や自己実現の場であるのみならず社会的な交流の場でもあるからである。結婚と家族を主軸にした生活モデルでは、この交流が家族ないし夫に集中しかねない。しかし子どもが成人し、既存の家族交流だけでは満足できないと感じられる場合、これに代わるものが見いだされなければならない。いわゆる共生型居住が生まれた理由の一つがここにある。

共生型居住とは、同じ建物または棟続きの家で複数の世帯が多かれ少なかれ親密な共同体として生活することである。七〇年代には他人同士が集まって一つの住宅を共有するルームシェアが生まれたが、それとは異なり、共生型住宅では通常独居者も含めてどの世帯も独立した住戸を持っている。

こうした共生型居住プロジェクトの数については、まだ信頼のおける統計がない。ドイツには約４千万戸の住宅がある。こうした共生型居住が全体に占める割合はきわめて小さいが、こうした新しい居住コンセプトは一般雑誌に紹介されるなど、専門家以外にも知られるようになっており、将来の方向を示すものと評価されている。現在は多くの自治体、なかでも大都市の行政が、共生型居住の助言窓口を設置している。またこうした住宅づくりの設立を支援する各種の組織が存在する(18)。

共生型住宅の設立と運営の参加者や目標はさまざまであるが、しばしば女性がその推進力になっている。ウルリケ・シュナイダーの調査によれば（Schneider 1992）、子どもをもつ夫婦または非婚同居の家族が「家族志向の」共生型住宅で一緒に居住する場合、育児期の母親の中には、性別役割分業がもたらす家庭と仕事の両立という未解決の問題を共生型住宅に住むほかの家族と一緒に解決できるのではないかと期待しているという。たとえば、子どもの早い自立を可能にするような環境や、子どもの世話や買い物の助け合いなどの家事支援を期待しているという。共生型住宅には多様な世代が居住する場所と考えられている場合もある。従来の家族構造の意義が低下していることを受けて、三世代同居を理想化する論調もあるが、「自ら選んだ親類」を基盤に複数世代にまたがる共生型居住を再びよみがえらせる試みがなされている。そして、そこでは高齢女性に「自ら選んだおばあちゃん」の役割が期待されている。

子育て中の女性が求めるこうした家族志向の共生型住宅と並んで、女性が女性同士で共に生きることを標榜する住宅も存在する。女性のための共生型住宅は一九八〇年代、九〇年代に発案されたが、発案者となったのは一九六〇年代末の第二次女性運動の担い手であった女性たちであった。この女性運動の重要なテーマの一つが、女性が自由に利用できる自分たちのための空間づくりであった。初めは女性の自治による公共空間の整備がテーマであったが、一九七〇年代末からはおもにレズビアンの女性たちが共に暮らす居住プロジェクトも含まれるようになった。発案者たちは、こうしたプロジェクトによって個人の目標と同時に政治的目標の達成をもめざした。つまり、できる限り上下関係のない女性の共同体をつくり、新しいかたちの共同・協働生活を創り上げること、そして住宅市場による不当な要求から女性を解放するために「女性の手による」住空間を創り上げることをめざしたのである。

近年では50歳を越えた女性も居住プロジェクトの設立に積極的になってきている。これらの女性は結婚し、子育てを終え、人生の第三期を過ごすために、従来の中高年女性の場合とは異なった住まい方を模索している。それは、個人のプライバシーと日常生活の一部の共同化のバランスを取りながら、互い

写真14.2　女性共生型住宅の外観（ドイツ・ルール地方，2006年開設）

開放廊下はコミュニケーションの場として機能している
写真提供　Eveline Linke

写真14.3　女性共生型住宅の内部（同上）

ひとり暮らし用の典型的なリビング・ダイニング・キッチン
写真提供　Eveline Linke

を気にかけるという居住形態である。年代の異なる女性同士の共同生活をめざす共生型住宅もあれば、共に老いるという意味で、高齢女性のみの共同生活を謳っている場合もある。その重要な動機の一つが高齢期の孤独に対する恐れであることは間違いない。しかしまたそれは新しい出来事への試み、新しい人間関係をつくる意欲の表れでもある。とはいえ、こうした女性の共生型住宅は、高齢女性についていえば、必ずしもレズビアン女性にのみ見られる動きではない。参加者に共通しているのは性的な志向ではなく、ヒエラルキー的共同生活の拒否であり、男性と暮らす場合にしばしば見られる自動的な性別役割分担のない生活をめざしているということである(19)。

近年、中世後期のベギン会修道院の伝統を意識した女性のための共生型居住への関心が高まっている(20)。ベギン会修道院では、結婚制度によらないライフスタイルの選択から経済的自立に至るまで、生活のすべての側面において、当時には稀な女性の自立が認められていたことが注目されている(21)。「現代のベギン会修道女」にとっては「個人的世界を十分に残した共同生活」が重要なのである(22)。

こうした共生型居住には問題点もあるが、利点の方が勝っているだろう。発足時に入居した人たちが二十年以上も共に暮らしている例もある。また発足当時と同じコンセプトの下で、あるいはそれを修正して、共生型住宅が新しい入居者に引き継がれているケースもある。その意味ではたしかに社会的イノベーションである。

女性共生型居住の導入によって女性の人生のさまざまな時期における居住形態の選択肢は拡大した。これがますます多くの女性に新たな選択肢を与えていることは、この形態の新規住宅件数が増えていることによく表れている。オルタナティブな住宅の実現にはいまもハードルが高く、五年、十年かかることも稀ではない。しかしながらそれを推進するような住宅政策が導入され、またそのような新しい住まい方が住宅業界で受け入れられつつあり、乗り越えるべきハードルも多少低くなった(23)。このような女性の共生居住は、異性パートナーと暮らさない女性にとって、大人としての人生のどの段階においても重要性を増すことが予想される。

注

（1）このような表現では、多くは女性であるひとり親家庭は「不完全な家族」ということになり、「不十分な環境」であることが暗示される。

（2）一九四五年、子どもの4分の1が父親不在の中で育った（Plötz 2005: 33）。

（3）こうした政策の一つが、配偶者間で見なし所得按分を行う制度で、現在も有効である。妻が専業主婦かわずかな所得しかない場合に、夫が税制上優遇されている。また、夫の老齢年金をもとに算出される寡婦年金や、公的医療保険における専業主婦の家族被保険者扱い、夫の最終決定権の存続など、多くの政策がある。

（4）今日に至るまで男女平等の実現が真に成功したとはいえないため、一九九四年、フェミニストたちが強く要求して、ドイツ基本法第三条に「国は男女平等が実際に浸透することを促し、存在する障害の除去に努める」という国家の義務が追加規定された。

（5）このほか、社会住宅への入居は親族が同居する場合に限られ、非婚同居も社会住宅への入居から排除されていた。

（6）国が住宅建設に当たった東ドイツとは異なり、西ドイツの社会住宅建設はほとんどが民間投資家や住宅供給公社、住宅建設組合にまかされていた。国は社会住宅建設に対して、当初は無利子、後には低利融資で支援するに留まっていた。国の支援を受ける代わりに、住宅は一定期間、法律で定められた対象群に属する人に、規定された家賃で貸さねばならなかった。この制約は現在ではほとんどの社会住宅で撤廃されている。また、社会住宅建設予算は賃貸住宅だけでなく持家住宅の建設の助成にも相当使われた。

（7）こうした規定は、今日のドイツでも賃貸住宅市場が大きな役割を担っているところから、重要な、かつ象徴的な意味をもっている。現在でも、西部地域の全世帯の56％が賃貸住宅に住んでおり、単独世帯の場合その割合は72％にも上る。東部地域では賃貸世帯の割合が69％と西部を上回っている（Statistisches Bundesamt 2008：表20）。

（8）学生寮は公的機関である学生援護会がおもに建設し、管理している。通常は男女別ではない。階別に男女を分けている例もあったが、最近ではほとんど見られない。

（9）売春仲介業法が適用されることは稀だったが、家主が異性の訪問を禁止する理由として挙げたり、結婚していない男女に貸す場合、法律に反するとして割増賃料を要求する口実になっていた。

（10）一九七六年の婚姻法改正までは責任原理がとられていた。

（11）ルームシェア（Wohngemeinschaft）とは、親族ではない複数の人たちと一つの住宅で一緒に暮らすことと理解される。この居住形態は一九六〇年代の終わりに西ドイツで発生し、当初は居住者同士の新しい自由な性関係を伴っていた。しかし後には、特に学生を中心として、性別や性関係を問わない「利便性重視型のルームシェア」が広まった。

（12）西部地域では第一子出産年齢が一貫して上昇し、二〇一〇年は29歳であった（Statistisches Bundesamt 2011a）。特に、大卒や専門職の訓練を受けた女性の場合、仕事が軌道に乗るまで第一子出産を先延ばしにしている。

（13）ただし子どもをもつ女性の大半はパート労働者であり、（これは女性労働について一般的にいえることであるが）統計上男性より低賃金である（Statistisches Bundesamt 2011d）。

（14）二〇〇九年マイクロセンサスによれば、単身で子どもを育てている親の90％は母親である（Hammes & Rübennach 2010: 913）。

（15）別居のもう一つの理由として、双方の勤務地が離れていることも挙げられる。いわゆるデュアル・キャリア・カップルに多い（Cornelißen et al. 2010）。

(16) このほか、早く結婚すると住宅設備資金（家具等、サニタリー設備、リフォーム代金など、結婚生活を始める際の住宅費を支援する制度）として国から無利子の「結婚貸金」が受けられる利点があり、子どもが生まれると部分的に返済が免除された（Zentralinstitut für Jungendforschung 1981 : 76）。

(17) 子どもと同居している後期高齢者の男性は少ない。なぜなら、男性、女性にかかわらず、高齢者は介護が必要になり、なおかつ介護してくれる配偶者がいなくなった時に子どもと同居を始めることが多い。夫を見送る女性の方がはるかに多いので、子どもとの同居は女性が多いのである。

(18) たとえば、共生型居住フォーラム連邦連盟（http://www.fgwa.de/）など。

(19) この共生型住宅の中には高齢男性も受け入れるところもあるが、共生型居住のあり方についてプロジェクトを進めた女性たちと考え方を共有する男性はいないと、複数の共生型住宅が一致した報告をしている（Becker 2009 : 265 ; Becker & Linke 2009）。

(20) ベギン会修道女は信仰に生きる女性たちで、共に暮らし、働き、結婚していない女性に一般とは異なる修道院での生活の可能性を与えた。完全な修道女になるのとは違い、取り消すことのできない一生涯の誓いを立てる必要はなかった。

(21) これまでに八ヵ所にベギン会住宅が誕生し、今後さらに四ヵ所の建設が決まっている。

(22) Dachverband der Beginen e.V., 2011, http://www.dachverband-der-beginen.de/beginenkultur（2010. 9. 25）.

(23) 女性による女性のための共生型居住の動向については、ベッカーとリンケ（Becker & Linke 2009）に現在約80件のデータと、女性の共生型住宅を実現するための手引きが掲載されている。

訳注

（1）一九四九年旧西ドイツで制定。東西ドイツ統一までの仮の「憲法」として「基本法」という名称が用いられた。しかし統一後今日まで憲法は制定されておらず、この基本法が効力をもっている。

（2）公的な資金援助をもとに公共団体や民間団体により建設される住宅。入居には所得制限がある。

文献

Becker, R., 2003, "What's Wrong with a Female Head? The Prevalence of Women-Headed Households and its Impact on Urban Development and Planning," Terlinden, U. (ed.), *City and Gender: International Discourse on Gender, Urbanism and Architecture*, Opladen: Leske & Budrich, 151–73.

———, 2004, "Lebens- und Wohnformen. Dynamische Entwicklung mit Auswirkungen auf das Geschlechter-verhältnis," Becker, R. & B. Kortendiek (eds.), 2004, *Handbuch Frauen- und Geschlechterforschung. Theorie, Methode, Empirie*, Wiesbaden: VS Verlag für Sozialwissenschaften, 402–11.

———, 2009, *Frauenwohnprojekte – keine Utopie! Ein Leitfaden zur Entwicklung autonomer Frauen (wohn) räume mit einer Dokumentation realisierter Projekte in Deutschland*, Dortmund: Koordinationsstelle Netzwerk Frauenforschung NRW.

Becker, R. & E. Linke, 2009, "Datenbank Frauenwohnprojekten in Deutschland." http://www.frauenwohnprojekte.eu (2011. 9. 5).

Beyer, M., 1990, *Frauenreport, 90. Im Auftrag der Beauftragten des Ministerrates für die Gleichstellung von Frauen und Männern herausgegeben von Gunnar Winkler*, Berlin: Verlag Die Wirtschaft.

Blanckenburg, C. von & K. Schicke, 1999, "Traut im Heim oder Glück allein. Zum Wandel der Wohnformen alter Menschen," Dienel, H.-L., C. Forster, B. Hentschel & C. Kübler (eds.), *Späte Freiheiten. Geschichten vom Altern. Neue Lebensformen im Alter*, München: Prestel, 67–70.

BMFSFJ (Bundesministerium für Familie, Senioren, Frauen und Jugend), 2000, *Dritter Bericht zur Lage der älteren Generation in der Bundesrepublik Deutschland: Alter und Gesellschaft und Stellungnahme der Bundesregierung*, Deutscher Bundestag Drucksache 14/5130. http://www.bmfsfj.de/bmfsfj/generator/BMFSFJ/Service/Publikationen/publikationen,did=3174.html (2011. 8. 20).

———, 2005, "Gender Datenreport." http://www.bmfsfj.de/doku/Publikationen/genderreport/4-familien-und-lebensformen-von-frauen-und-maennern.html (2011. 8. 16).

BMVBS (Bundesministerium für Verkehr, Bau und Stadtentwicklung (ed.), 2000, *Wohnungswirtschaftlicher Strukturwandel in den Neuen Bundesländern*, Bericht der Kommission. http://www.bmvbs.de/cae/servlet/contentblob/45130/publicationFile/11524/kommissionsbericht-wohnungswirtschaft-licher-strukturwandel-in-den-neuen-bundeslaendern.pdf (2011. 8. 20).

Cornelißen, W., A. Rusconi & R. Becker (eds.), 2010, *Berufliche Karrieren von Frauen. Hürdenläufe in Partnerschaft und Arbeitswelt*, Wiesbaden: VS-Verlag.

Friedeburg, L. v., 1953, *Die Umfrage in der Intimsphäre*, Stuttgart: Enke.

Hammes, W. & S. P. Rübennach, sowie Mitarbeiterinnen und Mitarbeiter, 2010, "Haushalte und Lebensformen der Bevölkerung. Ergebnisse des Mikrozensus 2009," *WIRTSCHAFT UND STATISTIK* 10/2010. http://www.destatis.de/jetspeed/portal/cms/Sites/destatis/Internet/DE/Content/Publikationen/Querschnittsveroeffentlichungen/WirtschaftStatistik/Bevoelkerung/HaushalteLebensformen102010.psml (2011. 7. 16).

Krüger, D., 1990, *Alleinleben in einer Paarorientierten Gesellschaft*, Pfaffenweiler: Centaurus.

Löw, M., 1994, *Raum Ergreifen. Alleinwohnende Frauen zwischen Arbeit, sozialen Beziehungen und der Kultur des Selbst*, Bielefeld: Kleine.

Plötz, K., 2005, *Als fehle die bessere Hälfte. "Alleinstehende" Frauen in der frühen BRD 1949–1969*, Königstein/Taunus: Helmer.

Pötzsch, O., 2007, *Geburten in Deutschland*, Herausgegeben vom Statistischen Bundesamt, Wiesbaden. http://www.destatis.de/jetspeed/portal/cms/Sites/destatis/Internet/DE/Content/Publikationen/Fachveroeffentlichungen/Bevoelkerung/BroschuereGeburtenDeutschland.psml (2011. 8. 18).

Schneider, U., 1992, *Neues Wohnen – alte Rollen ? Der Wandel des Wohnens aus der Sicht von Frauen*, Pfaffenweiler: Centaurus.

Statistisches Bundesamt, 2004, Aktualisierte Tabellen zum Datenreport "Die Familie im Spiegel der Amtlichen Statistik," ausgewählte Tabellen des Mikrozensus 2003. http://www.sozialpolitik-aktuell.de/tl_files/sozialpolitikaktuell/_Politikfelder/Familienpolitik/Dokumente/familieimspiegelaktualisiert2003.pdf (2012. 5. 30).

———, 2008, "Bautätigkeit und Wohnungen Mikrozensus - Zusatzerhebung 2006 Bestand und Struktur der Wohneinheiten. Wohnsituation der Haushalte 2006." http://www.destatis.de/jetspeed/portal/cms/Sites/destatis/Internet/DE/Content/Publikationen/Fachveroeffentlichungen/BauenWohnen/Wohnsituation/WohnsituationHaushalte2055001069004,property=file.pdf (2011. 8. 10).

——— 2010, "Babys in den neuen Bundesländern haben jüngere Mütter," Pressemitteilung Nr. 445 vom 2.12.2010. https://www.destatis.de/DE/PresseService/Presse/Pressemitteilungen/2010/12/PD10_445

_12641.html (2012. 6. 9).

———, 2011a, "Alter der Mutter." https://www.destatis.de/DE/ZahlenFakten/GesellschaftStaat/Bevoelkerung/Geburten/Tabellen/GeburtenMutterAlterBundeslaender.html (2012. 6. 9).

———, 2011b, *Bevölkerung und Erwerbstätigkeit. Haushalte und Familien. Ergebnisse des Mikrozensus 2010*. https://www.destatis.de/DE/Publikationen/Thematisch/Bevoelkerung/HaushalteMikrozensus/HaushalteFamilien2010300107004.pdf?_blob=publicationFile (2012. 6. 9).

———, 2011c, *Bevölkerung und Erwerbstätigkeit. Natürliche Bevölkerungsbewegung 2009*. https://www.destatis.de/DE/Publikationen/Thematisch/Arbeitsmarkt/Erwerbstaetige/StandEntwicklungErwerbstaetigkeit2010411097004.pdf?_blob=publicationFile (2012. 6. 9).

———, 2011d, "Verdienstunterschied zwischen Männern und Frauen." https://www.destatis.de/DE/ZahlenFakten/GesamtwirtschaftUmwelt/VerdiensteArbeitskosten/VerdienstunterschiedeMaennerFrauen/Tabellen/Abstand_OEDPrivat.html (2011. 6. 9).

———, 2011e, "Wie leben Kinder in Deutschland? Ergebnisse des Mikrozensus 2010. Ergänzende Tabellen zur Pressekonferenz am 3. August 2011," https://www.destatis.de/DE/PresseService/Presse/Pressekonferenzen/2011/Mikro_Kinder/Tabellenanhang_pdf.pdf?_blob=publicationFile (2012. 6. 9).

Weinmann, J., 2010, *Frauen und Männer in Verschiedenen Lebensphasen*, Herausgegeben vom Statistischen Bundesamt Wiesbaden.

Zentralinstitut für Jungendforschung, 1981, *Junge Frauen heute. Wie sie sind – was sie wollen*, Leipzig: Verlag für die Frau.

V　日本社会と生きがい

15　日本における生きがいとライフコースの変化

ゴードン・マシューズ

はじめに

生きがいとは、基本的に「人生に生きる価値を与えるもの」を意味する言葉である(1)。世論調査や筆者の調査（マシューズ 2001）によると、これまで多くの日本人にとっての生きがいとは、仕事や家族であり続けてきたし、個人的な夢や信仰を伴ってきた。ただし生きがいの意味をめぐっては、論争が繰り広げられてきた。個人的な夢は、ある論者が主張するように、めざすべき理想か、それとも別の論者が主張するように、他者のために生きる大人になった時には捨てなければならない、子どもじみたわがままなのか。一九七〇〜九〇年代初頭までの日本では、多数の論者が、個人的な夢を貫くような生きがいをもつことが望ましいと説く一方で、大部分の日本人にとっては、女性は家族のために生き男性は家族を養うため仕事に生きるという社会的規範に則った生きざまが現実であり、仕事や家族が標準的な生きがいだった。

ところが今日の日本では、就職から退職まで、あるいは出産から子どもの巣立ちまでの期間という、いわば「大人のライフコース」の入口、出口のどちらにおいても、従来の標準的な生きがいが揺らいでいる。20～30歳代の若者のうち、少数派ではあるが、かなりの数を占めるパラサイト・シングルやフリーターは、彼らの親世代が考える大人としての目標を、自発的に放棄、あるいは放棄せざるをえない状況にある。彼らは自らの選択によるにせよ、あるいはそうする機会が得られないからにせよ、親世代のように、仕事や家族を生きがいとすることはないかもしれない。他方、彼らの親世代にあたる戦後ベビーブーム世代は、退職時期を迎えている。その一部はボランティア活動を始めたり趣味に打ち込んだりしているが、多くは、自分が活躍していた頃の社会的役割にとらわれたまま、自己喪失感を抱いている。

会社や子どものための仕事や家族、という日本において制度化された大人のライフコースの入口と出口にいるのは、若者と高齢者である。彼らに注目して生きがいを分析することにより、今日の日本で生きがいを見つけることの難しさを理解することができる。本章ではまず、若者とその親世代に対して最近筆者が行ったインタビューや、生きがいに関する近年の著作に対する筆者の解釈をもとに、生きがいの概念とその変化について論じる。次いで日本人の大人のライフコースを通じた生きがいを探り、それが日本社会にとって何を意味するのかを考察する。

1　日本における生きがい概念の変化

和田修一が指摘するとおり、生きがいという言葉には入り組んだ歴史がある（和田 2001：28−32）。古くは『太平記』の中で、社会的に認められた価値や役割という意味で用いられた。一九世紀後半には廃れ、何十年も辞典から消えていたが、夏目漱石などの文人により、個人的な人生の目標という新たな意味を与えられ、よみがえった。つまり一九世紀後半から二〇世紀初頭にかけて生きがいの意味は、集団や役割へのコミットメントから、自己の追求へと、変化したわけである。

過去半世紀の間、この二つの生きがいの概念は並存してきた。ある論者は、「一体感」という表現を用いて、集団や役割へのコミットメントとしての生きがいを主張し（たとえば庭野 1969）、別の論者は、「自己実現」としての生きがいを主張した（たとえば神谷 1980：小林 1989）。「集団へのコミットメント」としての生きがいは、各人が属する社会集団や役割に対する忠誠心を含意する。すなわち労働者や母親であれば、その役割こそがその人の本質であり、労働者は会社に対して、母親は家族に対して身を捧げるべきである。他方、「自己実現」としての生きがいは、自己の成長を志向することを含意する。その場合でも人は会社や家族に尽くすかもしれないが、その理由は異なる。つまり、会社や家族に尽くすことが、人として最高の達成感を得ることにつながるかもしれないのである。

こうした会社や家族への忠誠のあり方は、一見したところ集団へのコミットメントと似通っていても、背後にある考え方はまったく異なる。たとえば、母親が子どものために尽くすのは、母親としてそうすべきだからなのか、それが深い自己実現につながるからなのか。前者の場合、母親はまさに子どもへの献身を示しているが、後者の場合、子育てが自己実現につながらなければ、（社会的圧力のせいで、実際にそういう行動をとらないまでも）子どもを見捨てることに何の罪悪感も抱かない母親もいるかもしれない。

日本で出版された書籍や論文を見ると、この二つの生きがい概念がせめぎあうなかで、一九九〇年代初頭には自己実現の重要性が強調されるようになったことがわかる（マシューズ 2001：32–51）。一般に日本の社会制度のもとで自己実現をめざす余地がほとんどないことを踏まえると、自己実現が強調されることは意外に思われた。だが多くの日本人は、社会制度に縛られた人生の中では自己実現を果たせないからこそ、その夢を生きがいの中に求めるのである。日本における生きがいの概念は、集団へのコミットメントではなく自己実現が中心となったわけだが、それが実際に何を意味するかは不明瞭だった。自己実現は、現実の生きざまとして主流になりつつあるのか、それとも、現実には社会制度に縛られた集団へのコミットメントが主流であるなかでの理想にすぎないのか。当時の日本の状況は、後者に近いと考えられた。

今日、日本における生きがいの概念は、やはり自己実現が中心である。自分自身のために生きることを称える書籍は無数にあるが、会社のために生きることを称える書籍はほぼ消滅している。しかしいまなお、仕事や家族を形づくる社会制度は堅牢であり、仕事や家族のためではなく自分自身のために生きることはきわめて困難である。そのようななかで二つの集団が、自分自身のために生きるよう強いられている。一つは、まだ仕事や家庭の領域に足を踏み入れていない、そしてこの先もそうすることはないかもしれない若者の集団であり、もう一つは、仕事や家庭の領域からいわば排除され、自分自身で生きていくしか選択の余地がない高齢者の集団である。

2　生きがいと若者——「日本における大人の社会秩序」の再生、または拒絶

2.1　「大人の社会秩序」に加わらない若者

今日の日本では、生きがいに関する著作のほとんどは中高年や高齢者に焦点を当てたものである。若い成人の生きがいの問題を取り上げた著作は、日本の雇用の現状のもとで、若者が会社の中で生きがいを見つけることの難しさを正しく指摘した諸富（2004: 32-51）、なぜ一部の若者が生きがいを失い、ひきこもりに陥ったり自殺を図ったりするのかを論じた岩波（2010: 62-8）など、ごく少数である。現在、日本の若者の中では生きがいをめぐる危機が生じており、かなりの数の若者が、会社や家族のために生きてきた父親や母親のような生き方を選ばない、あるいは選べないでいる。生きがいに関する著作において、この問題はほとんど認識されていない。

その一因は、生きがいという言葉の使われ方にある。生きがいとは高齢者、とりわけ社会的役割をもたず誰かの世話になっている高齢者のための概念と一般に考えられている。また生きがいに関する多くの著作が、高齢者である著者自身が生きがいを発見した方法を伝授する内容であることも、若者の問題が認識されない一因である。今日の若者のおかれた状況を鋭く指摘する論考は数多いものの（パラサイト・シングルについては山田（1999）、フリーターについては玄田（2001）およびフリーター研究会

編（2001）、離職する若者については城（2008）、日本における世代ごとの差異については小谷（1998, 2010）を参照のこと）、それらの論考の中で、生きがいは重視されていない。しかしながら今日の日本の若者が直面している問題は、まさに生きがいの問題なのである。

上の世代のように制度化された道筋を歩まず、標準的な大人の生きがいである仕事や家族から距離をおく非正規雇用者や独身者は、無意識のうちに、親世代や祖父母世代によって築き上げられた日本社会を破壊しつつあるのかもしれない。現在退職時期を迎えている団塊の世代が一九六〇年代には反抗的な若者だったように、気まぐれな若者世代はこれまでにも存在したが、現代社会に生きる今日の若者を同じようにとらえることはできない。かつての反抗的な若者は、その親世代と同じく制度化された世界に戻ることができた。一方、正規雇用や結婚に背を向けた今日の若者は、どうだろうか。そのような若者がどれほどの数に上るのか、統計や定義によってさまざまだが、20～40歳の日本人のうちおそらく3～4割が、その親世代のように「日本における大人の社会秩序」に加わっておらず、就職活動が相変わらず硬直的であることを考え合わせると、今後とも「日本における大人の社会秩序」に加わらないかもしれない（マシューズ 2010）。

一九六〇～八〇年代の「日本における大人の社会秩序」は、今日でも残っているが、それは、男性は会社のために自分を犠牲にし、女性は家族のために自分を犠牲にするという原則に基づくものだった。そうした犠牲を払うことによってはじめて、一人前の大人として価値ある人生を送ることができるとされた。かつての若者世代は、この秩序に反抗したものの、最終的にはこの秩序に加わった。なぜなら、高度経済成長期には社会秩序は効果的に機能し、正当なものと認められていたからだ。だが日本経済が低迷しスキャンダルと社会問題が噴出するなか、この秩序に対する信頼が失墜したため、今日の若者は、かつての若者以上にこの秩序に反抗できるようになった(たとえばサラリーマンといえば、二十年前には概して立派なイメージがあったが、今日ではしばしば嘲りの対象になっている)。とはいえ、それはほとんどの場合、意識的な反抗としてではなく、単なる個人的・私的な選択として立ち表れている。

2.2 生きがいの危機

「日本における大人の社会秩序」に加わらない若者については、彼らは甘えており、大人の社会に加わる気概がなく、わがままで集団へのコミットメント意識が乏しいため大人になる力がない、という見方がある。また、これとは異なり、非難されるべきはむしろ社会のほうである、との見方もある。すなわち、この秩序に加わらない若者の多くは、親の生きざまを見て、大人の社会に加わる価値がないと思っているというのである。親世代の中には果たすべき社会的役割のために自分自身の夢を犠牲にした人が大勢いるが、今の若者はそのような犠牲を払いたいとは思っていない。また今日の日本では、もはや父親世代のような職に恵まれなくなったことも事実であり、向上心ある若者にとって、仕事と家族を生きがいとすることは難しくなっている(玄田 2001)。

いずれにせよ、一九六〇~八〇年代にかけて支配的だったイデオロギーが衰退していることは間違いない。「日本における大人の社会秩序」に加わらない若者の存在は、従来のイデオロギーの衰退の結果であると同時に、さらなる衰退を引き起こす要因でもある。彼らは、自分たちの行動の社会的な意味をほとんど理解せず、ただ自分自身の生き方を考えているだけなのだろう。しかし、多数の若者がそのように行動すれば、「日本における大人の社会秩序」は衰退し、破壊されることになる。

「日本における大人の社会秩序」の衰退は、社会的行動の問題であると同時に、文化的な価値観の問題でもある。男女それぞれが集団のため自らを犠牲にすべきとの一般原則に基づく「日本における大人の社会秩序」に対し、今日では、個々人が自分の生き方を選択できるという相対主義の考え方が台頭してきた。筆者は近年、日本の若者とその親世代に対してインタビューを行い、世代間格差について調べてきたが、調査の結果、若者の間で相対主義が広く受け入れられていることが明らかになった。ある企業の重役が語ったように、「若者は、世の中のつきあい方とか、言葉遣いとか、上下関係とか、今まで常識とされてきたことを知らない」というのが親世代の意見だろう。一方、若者の意見は、ある大学生が語ったように、「会社に対して、いま60歳ぐらいの人が感じていたような忠誠心はもてないです。でも価値観はいろいろあるから、そういう生き方は生き方でいいと思う。これが正しいなんていうのは、絶対ないと思うんです」というものではないだろうか。前者は、共通の日本的価値観があると主張しているのに対し、後者は、そのような共通の日本的価値観はなく、生きがいとは自分自身のものであり、自分の望むように夢見て、形成するものであるという主張である。

このような相対主義は、少数派ではあるがかなりの数の日本の若者の間に広がりつつある文化的個人主義を反映している。この個人主義は、団塊の世代が構築に加わった大人の社会秩序を崩壊させるなど、甚大な結果をもたらしかねない。このことは、生きがいについて書かれたものではあまり触れられていないが、これこそが今日の日本社会における重大な生きがいの危機であると考える（4節で後述）。日本のライフコースに変化が生じつつあるのは、かなりの数の若者が親と同じ道を歩めない、あるいは歩もうとしなくなっているからである。

3　生きがいと高齢者――「日本における大人の社会秩序」からの追放

3.1　目標を失うサラリーマン・主婦

二十年前には、日本で生きがいに関する著作といえばサラリーマンや専業主婦を扱ったものが多かった。今日、退職を控えた人やすでに退職した人に焦点を当てた著作が中心となっていることは、大きな変化である。この変化が生じたのは、団塊の世代が退職時期を迎えているためであり、さらにいえば、65歳以上の人口が全体の20%を上回るほどの急速な高齢化が進展しているためである。二十年前には、生きがいに関する書籍は、たいてい書店の「心理」の棚に置かれたのに対し、今日では、高齢者などのケアに関わる「福祉」の棚に置かれることが普通である。グーグルで「生きがい」を検索すれば、高齢者の活動を支援する生きがいセンターが数多く見つかる。

戦後ベビーブーム世代の大多数は、自分のことを中年、あるいは「老いた高齢者」ではない「若い高齢者」と認識しているため（Pipher 1999）、まだ生きがいセンターを利用するような年齢ではないと感じているだろう。この世代は一九六〇年代にカウンターカルチャーの影響を受け、少なくともそのごく一部は大学紛争に身を投じたものの、やがて男性は企業戦士となり、一九七〇～八〇年代にかけて日本の経済成長の最前線に立った。そして現在、退職とともに自分の目標を見つけて自分の人生を歩むよう求められている。しかし、これまで何十年間も社会的役割を果たすべく、多かれ少なかれ自らを犠牲にしてきた彼らにとって、自分の人生を歩むことは難しいかもしれない。筆者の友人である50歳代のサラリーマンは、次のような嘆きを漏らす。数年前に久々に大学の同窓会に出席したところ、ともに体制に逆らったかつての同志たちが、名刺を交換していたという。すっかり自己のアイデンティティーを失って会社人間に成り下がったということだが、自分を含めてみんなが、まもなく会社を去り、自分自身で生きていくことになる。そのとき、いったいどうすればよいのか、戻るべき自己というものはあるのか、と。

同じ世代の専業主婦にとって役割の変化は、男性のように退職を境に突然生じるわけではないものの、やはり衝撃的なものである。筆者が一九九〇年にインタビューしたある女性は、その二十年後には目標を見失っていた。子どもたちは独立し、夫との関係も悪くないが、生活に張りがなく、何もすることがないと感じるという。会社員としての役割や、妻・母親としての役割が小さくなったとき、自分はいったい何者なのか。この問いは、とりわけ社会的役割がアイデンティティーを大きく規定する日本において、深刻なものである。筆者のインタビューによれば、役割の喪失は、女性よりも男性にとっていっそう重大な問題のようである。男性は、新たに自分の時間を得て活躍する人もいるが、だらだらと過ごすだけの人も多い。高齢者の心理についての権威ある専門家は、この世代の男性が退職すると、友人がおらず、することもないため、酒を飲みテレビを観るばかりで、アルコール依存症に陥りやすいと指摘する（竹中 2000: 44, 47）。金丸弘美は次のように述べている。

会社の仕事に熱心で、根がまじめな人ほど、定年とともに仕事という目的がなくなり、他にどうしていいかわからなくなるのである。（……）特に高度経済成長期を生きたサラリーマン男性の人たちには（……）仕事がそのまま生きがいであり、生活のすべてという人たちが少なくなかった。こういう人たちほど、定年後に（……）急に老け込んでしまう（金丸 1999: 10）。

3.2 自己を見いだせるか

今日、生きがいに関する一般大衆向けの書籍では、役割の喪失への対応として、自己実現および集団へのコミットメントという二つの生きがいの概念に即した、二通りの議論がある。一つは、「五十歳を過ぎたら、自分に正直に生きてもよい時期にきて」おり、「他人の期待にばかり応えようと」せずに生きられる、という議論である（清水 2005: 59–60）。もう一つは、生きがいとは単なる自己満足ではなく「他人や社会のためになること」である、という議論である。すなわち公園で遊ぶ子どもたちをただ見守るだけでも、「社会の一員としての役割を果たしているのだと確認できることが、年寄りの生きがいへつながる」のであり（斎藤 2004: 90–1）、「人間は死ぬまで働かなくてはいけない」（曽野 2010: 55–72）。

筆者が過去三年間にこの世代に対して行ったインタビュー調査によると、遠方に旅する、楽器を演奏する、さらには出家するなど、自分なりの生き方を追い求める人の存在が明らかとなっている。しかし一九八九~九〇年にかけて行ったインタビュー調査では、当時の40歳代の多くが自己を見いだすことを切望していたにもかかわらず、大半の人はその夢をあきらめたようであった。一握りの人たちは、ボランティア活動に関わり、それを人生の中心に据えている。また自ら望んで、あるいは経済的な理由から余儀なく仕事を続ける人もいる。だが、大多数はもっぱらテレビを観ながら日々を過ごしている。何十年間も、日本人として人間としての自己の存在を、社会的役割によって規定されてきた団塊世代の元サラリーマンや母親たちの多くは、その役割を失いつつある、あるいは失ってしまったことで、困難に直面しているようだ。今後彼らは、何をして生きていくべきなのか。上述のとおり生きがいセンターがあり、ボランティア活動の機会や、一部の人には就業の機会もあるが、最終的に何をするかを決めるのはその人自身である。「日本における大人の社会秩序」から閉め出され、自分自身でやっていかなければならなくなったいま、自己を見いだすほかに選択の余地はない。

4　生きがいと死

4.1　自己実現の限界

団塊の世代はまだ60歳代前半であるため、この先どのように年齢を重ねていくかまだわからない。筆者の予想では、昭和一桁生まれや戦中生まれの世代と比べて、多様かつ活動的な人生を送ることになるのではないか。現在生きがいセンターを利用している昭和一桁生まれや戦中生まれの世代にとって、生きがいは、加齢および死と密接に結びついている。

生きがいに関する著作の中では、高齢者の生きがいをめぐって、相対立する考え方が見られる。生きがいとは、年齢を重ね死期が近づくなかで自分の人生の意味を深く知ることなのか、それとも社会的役割を失った人に与えられる「暇つぶし」の方法なのか。過去三十年間に最も頻繁に著作を引用されてきた、生きがい論の権威である神谷美恵子によると、死を前にした人は、それまでの人生では現世への執着のため追求できなかった真の生きがいを見つけられるかもしれないという。

> 地位や金や名誉など（……）に固執してももはやどうにもならない。（……）そのなかからはおどろくほど純粋なよろこびが湧きあがりうる（神谷 1980: 158）。

他方、上述の生きがいセンターは基本的に、高齢者に対して引き続き必要なサービスを提供する。その背景にあるのは、加齢とともに社会的役割と生きがいを失うため、社会が新たな生きがいを与えなければならないという考え方である。

このように明らかに相対立する考え方が存在することについては、神谷がいうような自己実現は理想であり、実際にそれを果たせるのはごく一部の人にとどまること、そして残りの人には生きがいセンターがある（もちろん一人が両方を求めてもよい）、という見方ができる。近年発表された多数の著作が、神谷のように、死を前にして知恵を獲得する可能性を示している。ある論者は、死期が近づくと自分の真の生きがいが何であったかを問うことができると述べ（朝日 2006: 84）、別の論者は、「死は、人間が本当に生きることを見せる最後の機会である」というハイデッガー（M. Heidegger）の言葉を引用しつつ、「死ということは自己実現の最後の機会」と論じる（日野原 2003: 201, 221）。しかし、繰り返しになるが、実際にそれを為せるのは、ごく一部の人にとどまるようである。

高齢者の心理に関するある著作によると、高齢者の生きがいとは喪失感を補完するものであり、多くの高齢者が無意識のうちに、職や健康や人的つながりを失った喪失感を、趣味や旅行や家族との団らんなどのさまざまな生きがいによって補完しようとするという（井上 2005: 66–7）。ただしこの著作は、高齢者の日常生活の中心がテレビであることをも明らかにしている（井上 2005: 64–5）。別の論者は、かつて人は五十年しか生きられなかったのに対し、いまは八十年も生きているのに、三十年分賢くなったとは思われないという（上田 2005: 112-3）。だが高齢者に知恵を獲得するよう求めることは、はたして妥当だろうか。日本のように集団や役割へのコミットメントが個人に意味を与える社会において、明確な役割を失った高齢者に対して、自らの人生に個人的な意味を見いだすよう求めることは不適切である。

自分自身のために生きるよう高齢者に求めることには、さらに根深い問題がある。せっかく自己実現を果たし知恵を獲得しても、そのあと死んでしまうのならば、いったい何になるのか。ロイ・バウマイスター（Roy Baumeister）は、米国について論じるなかで、「自分の人生の価値が、自分の人生を超えて存続しないと考えることは、このうえない不安を呼び起こす。現代においては、自己が価値の基盤として強調されるようになったため、人々はまさにそのように運命づけられている」と主張する（Baumeister 1991: 279）。それは日本にもあてはまる。自己実現を追求した果てに、死が待っているだけならば、何の意味があるのか。死を考慮したとき、自己実現は問題をはらんでいる。

集団や役割へのコミットメントの場合、自分の死後にも集団が存続する。たとえば、ある人にとって子どもが生きがいである場合、その人の死後に子孫が生き続けることによって、生きがいはいつまでも失われない。そのような志向を制度化したものが祖先崇拝であり、ある人が生きている間は祖先を尊び、死後はその人が祖先として尊ばれる。会社組織にも同様の機能があると考えられる。ある人が人生を捧げた会社は、その人の退職後にも存続する。ところが自己実現はそのように機能するものではなく、そもそも自己のみを基盤とするため、死によって失われてしまう。

4.2 生き方の価値の対立

近年、数多くの著作のなかで、生きがいと「死後の世界」の可能性を結びつけた議論がなされている。そこでも、自己実現と、自分より大きな存在への帰属、という二つの生きがいの概念に即した、二通りの死後の世界のとらえ方がある。生きがいに関する著作のうち、過去二十年間でとくに人気を集めたのは、一九九六年に発表され約四十万部のベストセラーとなった飯田史彦の『生きがいの創造』である。この著作は、西洋の異端の研究者たちの著作に依拠しながら生まれ変わりを説き、生きがいを「より価値ある人生を創造しようとする意志」と定義する（飯田 2006: 482-3）。飯田によれば、誰もが人生を繰り返しながら成長し、成長するために次の人生と逆境を選ぶなかで、生きがいは展開していく。死は終わりではなく成長のためのステップであり、知恵を獲得して自己実現を果たすことこそが人間の目標である。成長の究極的な目的は明らかにされていないが、人間はただ生死を繰り返しながら、究極の自己実現をめざすという。

これとは対照的な議論を展開する著作もある。朝日俊彦の著書『あなたは笑って大往生できますか』は、飯田の著書ほど読まれてはいないが、生きがいと死について、飯田とは異なる、より複雑な見方を提示する。朝日によれば、生きがいとは人生の目標を見据えて生を全うすることだが（朝日 2006：59）、それができる人はほとんどいない。仮に自分がいますぐに死に、明日には生まれ変わって人生をやり直せるならば、真の生きがいを見いだせるかもしれない（朝日 2006：85）。しかしその生きがいとは、自己実現に基づくものではない。なぜなら自己そのものが幻にすぎないからである。朝日は、仏教の四つの聖なる真理について述べたうえで（朝日 2006：61–2）、人間の肉体や生命は、真の自己を見いだすための手段にすぎず、その自己そのものも空極のところ無我である、という死生観を示す（朝日 2006：132–3）。人間は死後、あるいは輪廻を繰り返して最終的には、すべてを包括する存在である大自然に帰っていく（大自然については、諸富 2004：256を参照のこと）。こうして、自己とは何物でもなかったことをついに見いだし、個としての存在は終わる。

以上のとおり、自分自身のために生きるか、それとも社会集団のために生きるかをめぐる対立は、若者世代、退職期を迎えた世代、高齢者そして死者においてさえ存在する。それは日本の社会秩序をめぐる根本的な対立でもある。もしも人生の究極的な意義が、自己実現にあるのならば、会社や家族といった制度は、個人にその身を捧げ尽くすことを要請し自己実現の妨げとなるので、打破しなければならない。もしも人生の意義が、何かに帰属することにあるのならば、会社や家族といった制度を支えるのが当然である。なぜなら人間は生きている間は、自然に属する代わりに社会に属するからである。大きな存在の一部である人間にとっては、究極的に実現すべき自己などなく、自己実現は幻にすぎないということになる。ほかの先進社会の状況も似通っているのだが、今日、日本社会はどちらの道を行くのが最善なのかを決めかねているようだ。

自分自身のために生きるか集団のために生きるか、各世代の生きがいをめぐる対立は、高速道路の入口と出口における対立としてとらえることができる。日本では、会社・子どものために生きることを要求する仕事・家族という、大人の社会制度の入口において、少数派とはいえ相当な数に上る若者たちが、彼らの親世代のような役割へのコミットメントを選べない、あるいは選ばなくなっている。大人の社会制度の出口では、集団や役割のために人生の最盛期を捧げてきた退職者たちが、多かれ少なかれそれまでの集団や役割から離れ、新たな役割を担うか、すべての役割を捨てて自己を追求しなければならない。そして出口のずっと先では、大人の社会制度から下りただけでなく人生を終えようとしている人たちが、年下の世代と同じく、自分自身のために生きるか集団のために生きるかという迷いの中で苦しんでいる。この各世代を通じた生きがいをめぐる対立はどの国でも見られるが、日本では集団のために生きるべく社会制度が構築されている反面、文化的には自分自身のために生きることが強調されるため、とくに厳しいものとなっている。

こうして大人の社会秩序の入口においても出口においても、個として生きることが求められるようになっている。出口においては、制度化された役割やアイデンティティーを失った人々が、個として生きるよう強いられる。入口においては、今日でも多くの大人を定義づけている制度化された役割を担おうとしない、あるいは担うことのできない人々が、個として生きることを選ぶ、あるいは選ばされる(2)。

一般にどの社会でも、人生の最盛期の役割は、ある程度制度化されている。仕事と家族を支える大人の社会秩序は、個人がその役割を果たすために何らかの犠牲を払うことを要請するものであり、個人はさまざまな賞罰や勧奨によって、職業と家庭を安定させるよう仕向けられる。ただし多くの社会は、大人の社会制度の入口と出口においてかなりの柔軟性があり、何度も職業を変えたり、犠牲を払うことになっても離婚して新たに家庭を築いたりすることがある。そのような柔軟性はこれまでの日本にはなかった。

もちろん日本にもいろいろな生き方がある。労働者と母親という二つの役割を担いながらも個として生きる気概をもつ人は少なくない。また、大人の社会秩序の構造も徐々に、断続的に緩んできた。だがいまなお、大人の社会秩序の構造に自己が抑圧されていることには変わりがない。

いまから四十年前にタキエ・リブラ（Takie Lebra）は、「個々の日本人は独立的・自律的な主体ではなく、全体の一部を成す断片である」と述べた（Lebra 1976: 105）。それはいまでも、日本における大人の社会秩序の中にいる人たちには、おおむね当てはまる。しかし本稿で論じてきたとおり、この秩序に加わることをためらったりこの秩序から押し出されたりして、この秩序の外にいる人たちは、もはや全体の一部を成す断片ではいられないだろう。それが今日の日本において、自分自身のために生きるか集団のために生きるかという生きがいをめぐる議論が高まっている理由である。

今日の日本で生きがいが不十分であるのは、大人の社会秩序が、若者にとっては魅力に乏しく、高齢者にとっては長く続くものでないためである。それは日本経済が低迷し大人の社会秩序の正当性が損なわれるなかで、生きがいの概念が「集団や役割への帰属」から「個人としての達成感の追求」へと長期的に変化しつつあることと関係している。集団や役割へのコミットメントに基づく社会よりも個人としての幸福の追求に基づく社会のほうが望ましいのかどうかは、本章の射程を超えるきわめて大きな問いである。しかし、人がどのように生きるべきかについて文化的な理想と社会的な現実の間のギャップが広がりつつあり、そのために、生きがいがいま、問題になっているのである。それこそが今日の日本におけるライフコースを特徴づける、根本的なジレンマなのである。

注

（1）本章は「生きがい感」ではなく、仕事、家族、信仰などの「生きがい対象」に焦点を当てる。
（2）今日、どの程度の若者が正規雇用を選ぶことができず、どの程度の若者が正規雇用を選ぼうとしないのか、その境目ははっきりしない（マシューズ 2010：152-3）。

文献

朝日俊彦 2006『あなたは笑って大往生できますか』慧文社．
Baumeister, R., 1991, *Meanings of Life*, New York, et al.: Guilford Press.
フリーター研究会編 2001『フリーターがわかる本！』数研出版．
玄田有史 2001『仕事のなかの曖昧な不安――揺れる若年の現在』中央公論新社．
日野原重明 2003『日野原重明のいのちと生きがい』青春出版社．
飯田史彦 2006『決定版 生きがいの創造』ＰＨＰ研究所．

井上勝也 2005『高齢者の心理がわかるQ&A』中央法規出版.
岩波明 2010『生の暴発、死の誘惑』中央公論新社.
城繁幸 2008『三年で辞めた若者はどこへ行ったのか』筑摩書房.
神谷美恵子 1980『生きがいについて』みすず書房.
金丸弘美 1999『自分のための生きがいづくり』一満舎.
小林司 1989『「生きがい」とは何か』日本放送出版協会.
小谷敏 1998『若者たちの変貌』世界思想社.
―― 2010「どうして今の日本の若者はこんなに受身なのか?」G・マシューズ、B・ホワイト編 小谷敏監訳 川畑博臣訳『若者は日本を変えるか――世代間断絶の社会学』世界思想社 34-52.
Lebra, T. Sugiyama, 1976, *Japanese Patterns of Behavior*, Honolulu: University of Hawaii Press.
G・マシューズ 宮川陽子訳 2001『人生に生きる価値を与えているものは何か――日本人とアメリカ人の生きがいについて』三和書籍.
―― 2010「キャリアを求め、仕事を探す―若者はいかに日本の労働世界に参入し、これに抵抗しているのか」G・マシューズ、B・ホワイト編 小谷敏監訳 川畑博臣訳『若者は日本を変えるか――世代間断絶の社会学』世界思想社 143-62.
諸富祥彦 2004『生きがい発見の心理学』新潮社.
庭野日敬 1969『人間の生きがい』佼成出版社.
Pipher, M.B., 1999, *Another Country: Navigating the Emotional Terrain of Our Elders*, New York: Riverhead Books.
斎藤茂太 2004『「年寄り」の腕まくり』新講社.

清水国明 2005『直角死』日東書院.
曽野綾子 2010『老いの才覚』ベストセラーズ.
竹中星郎 2000『高齢者の孤独と豊かさ』日本放送出版協会.
上田紀行 2005『生きる意味』岩波書店.
和田修一 2001「近代社会における自己と生きがい」高橋勇悦・和田修一編『生きがいの社会学――高齢社会における幸福とは何か』弘文堂 25-52.
山田昌弘 1999『パラサイト・シングルの時代』筑摩書房.

著者紹介（執筆順）

嶋﨑　尚子（しまざき　なおこ）　**1章**

早稲田大学文学学術院教授　早稲田大学修士（文学）

専攻　社会学，ライフコースと社会変動，家族社会学

著書・論文　「ライフコース論の現在」『いのちとライフコースの社会学』（藤村正之編）弘文堂，2011；「常磐炭砿の地域的特性とその吸収力―産炭地比較研究にむけての整理」『社会情報』19(2)，2010；『ライフコースの社会学』学文社，2008；『現代家族の構造と変容―全国家族調査〔NFRJ98〕による計量分析』（渡辺秀樹・稲葉昭英と共編著）東京大学出版会，2004.

ベッティーナ・ダウジーン（Bettina Dausien）　**2章**

ウィーン大学哲学教育学部教育学科教授

ブレーメン大学博士（Dr. phil. 教育学）

専攻　教育学，バイオグラフィー研究，ジェンダー研究，質的調査法

著書・論文　*Biographieforschung im Diskurs: Theoretische und Methodologische Verknüpfungen*, 2nd ed. (co-editor), VS Verlag für Sozialwissenschaften, 2009（『言説におけるバイオグラフィー研究』）; *Biographie und Geschlecht: Zur biographischen Konstruktion Sozialer Wirklichkeit in Frauenlebensgeschichten*, Donat, 1996（『バイオグラフィーとジェンダー』）.

今井　順（いまい　じゅん）　**3章**

北海道大学大学院文学研究科准教授

ニューヨーク州立大学ストーニーブルック校博士（Ph. D. 社会学）

専攻　雇用関係の経済社会学，社会階層／階級と社会移動，ジェンダー，比較社会学

著書・論文　*The Transformation of Japanese Employment Relations: Reform without Labor*, Palgrave Macmillan, 2011; *Japan's New Inequality: Intersection of Employment Reforms and Welfare Arrangements* (co-editor), Trans Pacific Press, 2011;「制度と社会的不平等―雇用関係論からの展開」『不平等生成メカニズムの解明』(佐藤嘉倫・木村敏明編) ミネルヴァ書房，2013.

鎌田　彰仁（かまた　あきひと）　**4章**

茨城大学人文学部教授　法政大学修士（社会学）

専攻　社会学，中小企業論，消費社会論

著書・論文　「文化型中小企業のビジネスモデルと発展戦略」『社会科学論集』（茨城大学人文学部紀要）52，2011年；「SOHOの存立基盤と労働世界」『変わる働き方とキャリア・デザイン』(佐藤博樹編) 勁草書房，2004；『店長の仕事』(佐藤博樹と共編著) 中央経済社，2000；「開発・工業化の伸展と地域産業構造の変容」『講座社会学５　産業』（北川隆吉編）東京大学出版会，1999；「中小製造業ものづくり機能の再編成」『中小企業の競争力基盤と人的資源』（稲上毅・八幡成美編）文眞堂，1999.

著者紹介

石黒 久仁子（いしぐろ くにこ） **5章**

文京学院大学外国語学部・文京学院短期大学英語キャリア科助教
シェフィールド大学博士（Ph. D. 東アジア研究）
専攻 マネジメントとジェンダー，キャリア開発，組織行動
論文 「女性管理職のキャリア形成—事例からの考察」『GEMC journal』7, 2012；"Japanese Employment in Transformation: The Growing Number of Non-Regular Workers," T. Iles & P. Matanle (eds.), *Researching Twenty-First Century Japan*, Lexington Books, 2012；"Changes in Japanese Companies' Personnel Management Practices Relating to Female Employees: From the Early 1980s to the Early 2000s," S. A. Horn (ed.), *Emerging Perspectives in Japanese Human Resource Management*, Peter Lang, 2011.

ピーター・マタンレ（Peter Matanle） **5章**

シェフィールド大学社会科学部東アジア学科講師
同大学博士（Ph. D. 社会学・日本研究）
専攻 東アジアの人文・社会地理学
論文 "Lifetime Employment in 21st Century Japan: Stability and Resilience under Pressure in the Japanese Management System," S. A. Horn (ed.), *Emerging Perspectives in Japanese Human Resource Management*, Peter Lang, 2011 (co-author); "Men under Pressure: Representations of the 'Salaryman' and his Organization in Japanese Manga," *Organization*, 15(5), 2008 (co-author).

ビルギット・アピチュ（Birgit Apitzsch） **6章**

デューズブルク・エッセン大学社会科学部講師 同大学博士（Dr. phil. 社会学）
専攻 労働社会学，ライフコース論，制度とネットワーク
著書・論文 "Institutions and Sectoral Logics in Creative Industries: The Media Cluster in Cologne," *Environment and Planning*, 44(4), 2012 (co-author); *Flexible Beschäftigung, neue Abhängigkeiten. Projektarbeitsmärkte und ihre Auswirkungen auf Lebensverläufe*, Campus, 2010（『雇用の流動化と新たな依存性—プロジェクト型労働市場とそのライフコースへの影響』）.

田中 洋美（たなか ひろみ） **7章**

明治大学情報コミュニケーション学部特任講師
ボーフム・ルール大学博士（Dr. rer. soc. 社会学）
専攻 社会学，ジェンダー研究
論文 "Individualization of Marriage and Work Life Choices: A Study of Never-married Employed Women in Hong Kong and Tokyo," *Asian Women*, 28(1), 2012 (co-author); "Stated Desire versus Actual Practice: Reviewing the Literature on Low Fertility Rates in Contemporary Japanese Society," *Japanese Studies*, 29(3), 2010.

クリスティーナ・岩田ワイケナント（Kristina Iwata-Weickgenannt） **8章**

ドイツ日本研究所専任研究員　トリア大学文学博士（Dr. phil. 日本文学）

専攻　文学・メディア研究，ジェンダー研究，カルチュラル・スタディーズ

著書・論文　“Precarity Discourses in Kirino Natsuo's *Metabola*: The Okinawan Stage, Fractured Selves and the Ambiguity of Contemporary Existence,” *Japan Forum*, 24(2), 2012; *Alles nur Theater? Gender und Ethnizität bei der japankoreanischen Autorin Yū Miri*, Iudicium, 2008（『どっちにしたってお芝居？「在日」作家柳美里の自己演出と作品世界に見るジェンダー，エスニシティ』）;「アイデンティティの脱構築としての《自分探し》」―柳美里『八月の果て』論」『社会文学　特集「在日」文学』26号，2007.

日高　佳紀（ひだか　よしき） **9章**

奈良教育大学教育学部准教授　成城大学大学院博士後期課程満期退学　修士（文学）

専攻　日本近代文学

著書　『スポーツする文学―1920-30年代の文化詩学』（共編著）青弓社，2009;『村上春樹と小説の現在』（共著）和泉書院，2011.

多賀　太（たが　ふとし） **10章**

関西大学文学部教授　九州大学博士（教育学）

専攻　教育社会学，ジェンダー研究，男性のライフコース

著書・論文　『揺らぐサラリーマン生活―仕事と家庭のはざまで』（編著）ミネルヴァ書房，2011;「『教育する父』の意識と行動―中学受験生の父親の事例分析から」『教育科学セミナリー』43，2012;『男らしさの社会学―揺らぐ男のライフコース』世界思想社，2006.

ミヒャエル・モイザー（Michael Meuser） **11章**

ドルトムント工科大学教育・社会学部教授　ブレーメン大学博士（Dr. phil. 社会学）

専攻　社会学，ジェンダー研究，知識社会学，身体の社会学，質的方法論

著書・論文　*Geschlecht und Männlichkeit. Soziologische Theorie und kulturelle Deutungsmuster*, 3rd ed., VS-Verlag für Sozialwissenschaften, 2010（『ジェンダーとマスキュリニティ』）; “Research on Masculinities in German Speaking Countries: Developments, Discussions and Research Themes,” *Culture, Society & Masculinities*, 1(1), 2009.

平山　洋介（ひらやま　ようすけ）　**12章**

神戸大学大学院人間発達環境学研究科教授　神戸大学学術博士

専攻　住宅・都市研究

著書　『都市の条件――住まい，人生，社会持続』NTT 出版，2011；『住宅政策のどこが問題か――〈持家社会〉の次を展望する』光文社新書，2009；『東京の果てに』NTT 出版，2006.

マーレン・ゴツィック（Maren Godzik）　**13章**

ドイツ日本研究所専任研究員　ボン大学学術博士（Dr. phil. 日本学）

専攻　高齢者と住まいの研究，住宅研究，ジェンダー研究

著書・論文　“Choosing New Places to Live: Alternative Housing Solutions for the Elderly in Japan,” B. Randolph, et al. (eds.), *Refereed Papers presented at the 4th Australasian Housing Researchers Conference,* City Futures Research Centre, University of New South Wales, 2010; “Ruheständler als Lebenselixier? Ruhestandswanderung und lokale Neubelebungsstrategien am Beispiel von Atami und Ishigaki,” *Japanstudien*, 20, 2008（「高齢者移動と地域再生―熱海市と石垣市を例に」）; *Avantgarde Männersache? Künstlerinnen im Japan der 50er und 60er Jahre des 20. Jahrhunderts,* Iudicium, 2006（『1950～60年代の日本における前衛女性アーティスト』）.

ルート・ベッカー（Ruth Becker）　**14章**

ドルトムント工科大学空間設計学部元教授

カッセル大学博士（Dr. rer. pol. 都市計画学・景観計画学）

専攻　住宅・都市研究，ジェンダー研究

著書　*Handbuch Frauen-und Geschlechterforschung. Theorie, Methode, Empirie,* 3rd ed., VS-Verlag für Sozialwissenschaften, 2010 (co-editor)（『女性・ジェンダー研究入門』共編著）; *Frauenwohnprojekte-keine Utopie! Ein Leitfaden zur Entwicklung autonomer Frauen (wohn) räume mit einer Dokumentation realisierter Projekte in Deutschland*（『女性居住プロジェクト―道標／記録』）, Koordinationsstelle Netzwerk Frauenforschung NRW, 2009; *City and Gender: International Discourse on Gender, Urbanism and Architecture,* Leske+Budrich, 2003 (co-author).

ゴードン・マシューズ（Gordon Mathews）　**15章**

香港中文大学文化人類学部教授　コーネル大学博士（Ph. D. 文化人類学）

専攻　文化人類学（日本，アメリカ，香港），ライフコース・人生論

著書　*Ghetto at the Center of the World: Chungking Mansions, Hong Kong,* University of Chicago Press, 2011;『若者は日本を変えるか―世代間断絶の社会学』(共編著)小谷敏監訳, 世界思想社, 2010;『人生に生きる価値を与えているものは何か―日本人とアメリカ人の生きがいについて』三和書籍，2001.

編者紹介

田中 洋美（たなか　ひろみ）
明治大学情報コミュニケーション学部特任講師

マーレン・ゴツィック（Maren Godzik）
ドイツ日本研究所専任研究員

クリスティーナ・岩田ワイケナント（Kristina Iwata-Weickgenannt）
ドイツ日本研究所専任研究員

新曜社
ライフコース選択のゆくえ
日本とドイツの仕事・家族・住まい

初版第1刷発行　2013年2月15日

編　者　田中洋美・M. ゴツィック・K. 岩田ワイケナント
発行者　塩浦　暲
発行所　株式会社　新曜社
〒101-0051 東京都千代田区神田神保町2-10
電話(03)3264-4973(代)・FAX(03)3239-2958
E-mail　info@shin-yo-sha.co.jp
URL　http://www.shin-yo-sha.co.jp/
印　刷　星野精版印刷
製　本　イマヰ製本所

ISBN978-4-7885-1324-2　C3036　Printed in Japan